Welcome to
지식인 마을

촘스키가

새싹마을

아크로폴리스
아고라

아인슈타인가

입구

지식인마을36
튜링 & 괴델
추상적 사유의
위대한 힘

지식인마을 36 추상적 사유의 위대한 힘
튜링 & 괴델

저자_ 박정일

1판 1쇄 발행_ 2010. 11. 15.
1판 7쇄 발행_ 2025. 7. 28.

발행처_ 김영사
발행인_ 박강휘

등록번호_ 제406-2003-036호
등록일자_ 1979. 5. 17.

경기도 파주시 문발로 197(문발동) 우편번호 10881
마케팅부 031)955-3100, 편집부 031)955-3200, 팩스 031)955-3111

저작권자 ⓒ 2010. 박정일
이 책의 저작권은 저자에게 있습니다. 서면에 의한 저자와 출판사의
허락 없이 내용의 일부를 인용하거나 발췌하는 것을 금합니다.

Copyright ⓒ 2010, Park Jung-il
All rights reserved including the rights of reproduction in whole
or in part in any form. Printed in KOREA.

값은 뒤표지에 있습니다.
ISBN 978-89-349-2178-3 04160
        978-89-349-2136-3 (세트)

홈페이지_ www.gimmyoung.com   블로그_ blog.naver.com/gybook
인스타그램_ instagram.com/gimmyoung 이메일_ bestbook@gimmyoung.com

좋은 독자가 좋은 책을 만듭니다.
김영사는 독자 여러분의 의견에 항상 귀 기울이고 있습니다.

지식인마을 36

튜링 & 괴델
Alan Turing & Kurt Gödel

추상적 사유의 위대한 힘

박정일 지음

김영사

Prologue1 지식여행을 떠나며

　현재 우리가 살고 있는 21세기는 명실상부한 지식정보화사회다. 지식정보화사회는 20세기 중반 이후에 일어난 정보혁명을 거쳐 도래했으며, 정보혁명을 이끈 핵심 주역은 다름 아닌 컴퓨터이다. 300년 이상 존속해왔던 산업화사회를 지식정보화사회로 바꾼 장본인이 컴퓨터인 것이다. 따라서 컴퓨터를 이해한다는 것은 단순히 컴퓨터라는 하드웨어를 이해하는 것에 머물지 않는다. 오히려 컴퓨터를 이해하는 것은 이를 둘러싼 인간의 사회문화적 제반 현상과 바탕 원리를 이해하는 것에 버금간다. 왜냐하면 컴퓨터는 그만큼 인류의 삶을 혁명적으로 바꾸고 있기 때문이다.

　그렇다면 도대체 컴퓨터는 어떤 원리에 따라 어떤 과정을 거쳐 발명되었는가? 나는 이 물음에 대답하기 위해 이 책에서 튜링과 괴델이라는 두 천재 수학자를 중심축으로 컴퓨터의 기원과 그 수학적 원리를 조명하고자 했다.

　이 책은 크게 두 부분으로 구성되어 있다. 첫 부분은 〈초대〉에서부터 〈만남〉의 6장까지다. 이 부분에서는 현대 컴퓨터의 모태가 바로 튜링의 '보편 튜링 기계'에 있음을 보이는 것이 주 내용이다. 튜링 기계는 튜링이 구성한 수학적인 기계이다. 그것은 추상적인 계산 기계이다. 반면에 보편 튜링 기계는 튜링 기계 중에서도 아주 특이한 튜링 기계로서, 다른 어떤 튜링 기계라도 흉내 낼 수 있는 기계이다. 현대 컴퓨터는 단순한 튜링 기계만으로는 설명될 수 없으며, 반드시 보편 튜링 기계를 거론해야만 설명될 수 있다. 그런데 '보편 튜링 기계'라는 생각은 괴델의 '괴델 수 대응'이라는 착상이 있었기에 가능했다. 더 나아가 '괴델 수 대응'은 어떤 정보든지 디지털 정보로 바꾸는 것이 원리적으로 가능하다는 것을 보여주었다는 점에서 정보혁명의 근간을 이루는 착상이다. 그리하여 이 책의 전반부는 현대 컴퓨터의 기원과 역사적 배경을 살펴보면서 '괴델 수 대응'과 '보편 튜링 기계'란 과연 무엇이며, 이것이 정보혁명과 현대 컴퓨터의 발명에 어떻게 직결되는지를 논의하고 있다.

  이 논의 속에서 나는 프로그램이 내장되어 있고 다른 프로그램을 운용할 수 있는 현대 컴퓨터는 보편 튜링 기계에서 비로소 가능하다는 것을 보이고자 했다. 이를 위해 먼저 프레게의 '새로운 논리학'(3장)과 칸토어의 집합론 및 '대각선 방법'(4장)을 쉽게 해명하려 했다. 프레게의 논리학과 칸토어의 집합론은 튜링 기계와 보편 튜링 기계를 이해하는 데 간접적인 도움을 줄 뿐이지만, 이를 먼저 다루는 것이 이 책의 전체 내용을 이해하는 데 도움이 될 것이라고 생각했기 때문이다. 즉 3장과 4장은 이 책의 후반부, 특히 9장과 10장을 이해하기 위한 예비 단계에 속한다고 할 수 있다.

  이 책의 두 번째 부분인 〈만남〉의 7장부터 〈이슈〉까지에서는 괴델과 튜링이 왜 각각 '괴델 수 대응'과 '보편 튜링 기계'라는 착상을 떠올렸는지를 설명하며 괴델의 불완전성 정리가 무엇인지, 그리고 튜링의 1차 논리의 결정불가능성 정리가 무엇인지 해명하고 있다. 이 부분은 다소 전문적인 수학사와 수학철학, 수리논리학의 이론을 다루기 때문에 독자들에게는 자칫 어렵게 비추어질 수도 있을 것이다. 나는 이러한 점을 염두에 두고 가급적 분명한 논점으로 내용들을 해명하려고 했다.

무엇보다도 괴델과 튜링이라는 천재를 가능케 한 토양이 힐베르트였다는 점은 매우 중요하다. 아마도 독자는 출판된 여러 저작에서, 힐베르트의 프로그램과 괴델의 불완전성 정리의 관계가 논의될 때면 그 무게중심이 후자에 놓인다는 것을 확인할 수 있을 것이다. 더욱이 어떤 학자는 괴델의 불완전성 정리가 힐베르트 프로그램을 죽여버렸다고 서슴없이 주장한다. 나는 그러한 통설적인 평가는 결코 정당하지 않음을 보이려고 노력했다. 이러한 문제는 결국 힐베르트가 말한 '유한적$^{finit, finitary}$'의 개념을 어떻게 파악할 것이냐에 달려 있다. 이 점을 나는 〈대화〉에서 보다 더 분명하게 보이고자 했다.

〈만남〉의 11장과 〈이슈〉는 '과연 컴퓨터는 생각할 수 있는가?'라는 철학적 문제를 조명하고 있다. 〈만남〉의 5장과 6장을 읽어보면 알겠지만, 튜링 기계는 인간이 실제로 어떻게 계산을 수행하는지를 관찰한 후, 계산의 본질적인 요소를 추출하여 재구성함으로써 탄생한 것이다. 요컨대 튜링 기계는 인간이 계산하는 과정을 본떠서 만든 것이다. 그런데 우리는 어떤 프로그램으로 이루어진 튜링 기계에 어떤 입력 값이 주어질 때 그 기계가 어떻게 계산하는지를 알 수 있고 이를 흉내 낼 수 있다. 이렇게 튜링 기계가 어떻게 작동하는지를 알 수 있고 흉내 낼 수 있는 바로 우리 자신을 다시 본떠서 만든 것이 보편 튜링 기계이다. 그러므로 계산과 정보처리에 관한 한, 우리가 흉내 낼 수 있는 것은 모두 보편 튜링 기계도 똑같이 흉내 낼 수 있다. 문제는 이 지점이다. 우리가 할 수 있는 것을 어떤 기계가 모두 할 수 있다면, 이제 우리는 '과연 기계는 생각할 수 있는가?'라는 질문을 자연스럽게 던지게 되는 것이다.

이는 수학, 수리논리학, 심리철학, 언어철학, 인공지능, 신경생리학, 공학이 교차하는 매우 광범위한 철학적 문제이다. 따라서 이를 상세하게 다루는 것은 이 글의 범위를 벗어난다. 다만 나는 튜링 테스트와 튜링의 생각을 중심으로 관련된 철학적 이론과 사상을 조명하고 정리하는 데 충실하고자 했다.

처음 이 책을 청탁 받았을 때, 나는 쉽게 쓸 수 있을 것이라고 생각했다. 그러나 막상 책을 쓰면서 이 일이 결코 만만치 않다는 것을 알게 되었다. 컴퓨터의 수학적 원리와 튜링과 괴델의 정리를 쉬운 말로 설명하는 것은 어려운 작업이었다. 제1초고는 작년 8월경에 완성되었지만 완결성 없는, 그야말로 불만족스러운 것이었다. 그래서 나는 그 초고를 포기할 수밖에 없었다. 이 책의 전체 뼈대는 1년이 지나 다시 쓴 제2초고가 이루고 있다.

이 책을 서술하는 과정에서 나는 여러 학자들의 책을 참조하였다. 괴델과 튜링의 생애를 서술할 때에는 마틴 데이비스와 존 캐스티의 저서를, 보편 튜링 기계를 서술할 때에는 마틴 데이비스, 리처드 파인만, 그리고 민스키의 책을 참조했다. 또한 튜링의 1차 논리의 결정 불가능성 정리를 서술할 때에는 조지 불로스의 책을 참조했으며, 심리철학과 관련해서는 신상규의 저서가 많은 도움이 되었다.

이 책을 쓰는 과정에서 나는 많은 분들께 빚을 졌다. 1장 〈초대〉 부분을 읽고 중요한 지적을 해준 이황직 선생님과 나의 글쓰기 스타일에 대해서 몇몇 지적을 해준 이은자 선생님께 감사드린다. 그리고 심리철학과 관련된 부분을 읽고 지적해준 신상규 선생님께도 깊이 감사드린다. 지나가면서 툭툭 던져대는 말이 나에겐 큰 힘이 되었다.

배식한 선생님의 도움도 잊을 수 없다. 현대 컴퓨터에 대해서 보편 튜링 기계에 해당하는 것이 무엇인지 토론을 하면서 함께 유쾌하게 웃었던 광경이 지금도 떠오른다. 원고를 읽고 중요한 논평을 해준 권병진 선생님의 격려와 지적은 매우 소중했다. 이 책을 쓰는 전 과정에서 함께 토론해준 친구 환명에게도 감사의 말을 전한다. 마지막으로 묵묵히 나를 지켜준 딸 지원이와 아내에게 사랑을 전한다.

2010년 10월 3일
청파동 연구실에서
박정일

Prologue2 이 책을 읽기 전에

〈지식인마을〉시리즈는…

〈지식인마을〉은 인문·사회·과학 분야에서 뛰어난 업적을 남긴 동서양대표 지식인 100인의 사상을 독창적으로 엮은 통합적 지식교양서이다. 100명의 지식인이 한 마을에 살고 있다는 가정하에 동서고금을 가로지르는 지식인들의 대립·계승·영향 관계를 일목요연하게 볼 수 있도록 구성했으며, 분야별·시대별로 4개의 거리를 구성하여 해당 분야에 대한 지식의 지평을 넓히는 데 도움이 되도록 했다.

〈지식인마을〉의 거리
플라톤가 플라톤, 공자, 뒤르켐, 프로이트같이 모든 지식의 뿌리가 되는 대사상가들의 거리이다.
다윈가 고대 자연철학자들과 근대 생물학자들의 거리로, 모든 과학 사상이 시작된 곳이다.
촘스키가 촘스키, 베냐민, 하이데거, 푸코 등 현대사회를 살아가는 인간에 대한 새로운 시각을 제시한 지식인의 거리이다.
아인슈타인가 아인슈타인, 에디슨, 쿤, 포퍼 등 21세기를 과학의 세대로 만든 이들의 거리이다.

이 책의 구성은
〈지식인마을〉 시리즈의 각 권은 인류 지성사를 이끌었던 위대한 질문을 중심으로 서로 대립하거나 영향을 미친 두 명의 지식인이 주인공으로 등장한다. 그리고 다음과 같은 구성 아래 그들의 치열한 논쟁을 폭넓고 깊이 있게 다룸으로써 더 많은 지식의 네트워크를 보여주고 있다.

초대 각 권마다 등장하는 두 명이 주인공이 보내는 초대장. 두 지식인의 사상적 배경과 책의 핵심 논제가 제시된다.
만남 독자들을 더욱 깊은 지식의 세계로 이끌고 갈 만남의 장. 두 주인공의 사상과 업적이 어떻게 이루어졌으며, 그들이 진정 하고 싶었던 말은 무엇이었는지 알아본다.
대화 시공을 초월한 지식인들의 가상대화. 사마천과 노자, 장자가 직접 인터뷰를 하고 부르디외와 함께 시위 현장에 나가기도 하면서, 치열한 고민의 과정을 직접 들어본다.
이슈 과거 지식인의 문제의식은 곧 현재의 이슈. 과거의 지식이 현재의 문제를 해결하는 데 어떻게 적용될 수 있는지 살펴본다.

이 시리즈에서 저자들이 펼쳐놓은 지식의 지형도는 대략적일 뿐이다. 〈지식인마을〉에서 위대한 지식인들을 만나, 그들과 대화하고, 오늘의 이슈에 대해 토론하며 새로운 지식의 지형도를 그려나가기를 바란다.

지식인마을 책임기획 장대익
서울대학교 자유전공학부 교수

Contents 이 책의 내용

Prologue1 지식여행을 떠나며 · 5
Prologue2 이 책을 읽기 전에 · 10

Chapter 1 초대

컴퓨터의 기원과 수학 · 16
세상에서 단추가 가장 많은 기계 | 제2차 세계대전의 산물
지식정보화사회를 열다 | 산업혁명과 정보혁명
세상에서 가장 강력한 기계

Chapter 2 만남

1. 비운의 천재 수학자 튜링의 위대한 착상 · 30
컴퓨터의 탄생 | 사과를 베어 문 채 자살한 천재 수학자
에니그마와 봄베 | 첨단 공학의 그늘

2. 괴델, 수학의 불완전성을 밝히다 · 43
참이지만 증명할 수 없는 진리 | 괴델과 디지털 정보 처리
태아의 자세로 굶어 죽은 천재 수학자 | 괴델과 아인슈타인의 우정

3. 새로운 논리학의 탄생 · 54
조리 있게 말해봐! | 문장을 기호화하다 | 술어 논리 | 프레게의 1차 논리

4. 무한의 세계 · 69
어느 것이 더 많지? | 잠재 무한과 실제 무한
대각선 방법 | 실수는 자연수보다 많다?

5. 튜링과 컴퓨터 · 86
계산이란 무엇인가? | 튜링 기계 속으로 | 튜링 기계의 예
튜링 기계로 계산하기 | 튜링 기계와 컴퓨터

6. 보편 튜링 기계와 현대 컴퓨터 · 108
괴델 수 대응 | 괴델 수 대응과 보편 튜링 기계
보편 튜링 기계의 계산 | 보편 튜링 기계와 현대 컴퓨터

7. 수학의 위기 · 127
   수학의 위기와 역설 | 러셀의 역설
   거짓말쟁이의 역설 | 여러 가지 역설

8. 힐베르트의 프로그램 · 143
   칸토어 낙원의 수호자 | 형식 체계 | 메타수학 | 유한주의 방법과 메타수학

9. 괴델의 불완전성 정리 · 158
   완전성과 불완전성 | 불완전성 정리를 쉽게 증명하기 | 기묘한 자기 지시 문장
   불완전성 정리 증명의 얼개 | 괴델의 증명 | 골리앗과 다윗의 싸움
   괴델의 불완전성 정리는 힐베르트 프로그램을 죽였는가?

10. 튜링과 결정 문제 · 182
    힐베르트의 결정 문제 | 대각선 방법 버전 2 | 멈춤 문제
    멈춤 문제 해결 불가능성 | 1차 논리의 결정 불가능성

11. 기계는 생각할 수 있는가? · 201
    사람이 기계라면 | 심신일원론과 심신이원론
    강한 인공 지능주의와 약한 인공 지능주의 | 튜링 테스트 | 튜링의 반박
    기계는 생각할 수 있는가?

 대화
힐베르트의 프로그램 vs. 괴델의 불완전성 정리 · 226

 이슈

- 튜링 테스트는 생각하는지 여부를 판단하는
  기준일 수 있는가? · 242

- 불완전성 정리는 기계가 생각을 할 수 있다는 것을
  보여줄 수 있는가? · 247

- 부록 · 252

Epilogue 1 지식인 지도 · 258   2 지식인 연보 · 260
          3 깊이 읽기 · 263   4 찾아보기 · 265

Alan Turing

Chapter 1

초대
INVITATION

Kurt Gödel

초대

컴퓨터의 기원과 수학

세상에서 단추가 가장 많은 기계

이제 막 걸음마를 뗀 아이들에게 주위에 있는 것들은 마냥 신기하기만 하다. 그중에서도 단추만 보면 사족을 못 쓰는데, 도대체 단추를 누르지 않고 그냥 넘어가는 법이 없다. 초인종의 단추, 텔레비전의 단추, 카세트의 단추, 엘리베이터의 단추, 컴퓨터 자판의 단추 등등 단추라는 단추는 반드시 눌러야만 직성이 풀리는 듯하다. 사실 아이들에게 단추를 누르는 것은 무척 재미있는 일일 것이다. 힘들이지 않고 그저 단추 하나를 눌렀을 뿐인데 전혀 예상하지 못한 일들이 일어나니 말이다. 그래서 마치 자기가 대단한 일이라도 한 듯 우쭐해지는 것일까.

그런데 기계에서 하나의 단추는 무엇을 의미할까? 그것은 하나의 기능을 의미한다. 예를 들어 초인종에는 보통 단추가 한 개 있다. 그래서 기능적인 면에서 초인종은 가장 단순한 기계라고 할 수 있다. 스위치는 단추가 두 개다. 한쪽을 누르면 불이 켜지고 다른 쪽을 누르면 불이 꺼진다. 엘리베이터의 단추, 리모컨의 단추, 카세트의 단추는 이보다 많다. 가령 카세트를 생각해보면 어떤 단추는 재생 기능을 갖고 있고, 어떤 것은 멈추는 기능, 어떤 단추는 되감는 기능을 갖고 있다. 이러한 기능에 따라 기계는 그만큼 많은 단추를 지니고 있다.

단추가 많을수록 그 기계는 기능이 다양한 강력한 기계라 할 수 있다. 자, 그렇다면 이 세상에서 단추가 가장 많은 기계는 무엇일까? 그것은 다름 아닌 컴퓨터이다. 과연 컴퓨터는 얼마나 많은 단추를 갖고 있을까? 컴퓨터에는 가히 천문학적으로 많은 수의 단추가 있다. 컴퓨터의 용량이 무한하다면 무한하게 많은 단추를 가지고 있다고 말할 수 있다. 이런 얘기를 하면 누군가는 이렇게 반대할 것이다. "컴퓨터에는 단추가 모니터에 10개 내외, 본체에 서너 개, 자판에 130개, 다 합해도 200개는 넘지 않아!" 그렇다. 외관상 컴퓨터의 단추는 채 200개가 되지 않는다. 그러나 컴퓨터가 갖고 있는 단추는 이것들이 아니다.

가령 100억 개의 단추를 갖고 있는 기계를 상상해보자. 예를 들어 컴퓨터의 자판과 같은 곳에 100억 개의 단추가 빼곡하게 나열되어 있다고 상상해보자. 이런 자판이 내 앞에 있다면 정말 복잡하고 혼란스러울 것이다. 100억 개나 되는 단추의 기능을 어떻게 일일이 기억할 수 있을까? 1,000개도 버거운 일인데, 100억 개라니!

그러나 컴퓨터의 자판과 마우스는 이런 문제를 말끔히 해결해

준다. 즉 자판 위에 있는 한 개의 단추가 한 가지 기능을 갖고 있는 것이 아니라, 여러 개의 단추를 눌러서 하나의 이름을 만든 다음, 이 이름을 엔터키로 입력하는 것이다. 자판 위의 단추는 외관상 보이는 것에 불과하고, 실제 단추는 엔터키를 누르거나 마우스로 클릭할 때의 단추인 것이다. 이는 한글의 경우를 생각해보면 쉽게 이해할 수 있다. 한글의 자음과 모음은 28개에 불과하지만 이 자음과 모음을 조합해 만들어낼 수 있는 글자는 엄청나게 많고 다시 이 글자들을 조합해 만들 수 있는 문장은 무한하다. 자판의 단추들은 한글의 자음과 모음처럼 토대 역할을 한다. 그러니 얼마나 많은 (단추의) 이름들을 만들어낼 수 있겠는가!

이처럼 세상에서 가장 많은 단추를 갖고 있다는 점에서 컴퓨터는 가장 강력한 기계이다. 그렇다면 이처럼 강력한 컴퓨터는 언제, 어떻게 만들어졌을까?

제2차 세계대전의 산물

20세기에 발발한 제2차 세계대전은 규모면에서 과거의 전쟁과는 비교할 수 없을 정도로 엄청난 전쟁이었다. 독일, 이탈리아, 일본 등 후발 자본주의 국가들이 영국, 프랑스 등의 선발 자본주의 국가에 도전하면서 시작된 제2차 세계대전은 이후 러시아, 미국까지 가세하면서 아프리카, 태평양, 유럽 등 전 세계를 뒤덮었다.

그런데 이 엄청난 전쟁을 종결하는 데 기여한 일등 공신이 현재에도 세계를 움직이고 있다. 그것은 다름 아닌 원자폭탄과 컴퓨터이다. 원자폭탄과 컴퓨터는 제2차 세계대전 중에 만들어졌으며 종전을 앞당기는 데 결정적인 역할을 했다.

먼저 원자폭탄에 대해 살펴보자. 잘 알려져 있듯이 원자폭탄은 아인슈타인$^{Albert\ Einstein,\ 1879~1955}$의 상대성 이론을 바탕으로 만들어졌다. 상대성 이론을 간명하게 나타내는 $E=mc^2$이라는 공식에서 E는 에너지, m은 질량, c는 빛의 속도를 의미한다. 아인슈타인의 상대성 이론에서 c(빛의 속도)는 유한하고 항상 일정하기 때문에 이 공식으로부터 E(에너지)와 m(질량)이 서로 변환이 가능하다는 것을 알 수 있다.

실제로 원자폭탄은 우라늄^{uranium} 235와 플루토늄^{plutonium} 239에 중성자를 충돌시켜 원자핵이 연쇄적으로 핵분열을 일으키는 과정을 인위적으로 제어함으로써 만들어진다. 연쇄적인 핵분열 과정에서 질량은 에너지로 변환된다. 원자폭탄 1그램의 위력은 석탄 3톤에 해당된다고 한다. 100원짜리 동전이 5.42그램에 해당되므로 100원짜리 동전 무게의 원자폭탄이면 약 16톤의 석탄에 해당한다. 그러니 1킬로그램의 원자폭탄은 8톤짜리 덤프트럭 125대에 가득 실은 석탄에 해당된다. 히로시마에 투하된 원자폭탄 '리틀 보이$^{little\ boy}$'의 농축 우라늄이 약 60킬로그램이었다고 하니 그 파괴력은 어림잡아 8톤짜리 덤프트럭 7,500대 분량의 석탄이 순식간에 탈 때 발생하는 에너지에 해당한다.

제2차 세계대전 당시 미국은 일본의 히로시마와 나가사키에 원자폭탄을 투하함으로써 종전을 앞당겼지만 그 피해는 엄청났다. 히로시마 전체 인구 34만 3,000명 중 약 7만 명이 사망하고 13만 명이 부상을 입었으며 나가사키에서도 2만 명이 사망하고 5만 명

이 부상을 입었다. 원자폭탄의 위력에 놀란 일본 군국주의는 항복을 선언할 수밖에 없었다.

원자폭탄이 일본 군국주의의 항복을 이끌어내는 데 결정적인 역할을 했다면, 컴퓨터는 독일의 나치즘을 무너뜨리면서 종전을 앞당기는 역할을 했다. 미국과 영국을 위시한 연합국이 독일과의 전쟁에서 승리하기 위해서는 독일 사령부와 전선에 배치된 부대가 주고받는 암호문을 해독하는 것이 반드시 필요했다. 특히 노르망디 상륙 작전의 성공을 위해서는 암호 해독이 절실했다. 결국 독일군의 암호를 해독하는 데 성공한 연합군은 노르망디가 아닌 칼리에 상륙할 것처럼 거짓 정보를 흘렸고, 독일군이 거짓 정보를 믿고 있다는 것을 확인한 다음 노르망디에 성공적으로 상륙할 수 있었다.

독일군의 암호문을 해독하는 것은 천문학적으로 큰 경우의 수를 따져야 하는 극도로 복잡한 문제였다. 또한 대공미사일을 발사하는 경우, 다양한 상황에서 어떻게 조준해야 하는지는 대단히 복잡한 계산을 거쳐야만 알 수 있었다. 이렇게 제2차 세계대전 중 암호 해독 과정에서, 궤도표 작성과 같은 복잡한 계산의 처리 과정에서 컴퓨터는 발명되었다.

지식정보화사회를 열다

제2차 세계대전 중에 만들어진 원자폭탄과 컴퓨터는 현재도 세계를 움직이고 있다. 흥미로운 점은 바로 이 두 가지가 인류가 하나의 공동체라는 가능성을 열어주었다는 사실이다. 원자폭탄은 한쪽이 다른 쪽을 파괴하기 위해서 투하한 것이었지만, 아이러니하게도 그 엄청난 위력에 모두 놀라면서 인류가 하나의 운명 공동체라는 것을 일깨우는 계기가 되었다.

원자폭탄이 '소극적인 의미에서' 인류가 하나의 공동체일 수 있다는 가능성을 열어주었다면, 컴퓨터와 인터넷은 '적극적인 의미에서' 인류가 하나의 공동체일 수 있다는 전망을 열어주었다. 지금 우리 주위에서 일어나는 일들을 한번 살펴보자. 예전에는 꿈도 꿀 수 없었던 일들이 일상생활에서 일어나고 있다. 외국에 있는 친구와 화상으로 얼굴을 보며 대화를 하고, 게임도 한다. 그뿐인가! 휴대 전화로 문자를 보내고 동영상을 주고받는다. 컴퓨터와 인터넷의 등장은 인류의 상호 교류와 폭넓은 의사소통을 실질적으로 가능하게 함으로써 적극적인 차원에서 인류를 하나의 공동체로 만들어 가고 있다.

컴퓨터와 인터넷이 세계를 움직이면서 인류의 삶도 빠르게 변화했다. 현재 우리가 살고 있는 21세기는 명실상부한 지식정보화사회이다. 정보가 곧 힘이고 돈이다. 대량의 정보에 신속하게 접근할 수 있고, 여러 종류의 정보를 공유하고 처리하며 이를 토대로 다른 정보를 재생산하는 것이 가능한 사회에 우리는 살고 있다.

의사소통의 관점에서 보면 지식정보화사회에서 의사소통의 양은 폭발적으로 증대했다. 물론 어느 시대를 막론하고 사람들은 의사소통을 했다. 인간은 이성적 동물이고 언어를 사용하여 말을 주고받는 사회적 동물이다. 그런데 문자와 종이가 발명되면서 의사소통은 시간의 한계를 넘어 확장되었다. 더구나 인쇄술이

발명되면서 의사소통의 양은 혁명적으로 증가했다. 나아가 모스부호와 전신 기술, 전화가 발명되면서 의사소통은 시간의 한계뿐 아니라 공간의 한계까지 극복하게 되었다. 이제 지식정보화사회에서 의사소통의 양은 기존의 의사소통과 규모면에서 비교할 수 없을 만큼 폭발적으로 증가했다. 휴대전화 문자, 이메일, 대용량 파일, 그림, 사진, 동영상 등 의사소통을 통해 주고받는 것도 다양하다. 어떤 학자의 계산에 따르면 인류는 매년 약 1엑사바이트$_{Exabyte,\ EB}$ 즉, 10억 기가바이트$^{Gigabyte,\ GB}$의 데이터를 만들어내고 있는데, 이는 대략 1조 권의 책에 해당한다.

또한 컴퓨터의 저장 능력은 기존의 도서관을 능가하게 되었다. 이로써 자료를 저장하는 데 드는 비용은 급속히 줄어들고 있다. 한 학자에 따르면 1,200만 권의 책을 소장할 수 있는 런던의 대형 도서관을 짓는 데 약 11조 원이 들었지만, 자기 저장$^{magnetic}_{storage}$을 사용할 경우 고작 몇 백만 원밖에 들지 않는다고 한다.

이렇듯 컴퓨터는 대량의 정보를 신속하게 처리하는 것을 가능하게 했다. 이로 인해 인간의 생활 방식은 혁명적으로 변모하고 있다. 그렇다면 '정보혁명'에서 실로 혁명적인 것은 무엇인가? '정보혁명'이라는 말은 단지 은유적인 표현에 불과한가, 아니면 실제로 일어난 일을 정확하게 묘사하고 있는 사회학적 표현인가? '정보혁명'이 과연 적절한 용어인지, '혁명적인 것'이 무엇인지를 살펴보기 위해서는 약 300년 전에 일어난 산업혁명과 비교해보는 것이 좋을 것이다. 21세기의 지식정보화사회가 정보혁명으로 가능했다면, 20세기까지 존속했던 산업화 사회는 18세기에 일어났던 산업혁명으로 가능했다.

산업혁명과 정보혁명

세계사 책을 살펴보면 산업혁명은 면직물 산업과 더불어 시작되었다고 서술되어 있다. 16세기 영국에서는 양털로 옷을 만드는 모직물 산업이 번성하면서 울타리치기enclosure 운동이 일어났다. "양이 사람을 잡아먹으면서" 전통적인 농업 공동체는 파괴되고 농민들은 토지를 잃고 도시 노동자로 전락했다. 그런데 자본가들은 면화로 만든 옷이 양털로 만든 옷보다 엄청나게 많은 이윤을 창출한다는 것을 알게 되었다. 17세기 후반 영국은 대량의 면화를 인도에서 수입하면서 면화를 가공해 옷을 만드는 기계와 기술이 필요하게 되었다. 이에 따라 18세기 후반 하그리브스James Hargreaves, 1702~1778의 제니 방적기1764, 아크라이트Richard Arkwright, 1732~1792의 수력 방적기1768, 크럼프턴Samuel Crompton, 1753~1827의 뮬 방적기1779, 카트라이트Edmund Cartwright, 1743~1823의 동력 방직기1784가 발명되었다. 또한 대량으로 만들어진 면직물을 신속하게 수송할 수 있는 기계가 필요했는데, 이에 부응하기라도 하듯 1765년 제임스 와트James Watt, 1736~1819의 증기기관이 발명되었다.

그렇다면 산업혁명에서 혁명적인 것은 무엇일까? 먼저 기계를 이용한 대량 생산이 가능하게 되었다는 점을 들 수 있다. 일련의 기계들이 발명되면서 생산량과 생산력은 가히 혁명적으로 증가했다. 이에 따라 인간 사회는 농경 중심 사회에서 산업화 사회로, 봉건 사회에서 자본주의 사회로 신속하게 이행했다. 그러나 '기계를 이용한 대량 생산'이라는 것보다 더욱 혁명적인 것이 있다. 인간이 힘을 스스로 만들어냄으로써 사물의 운동을 통제할 수 있게 되었다는 점이다.

물론 증기기관의 발명 이전에도 인간은 사물을 운동하게 할 수 있었다. 인간이 자신의 근육에 힘을 주어 사물을 운동하게 하거나, 소와 말 같은 동물의 근육 힘을 이용해 사물을 움직이게 했고, 수력과 풍력 같은 자연의 힘을 이용해 사물을 움직일 수 있었다. 하지만 이러한 사물의 운동에 대한 통제는 어디까지나 자연력에 따른 것이었다. 인간은 이미 존재하는 힘을 다른 방식으로 변형했을 뿐이었다. 반면 제임스 와트의 증기기관은 자연의 에너지를 운동 에너지로 바꿀 수 있다는 것을 보여주었다. 석탄이나 석유 같은 화석 연료가 갖고 있는 에너지를 운동 에너지로 전환시킨 것이다. 즉, 인간이 기계를 이용해 힘을 만들어내고 이로 인해 사물의 운동을 통제할 수 있게 된 것이다.

말하자면 제임스 와트가 증기기관을 발명함으로써 인간은 자연 에너지로부터 힘을 산출하고 사물의 운동을 통제할 수 있게 된 것이다. 사물의 운동을 위해 자연력을 이용하던 차원을 넘어서 힘을 산출하는 기계를 만들어냄으로써 사물의 운동을 통제할 수 있게 된 것이다. 당시 이러한 기계를 발명하기 위해서는 공학 기술과 제작에 소요되는 자본이 필요했다. 그러나 공학 기술과 자본의 축적만으로 증기기관의 발명을 설명할 수 있을까?

사실상 제임스 와트가 증기기관을 발명할 수 있었던 것은 이미 100년 전에 그 이론적 토대가 완성되었기 때문이다. 즉 사물의 운동 원리, 힘의 작용 원리에 대한 그림이 완성되었던 것이다. 그렇다면 그 그림이란 무엇인가? 바로 뉴턴[Isaac Newton, 1642~1727]의 역학이다. 1687년 뉴턴이 《자연철학의 수학적 원리[Philosophiae Naturalis Principia Mathematica]》를 출판한 것은 매우 상징적인 사건이다. 만

유인력의 법칙 및 세 가지 운동 법칙을 기초로 완성된 뉴턴의 고전 역학은 산업혁명에 필요한 과학 기술의 이론적 토대를 제공했다. 말하자면 산업혁명의 공학적 기술을 가능하게 한 소프트웨어는 이미 100년 전에 완성되었으며, 공학자와 과학 기술자가 이를 물리적으로 구현하는 데 100년이 걸린 것이다.

산업혁명에서 혁명적인 것은 인간이 힘을 산출하는 기계를 발명함으로써 사물의 운동을 통제할 수 있게 되었다는 점에 있다. 그렇다면 20세기에 발발한 정보혁명에서 혁명적인 것은 무엇일까? 무엇보다도 컴퓨터의 발명으로 인해 신속한 정보 처리와 대량의 정보 처리가 가능하게 되었다는 점을 들 수 있다. 20세기에 눈부시게 발전한 전자공학은 대량 정보의 신속한 처리를 가능하게 했다. 그러나 '신속한 대량의 정보 처리'보다 더 근원적인 것이 있다. 인간은 기존의 정보 처리 방식과는 완전히 다른 방식으로 정보를 처리하게 된 것이다. 요컨대 인간이 **디지털** 방식으로 정보를 처리하게 되었다는 것이다. 달리 말하면 인간이 디지털 정보를 창조해내고 이를 통제할 수 있게 된 것이다.

물론 인간은 컴퓨터 발명 이전에도 정보를 처리했다. 그러나 이때의 정보 처리는 **아날로그** 방식이었으며, 정보 역시 아날로그였다. 즉 정보들은 연속적인 매체의 형태로 보존되고 처리되었다. 가령 편지를 써서 보내거나 일기장에 글을 쓰는 것은 모두 아날로그 방식의 정보 처리이다. 그러나 이제 인간은 디지털 정보를 창조하고 산출해낸다. 지금 이 순간에도 나는 키보드를 두드리며 디지털 정보를 산출해내고 있다. 키보드를 두드리는 순간 내가 입력하는 것들은 0과 1의 조합으로 바뀌어 컴퓨터에 저

장된다. 엄지족이 현란하게 손가락을 움직여 만들어낸 정보들은 휴대전화에서 0과 1의 조합인 디지털 정보로 변환된다. 문자를 보내면 이러한 디지털 정보들이 수신된다.

이제 우리는 산업혁명에서 증기기관에 대해 질문했던 방식으로 다음과 같이 물어보아야 한다. 증기기관의 발명 이전에 이미 그 이론적 토대가 완성되어 있었다. 즉 운동의 원리를 밝힘으로써 힘의 통제가 원리적으로 가능하다는 것을 뉴턴의 역학이 보여주었다. 컴퓨터가 발명되기 위해서는 디지털 정보의 산출과 통제가 원리적으로 가능하다는 것을 보여주어야 한다. 그렇다면 컴퓨터 발명의 이론적 토대는 무엇인가? 와트의 증기기관에 뉴턴의 역학이 있었다면, 현대 컴퓨터에는 무엇이 있었는가?

세상에서 가장 강력한 기계

이 책에서는 컴퓨터의 발명에 결정적으로 기여한 이론적 토대에 대해 이야기하고자 한다. 혹자는 컴퓨터가 전자식 기계이므로 과학기술과 공학 분야에서 그 이론적 토대가 만들어졌을 것이라고 생각할지도 모른다. 그러나 이러한 추측은 잘못된 것이다.

앞에서 컴퓨터가 세상에서 가장 많은 단추를 갖고 있는 기계이고, 그래서 컴퓨터가 가장 많은 기능을 갖고 있으며 세상에서 가장 강력한 기계라는 것을 이야기했다. 이렇게 설명한 이유는 컴퓨터를 볼 때 자칫 놓치기 쉬운 것을 경계하기 위해서이다. 우리는 '기계'라는 말을 들으면 시계, 선풍기, 자동차, 기차, 비행기 등 어떤 기능을 갖고 있는 '물리적인' 구현체로 생각하는 경향이 있다. 요컨대 우리는 톱니바퀴나 밸브, 트랜지스터와 같은 하드웨어적인 측면만을 주목하는 경향이 있다. 그러나 그러한 하드웨어적인 측면만 본다면 컴퓨터가 세상에서 가장 강력한 기계라는 생각에 이르지 못할 것이다. 하드웨어라는 측면만 본다면 당연히 컴퓨터보다는 포클레인이 더 강력하지 않을까? 어찌 보면 컴퓨터라는 기계는 그야말로 힘없는 나약한 존재가 아닐까? 포클레인 같은 기계가 한 번 휘저으면 금방 박살이 날 아주 약한 기계가 아닐까?

하지만 컴퓨터는 포클레인보다 더 강력한 기계이다. 이것은 근육의 힘만을 따진다면 코끼리가 인간보다 강력하지만 실제로는 인간이 코끼리보다 더 강력한 존재인 것과 같은 이치이다. 인간이 코끼리보다 더 강력한 존재라는 점을 알기 위해서는 인간의 이성과 문제 해결 능력과 같은 '비 물리적인' 측면에 주목해야 한다. 요컨대 하드웨어가 아니라 소프트웨어에 주목해야 하는 것이다.

현대 컴퓨터는 단순히 전자 회로와 같은 하드웨어만을 갖고 있지 않다. 프로그램을 내장하고 있고, 이 프로그램을 통해 다양한 프로그램들을 운용할 수 있다. 컴퓨터는 마치 인간이 코끼리를 부리듯 프로그램에 따라 다른 육중한 기계들을 통제하는 가장 강력한 기계다. 그렇다면 컴퓨터는 얼마나 강력할까? 얼마나 강력하냐 하면, 심지어 우리 인간으로 하여금 "컴퓨터는 생각할 수 있는가?"라는 물음을 던지게 할 만큼 강력하다. 우리는 이 철학적 문제를 11장에서 살펴보게 될 것이다.

컴퓨터의 발명에는 물론 20세기에 눈부시게 발전한 전자공학의 기여가 절대적이라고 할 수 있다. 그러나 첨단 공학적인 발전만을 컴퓨터 발명의 전부라고 생각하는 것은 크나큰 오산이다. 오히려 정보를 완전히 다른 시각에서 바라보게 하고, 컴퓨터의 발명을 가능하게 한 이론적 토대는 수학, 더 정확하게 말하면 수리논리학에서 만들어졌다. 신속한 정보 처리, 대량의 정보 처리의 방법과 기술은 과학자들과 공학자들의 노력에 의한 것이다. 반면에 디지털 정보를 처리하는 것이 원리적으로 가능하다는 것, 그 프로그램과 알고리즘algorithm을 항상 생각할 수 있다는 발상은 과학자와 공학자들은 결코 생각할 수 없었던 것이다.

그렇다면 디지털 정보 처리의 알고리즘이 항상 가능하다는 생각은 어디에서 유래했을까? 이 글에서 바로 이 문제를 다루려고 한다. 이 책의 주인공은 튜링과 괴델이다. 튜링과 괴델은 〈타임스Times〉가 선정한, 20세기를 대표하는 100인의 사상가 목록에 오른 단 두 명의 수학자이다. 제임스 와트의 증기기관의 이론적 토대가 뉴턴의 역학이라면, 현대 컴퓨터의 이론적 토대는 튜링과 괴델에서 찾을 수 있다. 이를 살펴봄으로써 우리는 첨단 공학의 그늘에서 찬란하게 빛나는 추상적 사유의 위대한 힘을 확인하게 될 것이다.

Alan Turing

만남
MEETING

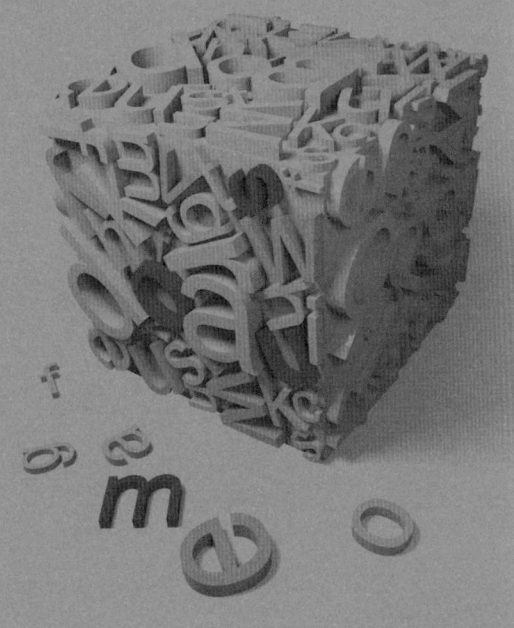

Kurt Gödel

만남 1

비운의 천재 수학자 튜링의 위대한 착상

컴퓨터의 탄생 비행기 하면 라이트 형제^{Wright brothers}가 떠오르고, 축음기와 백열전등 하면 에디슨^{Thomas Edison, 1847~1931}이 생각난다. 전화는 벨^{Alexander Bell, 1847~1922}이 발명했다고 하고, 엘리베이터는 오티스^{Elisha Otis, 1811~1861}의 발명품이라고 한다. 그렇다면 컴퓨터는 누가 발명한 것일까? 이 물음에 대해 아래의 글이 적절한 대답이 되어줄 것 같다.

그토록 많은 사상과 기술적 진보가 현대의 컴퓨터를 창조하는 일에 기여했기 때문에, 현대 컴퓨터의 발명을 한 사람의 공로로 돌리는 것은 무모한 일이다. 그러나 자판을 두드리는 모든 사람들이 스프레드시트나 워드 프로세서 프로그램을 열 때, 튜링 기계^{Turing Machine}의 화신에서 일하고 있다는 사실만은 확실하다.

〈타임스〉가 20세기를 빛낸 100명의 사상가 중 한 사람으로 앨런 튜링 Alan Turing, 1912~1954을 선정하며 그 이유를 설명한 1999년 3월 29일자 기사이다.

〈타임스〉가 지적하고 있듯이 현대 컴퓨터는 '튜링 기계의 화신'이다. 그렇다면 궁금한 것은 튜링 기계가 무엇이냐 하는 것인데, 이는 나중에 살펴보기로 하고 다시 한 번 기사를 읽어보자. 읽다보니 뭔가 혼란스럽다. 도대체 튜링이 현대 컴퓨터를 발명했다는 것인가, 그렇지 않다는 것인가? 첫 번째 문장을 읽어보면, 현대 컴퓨터의 발명을 어느 한 사람의 공로로 돌리는 것은 무모하다고 지적하고 있다. 그런데 두 번째 문장에서는 현대 컴퓨터가 튜링이 고안한 '튜링 기계'의 화신이라고 한다. 그렇다면 어느 쪽인가? 현대 컴퓨터를 발명한 사람은 튜링인가, 아닌가?

사실 〈타임스〉의 이와 같은 애매한 태도에는 이유가 있다. 컴퓨터 발명의 역사를 가만히 들여다보면, 어느 한 사람이 컴퓨터를 발명했다고 말하는 것은 무리이다. 컴퓨터는 수많은 수학자, 논리학자, 철학자, 과학자, 공학자들의 합작품이기 때문이다.

또한 우리가 사용하는 '컴퓨터'라는 말은 그 의미가 다소 애매하다. '컴퓨터'는 때로는 하드웨어의 관점에서 사용되기도 하고, 때로는 운영 체계와 같은 소프트웨어 관점에서 사용되기도 한다. 즉 진공관, 트랜지스터, 고밀도 칩, 전자 회로 등과 같은 하드웨어 측면에서 컴퓨터를 볼 수도 있고, 프로그램, 소프트웨어의 측면에서 볼 수도 있다. 어느 관점을 중요시하느냐에 따라 컴퓨터 발명의 역사는 다르게 기술될 수 있다. 사정이 이렇기 때문에 "누가 컴퓨터를 발명했는가?"라는 물음은 관점에 따라 다르

게 대답할 수 있다.

마지막으로 '컴퓨터'와 '현대 컴퓨터'는 상이한 개념이다. 앞에서 인용한 〈타임스〉의 기사를 읽어보면, 〈타임스〉가 문제 삼고 있는 것은 단순히 '컴퓨터'가 아니라 '현대 컴퓨터'라는 것이 드러난다. 현대 컴퓨터는 컴퓨터이지만, 모든 컴퓨터가 현대 컴퓨터인 것은 아니다. 이는 마치 현생 인류는 유인원이지만 모든 유인원이 현생 인류는 아닌 것과 같다. 가령 1940년대에 발명된 초창기 컴퓨터는 도대체 현대 컴퓨터라고 할 수 없는, 거의 계산기에 가까운 기계로, 이러한 초창기 컴퓨터는 프로그램의 저장이나 운영 체계와 같은 측면에서 현대 컴퓨터와는 구분된다.

이러한 몇몇 이유 때문에 〈타임스〉는 다소 애매한 태도를 취하고 있는 것이다. 그러나 그럼에도 불구하고 현재 우리가 컴퓨터를 다룰 때면 '튜링 기계'의 화신과 만나고 있다는 점은 분명하다. 나중에 다시 설명하겠지만, 현대 컴퓨터의 모태는 '**보편 튜링 기계**'에 있다. 따라서 현대 컴퓨터의 핵심 아이디어를 제공한 사람을 꼭 한 사람만 제시하라고 한다면, 그는 단연 튜링이다!

사과를 베어 문 채 자살한 천재 수학자

사악한 마녀가 줄에 매단 사과를 끓는 독주에 담그며 중얼거린다.

독주에 사과를 담그면
잠결 같은 죽음이 온몸에 퍼지겠지.

월트 디즈니의 영화 〈백설 공주와 일곱 난쟁이〉(1937)에 나오는 한 장면이다. 튜링은 이 시구에 매료되어 몇 번이고 혼자 읊어대며 즐거워했다고 한다. 결국 1954년 6월 7일, 튜링은 청산가리 용액에 담가놓았던 사과를 베어 물고 생을 마감했다. 향년 43세. 왜 이 비운의 천재는 이런 극단적인 결말을 선택했을까?

현대 컴퓨터의 모태를 창안한 튜링

튜링의 죽음을 연상시키는 '한 입 베어 먹은 사과'는 세계 굴지의 컴퓨터 회사인 애플 컴퓨터의 로고이기도 하다. 물론 애플 컴퓨터는 자기 회사의 로고는 튜링의 사과가 아니라 뉴턴의 사과라고 말하고 있지만, 사실 애플 컴퓨터는 현대 컴퓨터의 모태를 창안한 튜링의 업적을 기리기 위해서 이러한 로고를 만들었을 가능성이 크다.

또 한 가지, 애플 컴퓨터의 로고는 빨간 사과인 경우도 있지만 무지개 색인 경우도 있다. 동성애를 상징하는 무지개 색 역시 동성애자였던 튜링을 생각나게 한다. 애플 컴퓨터의 실제 의도가

어떤 것인지를 떠나 세계적인 컴퓨터 회사의 로고가 현대 컴퓨터를 창안한 천재적 수학자 튜링의 죽음을 떠오르게 하는 것은 기막힌 우연이 아닐 수 없다.

튜링은 1912년 6월 23일 영국 런던에서 태어났다. 그의 아버지는 당시 영

국의 식민지였던 인도에 파견된 고위 공직자였다. 열대 질병이 극심했던 인도의 환경이 아이들에게 맞지 않다고 생각한 튜링의 부모는 튜링과 세 살 위인 그의 형을 퇴역한 대령 부부에게 맡겼다. 튜링의 어머니는 갓 돌을 넘긴 튜링을 본국에 남기고 남편을 뒷바라지하러 인도로 떠났다.

부모와 떨어져서 자란 어린 시절은 튜링의 성격을 결정짓는 데 큰 영향을 주었을 것이다. 대부분의 천재 수학자가 그렇듯 튜링은 내성적이고 고지식하며 사교성 없는 성격의 소유자였다. 그의 동성애 기질은 고등학교 때 형성된 것으로 보인다. 튜링은 1년 선배인 크리스토퍼 모콤$^{Christopher\ Morcom,\ ?~1930}$을 숭배했고, 첫사랑과 같은 감정을 느꼈다고 한다. 그러나 이러한 관계는 오래 가지 않았다. 1930년 2월 모콤이 결핵으로 사망한 것이다. 튜링이 자살이라는 비극적인 선택을 하게 된 결정적인 계기도 그의 동성애적 기질과 관련이 있다.

자살을 선택하기 약 2년 반 전인 1951년 겨울, 튜링은 한 젊은 청년과 애정 행각을 벌였다. 당시 동성애는 징역 2년의 처벌을 받아야 하는 범죄였다. 청년은 튜링의 집에서 며칠을 보낸 후 돈을 훔쳐 달아난다. 청년은 이렇게 생각했을 것이다. 튜링은 부자다. 그러니 돈 몇 푼은 대수가 아닐 것이다. 또 튜링은 경찰에 신고하지도 않을 것이다. 경찰에 신고하면 왜 함께 있었는지 심문 받게 될 것이고, 그렇게 되면 징역 2년을 살아야 하니까.

그러나 튜링 같은 천재 수학자가 어떤 사람인가! 그는 경찰에 신고했고 결국 동성애 사실이 밝혀지게 되었으며 급기야 법정에까지 서게 된다. 담당 판사는 징역형 대신 1년 동안 에스트로겐이라는 여성 호르몬을 투여 받을 것을 제안했다. 결국 튜링은 정기적으로 에스트로겐을 투여 받았고, 그 결과 가슴이 부풀고 목소리가 변했다. 부푼 가슴은 옷으로 가리면 해결할 수 있었지만 여기저기에서 강연을 해야 하는 상황에서 변해버린 목소리는 어떻게 할 방도가 없었다. 이런 과정에서 튜링은 극심한 굴욕감과 모멸감을 느꼈을 것이다.

하지만 이런 사실만으로는 그의 극단적인 선택이 잘 설명되지 않는다. 보다 더 중요한 사실이 있다. 우리나라에서 컴퓨터의 발명과 관련된 튜링의 업적은 2000년대 초반에서야 서서히 알려지기 시작했다. 미국과 유럽에서는 1980년대 말부터 알려지기 시작했는데, 튜링이 사망한 해가 1954년이라는 점을 감안하면 뭔가 잘 이해되지 않는다. 다시 말해서 컴퓨터의 발명과 관련된 튜링의 업적은 서양에서조차 30년 넘게 은폐되었던 것이다. 그 사이 튜링의 이름이 들어가야 하는 자리는 다른 학자들의 차지가 되어버렸다. 예컨대 '폰 노이만 아키텍처 Von Neumann architecture'라고 알려져 있는 것도 사실은 튜링의 아이디어였고, '튜링 아키텍처'라고 부르는 것이 더 정당할 것이다. 어쨌든 정당한 평가를 외면하는 사회적 상황에서 튜링은 깊은 모멸감과 비참함을 느꼈을 것이다. 여기서 의문이 생긴다. 어떻게 이런 일이 가능했을까? 어떻게 30년 이상 그의 업적은 철저하게 은폐되었던 것일까?

에니그마와 봄베

튜링은 제2차 세계대전이라는 위기에서 조국인 영국을 구한 영웅이었다. 임진왜란 당시 조선에 이순신 장

군이 있었다면, 제2차 세계대전 때 영국에는 튜링과 처칠^{Winston} $^{Churchill,\ 1874~1965}$이 있었다고나 할까. 이런 이야기를 하면 혹자는 대단히 의아해할 것이다. 이순신은 장군이고 군인이지만 튜링은 수학자이고 민간인이 아닌가? 그런데 일개 수학자인 튜링이 어떻게 전쟁에서 조국을 구할 수 있단 말인가!

그 대답은 제2차 세계대전이 이전의 전쟁과는 성격이 다른 전쟁이었다는 데 있다. 제2차 세계대전은 '정보 전쟁'이었다. 막강한 군사력보다는 상대방의 군사 기밀을 먼저 알아내는 측이 승기를 잡을 수 있었다. 특히 독일 군대의 암호 해독은 영국의 입장에서는 국가의 존립이 걸린 문제였다. 당시 대륙에서 영국으로 생필품을 실어 나르는 선박을 독일의 잠수함이 어뢰를 쏘아서 격침하고 있었다. 만일 독일 잠수함과 독일 사령부 간의 통신 암호를 해독하지 못하면 영국은 말 그대로 굶어 죽어야 할 판이었다. 상황이 이렇다 보니 영국으로서는 독일 군대의 암호 해독 작업에 사활을 걸 수밖에 없었다.

독일 잠수함과 사령부 간의 통신 연락에는 에니그마^{Enigma}라는 암호 기계가 사용되었다. 에니그마에는 알파벳 자판이 있어서 어떤 알파벳 문자 키를 누르면 암호로 바뀐 문자가 창에 나타난다. 이렇게 원문을 암호문으로 모두 바꾼 다음에 이를 무선 전신으로 보내는 것이다. 무선 전신으로 수신된 것을 다시 에니그마에 넣으면 원문이 창에 뜨게 된다. 에니그마에는 수많은 톱니바퀴가 있어서 문자를 암호로 바꾸는 방식은 천문학적인 경우의 수만큼 많았다. 그러나 송신기와 수신기에 동일한 초기값을 입력하면 정확하게 원문을 암호문으로 바꾸고 또 암호문을 원문으로 바꿀 수 있었다. 따라서 초기값은 가장 중요한 비밀이었고, 날마다 바뀌었다.

독일이 폴란드를 침공하기 1년 전인 1938년 여름, 튜링은 독일 군대의 암호 해독을 위한 프로젝트에 발탁되었다. 영국 정부는 런던 북부에 있는 블레츨리 파크$^{Bletchely\ Park}$에서 암호 해독 작업을 시작했다. 처음에는 대학교수로 이루어진 팀이 참여했지만, 전쟁이 끝날 때쯤 암호 해독과 통신 분석 작업에 참여한 사람은 약 1만 2,000명에 이르렀다.

블레츨리 파크에서 튜링이 한 일은 에니그마의 통신 암호를 해독하는 것이었다. 튜링은 에니그마의 해독을 위해 봄베^{Bombe}라는 기계를 새롭게 개량했다. 봄베는 원래 폴란드에서 만들어진 것인데, 독일군이 에니그마를 더욱 정교하고 복잡하게 만들자 폴란드는 해독을 포기하고 이 기계를 영국에 넘겼다. 튜링이 개량한 봄베는 에니그마의 해독에서 가장 중요한 초기값을 찾는 데 매우 효과적이었다. 어떤 특정한 날에 에니그마의 초기값을 찾는 것은 1해 5,000경 가지의 경우의 수 가운데서 한 가지 조합을 찾는 것과 같았지만, 튜링이 만든 봄베는 이 문제를 해결하는 데 보통 세 시간이면 충분했고 어떤 경우에는 14분이 걸린 적도 있다고 한다.

독일 잠수함과 독일 사령부 간의 암호 통신은 에니그마로 이루어졌지만 독일 육군과 나치 정권의 최고위층 사이에는 다른 기계가 사용되었다. 블레츨리 파크에서는 이 기계를 '물고기^{Fish}'라고 불렀고, 튜링의 스승이자 동료인 맥스 뉴먼$^{Max\ Newman,\ 1897~1984}$이 이 암호를 해독하는 임무를 맡았다. 뉴먼은 본질적으

로 튜링의 아이디어를 이용해서 '물고기' 암호를 판독할 수 있는 기계를 만들었다. 블레츨리 파크 사람들은 그 기계를 만드는 데 사용된 튜링의 방법과 기술을 장난스럽게 '튜링이스무스 Turingismus'라고 불렀다.

자신의 손으로 위기에 처한 조국을 지켜낸 튜링은 대단한 긍지와 자부심을 느꼈을 것이다. 그러나 오르막길이 있으면 내리

막길이 있는 법. 제2차 세계대전이 끝난 후 그가 암호 해독 작업을 했다는 사실은 일체 비밀에 붙여졌다. 전쟁 후 세계는 곧바로 냉전 체제로 접어들었고, 암호 해독 방법과 기술이 소련에 넘어가는 것을 극도로 우려한 영국 정부는 튜링을 철저하게 감시하여 그가 해외로 여행하는 것도, 외국인이 그를 방문하는 것도 허용하지 않았다. 전쟁 중에는 영웅이었지만 전쟁이 끝나자 암호 해독 과정에서 너무 많은 기밀을 알게된 튜링은 요주의 인물이 되어버린 것이다. 튜링에 대한 영국 정보기관의 감시는 그가 자살할 때까지 계속되었다.

<u>첨단 공학의 그늘</u>　제2차 세계대전이 끝난 1945년, 튜링은 영국의 국립물리학연구소에 이른바 〈에이스 보고서^{Ace Report}〉를 제출한다. 에이스는 자동계산기관^{Automatic Computing Engine}으로, 우리가 지금 '컴퓨터'라고 부르는 것을 튜링은 '에이스'라고 불렀다. 에이스는 기본적으로 암호 해독 방법인 '튜링이스무스'를 구현하는 기계였지만, 더 중요한 것은 튜링이 1935년에 쓴 논문 〈계산 가능한 수, 그리고 결정 문제에 대한 그 적용에 관하여^{On Computable Numbers, With an Application to the Entsheidungsproblem}〉에서 정리한 중요한 착상들을 구현하는 기계였다.

그 중요한 착상이란 튜링이 논문에서 다룬 '튜링 기계'와 '보편 튜링 기계'를 말한다. 튜링은 이 개념들을 통해 산술적 계산이나 정보 처리가 원리적으로 가능하다는 것, 알고리즘과 프로그램을

만들 수 있다는 것을 증명했다. 뿐만 아니라 튜링은 '보편 튜링 기계'라는 개념을 통해 '프로그램 내장 컴퓨터'를 구현할 수 있다는 것을 알고 있었으며 '에이스'의 제작을 통해 이를 실현하고자 했다.

튜링은 1945년 말 영국 국립물리학연구소에 〈에이스 보고서〉를 제출한 후, 1947년 2월에 런던 수학회에서 이 보고서에 대해 강연을 하면서 자신의 야심찬 꿈을 밝혔다. 당시 튜링은 컴퓨터 제작을 실현하려는 꿈과 열정으로 부풀어 있었지만 불행하게도 그의 보고서는 출판되지 않았고, 적절한 때에 채택되지도 않았으며, 제대로 평가받지도 못했다. 하지만 컴퓨터는 다른 곳에서 다른 학자들에 의해 계속 개발되고 있었다. 컴퓨터 개발에 직접 참여하지 못한 것은 튜링에게 깊은 좌절감을 주었다.

〈에이스 보고서〉가 제대로 평가받지 못한 이유는 크게 두 가지를 들 수 있다. 먼저 폰 노이만$^{\text{Johann Neumann, 1903~1957}}$이 한 발 앞서서 〈에드박에 관한 보고서 1차 초안$^{\text{First Draft of a Report on the EDVAC}}$〉을 발표한 것이다. 폰 노이만의 〈에드박에 관한 보고서 1차 초안〉이 튜링의 〈에이스 보고서〉보다 먼저 발표되었고, 튜링이 자신의 〈에이스 보고서〉에서 〈에드박에 관한 보고서 1차 초안〉을 거론했기 때문에 현대 컴퓨터를 가능하게 한 착상이 〈에드박에 관한 보고서 1차 초안〉에서 유래했다고 오해되었다. 그러나 이는 전혀 사실이 아니다.

어느 학자가 〈에드박에 관한 보고서 1차 초안〉과 〈에이스 보고서〉를 비교한 바에 따르면 〈에드박에 관한 보고서 1차 초안〉은 "초고이고 미완성이고 불완전한" 반면에, 〈에이스 보고서〉는 "컴퓨터에 대한 완벽한 서술이고, 논리적 회로도에 근거하고 있으며 1만 1,200파운드의 비용까지 예상하고 있다." 프로그램 내장 컴퓨터라는 점에서 에드박과 에이스가 현대 컴퓨터라는 점에는 재론의 여지가 없다. 그러나 그 핵심적인 아이디어는 '보편 튜링 기계'에 있으며, 보편 튜링 기계라는 착상은 튜링의 생각이었다.

다음으로 컴퓨터를 소프트웨어가 아니라 하드웨어라는 관점에서 바라보는 것이 당시 지배적인 경향이었다는 사실이다. 컴퓨터 제작에 필요한 재원을 지원해줄 수 있는 연구 기관이나 대학은 컴퓨터 제작 문제를 하드웨어, 또는 첨단 공학적인 문제로 인식했고 이러한 상황에서 튜링의 참여는 철저하게 배제되었다.

당시 컴퓨터 제작에서 공학적으로 가장 중요한 것은 컴퓨터의 기억장치였다. 〈에드박에 관한 보고서 1차 초안〉과 〈에이스 보고서〉가 제출된 상황에서, 누가 먼저 세계 최초의 현대 컴퓨터를 발명할 것이냐 하는 것은 누가 효과적인 기억장치를 성공적으로 개발하느냐에 좌우될 수밖에 없었다. 당시 그 열쇠를 가지고 있는 사람은 영국의 공학자 프레드릭 윌리엄스^{Frederic Williams, 1911~1977}였다. 그는 '일반 음극선관'을 컴퓨터 기억장치에 효과적으로 사용할 수 있음을 알게 되었고, 이렇게 개발된 윌리엄스의 기억장치는 그 시대를 지배하게 되었다.

국립물리학연구소가 튜링의 〈에이스 보고서〉 채택을 망설이는 사이에 영국 케임브리지 대학교에서는 모리스 윌크스^{Mauric Wilkes, 1913~}의 지휘 아래 에드삭^{EDSAC}이 제작되었고, 맨체스터 대학교에서는 윌리엄스의 지휘 아래 맨체스터 마크 I이 제작되었다. 그러나 이러한 컴퓨터의 제작에서 사용된 핵심 아이디어는 튜링이

이미 〈에이스 보고서〉에서 낱낱이 설명한 것이었다. 보고서 채택이 늦어지자 실망한 튜링은 국립물리학연구소를 떠난다. 몇 년 후 '에이스'는 튜링이 없는 상태에서 국립물리학연구소에서 제작되었으며 '파일럿 에이스'라고 불렸다.

국립물리학연구소를 떠난 후 튜링이 선택한 곳은 공교롭게도 맨체스터 마크 I이 제작된 맨체스터 대학이었다. 이미 맨체스터 대학에 합류했던 스승이자 동료인 맥스 뉴먼의 제의를 받아들인 것이다. 1948년 튜링은 맨체스터 대학에 도착한다. 튜링은 원래 맨체스터 마크 I 프로젝트를 지휘하고 관리하는 직책을 맡기로 되어 있었다. 그러나 공학자 윌리엄스는 컴퓨터 제작에 수학자들의 생각은 필요없다고 하며 튜링을 철저하게 배제했다. 대부분의 작업은 공학자들의 주도로 이루어졌고, 튜링에게 주어진 일은 맨체스터 마크 I을 개량한 컴퓨터의 프로그래밍 매뉴얼을 작성하는 것이었다. 이렇게 시작된 튜링의 비극은 결국 자살로 끝났고 현대 컴퓨터를 탄생하게 한 그의 위대한 착상과 업적은 30년 이상 은폐되었다.

만남 2

괴델, 수학의 불완전성을 밝히다

참이지만 증명할 수 없는 진리

20세기 수학을 대표하는 천재 수학자이자 철학자 괴델$^{Kurt\ Gödel,\ 1906~1978}$. 〈타임스〉가 선정한 20세기의 위대한 인물 100명 중 가장 위대한 수학자로 지명받기도 한 그의 학문적 업적은 수학과 논리학뿐만 아니라 철학, 언어학, 컴퓨터 과학, 인공지능, 심지어 신학과 우주론에 이르기까지 막대한 영향을 미쳤다.

괴델의 불완전성 정리는 지금도 처음 접하는 사람에게는 놀라움과 당혹스러움, 충격을 불러일으킨다. 현대 수학의 아버지라고 일컬어지는 힐베르트$^{David\ Hibert,\ 1862~1943}$에게 내던진 괴델의 불완전성 정리는 마치 다윗의 돌팔매처럼, 힐베르트 프로그램이라는 골리앗에게 타격을 주었을 뿐만 아니라 핵폭탄과 같은 충격으로 20세기 학문계를 강타했다. 그 충격의 여파는 지금도 생생

불완전성 정리로 20세기 학문에 막대한 영향을 미친 괴델

하게 남아 있다. 그렇다면 불완전성 정리란 무엇일까? 상세한 내용은 나중에 살펴보기로 하고 이 지점에서는 그저 감을 잡기 위해서 매우 개괄적인 이야기를 해보자.

우리는 사칙연산, 즉 덧셈, 뺄셈, 곱셈, 나눗셈을 능숙하게 한다. 이러한 계산 과정에서 나오는 문장들, 가령 3+4=7이나 2×8=16과 같은 문장은 수학에서 참이다. 그렇다면 수학에서 참인 문장들은 모두 증명 가능한가? 예를 들어, 3+4=7은 수학에서 참이며 증명할 수 있다. '소수의 개수는 무한하다'는 문장 또한 참이며 수학에서 증명 가능하다. 이제 문제는 수학에서 참인 문장이 **모두** 수학이라는 체계에서 증명 가능한가 하는 점이다.

한 체계에서 참인 문장들이 **모두** 그 체계에서 증명 가능할 때, 우리는 그 체계가 **완전**하다고 말한다. 마찬가지로 한 체계가 **불완전**하다는 것은 그 체계에서 참인 문장들이 모두 증명 가능한 것은 아니라는 것, 즉 그 체계에 속하는 어떤 문장이 참인데도 불구하고 증명 가능하지 않다는 것을 뜻한다.

예를 들어 **골드바흐의 추측**Goldbach's Conjecture을 살펴보자. 이는 '2보다 큰 짝수는 모두 두 개의 소수의 합으로 나타낼 수 있다'는 것이다. (이때 소수란 2, 3, 5, 7, 11 등과 같이 약수가 1과 자기 자신뿐인 수를 뜻한다.) 예컨대 4=2+2, 6=3+3, 8=3+5, 10=5+5, 12=5+7, 14=7+7, 16=5+11…과 같이 골드바흐의 추측은

(2보다 큰) 수많은 짝수들에 대해서 성립한다는 것을 알 수 있다. 그러나 골드바흐의 추측은 **모든** 수에 대해서 참일까? 그것이 참이라는 것은 현재 증명되지 않았다. 또한 그 추측이 성립하지 않는 예 역시 발견되지 않았다. 요컨대 골드바흐의 추측은 증명되지도 않았고, 반증되지도 않았다.

현재 많은 수학자들은 골드바흐의 추측은 참이거나 거짓이라고 생각한다. 이제 그것이 참이라고 가정해보자. 또한 참인데도 불구하고 이를 수학에서는 증명할 수 없다고 하자. 만일 이런 일이 밝혀진다면 수학은 불완전한 것이 된다.

괴델이 보인 것은 실제로 산수와 수학이 불완전하다는 것이다. 간단히 말하면 괴델의 (제1)**불완전성 정리**란 수학 체계에서는 참이지만 증명 불가능한 문장이 존재한다는 정리이다. 괴델은 바로 그러한 문장을 엄밀하게 구성함으로써 수학 체계가 불완전하다는 것을 보였다. 곧 수학에서는 진리를 모두 증명할 수 있는 것은 아니라는 것이다. 이를 밝히는 과정에서 괴델은 현대 컴퓨터의 탄생에 결정적 역할을 하게 되는 위대한 생각을 떠올리게 된다.

괴델과 디지털 정보 처리

노벨상을 수상한 유명한 물리학자 파인만(Richard Feynman, 1918~1988)에 따르면, 컴퓨터 과학은 진정한 과학이 아니고 '컴퓨터'라는 말도 부적절하다. 그의 말을 인용해보자.

앞서 컴퓨터 과학은 진정한 과학이 아니라고 얘기한 적이 있

었다. 사실 '컴퓨터'라는 말도 부적절하다. 컴퓨터를 말 그대로 풀어놓으면 '계산^{compute}하는 기계'라고 할 수 있는데, 계산이라고 하면 덧셈, 뺄셈, 곱셈 같은 것이 먼저 떠오른다. 그러다 보면 컴퓨터를 계산하는 기계로만 생각하기 십상이다. 사실 일반적인 컴퓨터에는 이런 기본 산수 계산을 처리하는 부분도 있지만 그 외의 부분은 주 작업인 쪽지 조각을 여기저기로 옮기는 일을 처리한다. 물론 여기서 쪽지는 디지털 전기 신호이다. 컴퓨터는 여러 면에서 문서 정리원과 비슷하다. 문서 정리원은 문서 캐비닛 사이를 돌아다니면서 서류를 꺼내고 집어넣어 정리하며, 쪽지를 받아 적고 다른 사람에게 전달하는 일을 한다.

파인만에 따르면, 컴퓨터는 문서 정리원과 비슷하다. 컴퓨터가 하는 일은 문서 캐비닛 사이를 돌아다니면서 서류를 꺼내고 집어넣어 정리하며, 쪽지를 받아 적고 다른 사람에게 전달하는 것이다. 컴퓨터는 그저 '계산하는 기계'가 아니기에 '컴퓨터'라는 말은 부적절하다는 것이다. 그렇다면 파인만은 어떤 말이 적절하다고 봤을까?

그 대답은 아마도 '정보 처리 기계'일 것이다. 서류를 꺼내고 정리하고 받아 적고 전달하는 것이 곧 정보 처리이기 때문이다. 사실상 인간은 컴퓨터가 출현하기 전에도 정보를 처리했다. 가령 떠오르는 생각을 노트에 적고 그것을 책장에 한참 두었다가 다시 꺼내서 생각을 적는 과정은 정보 처리이다. 종이 위에서 수식을 계산하는 것도 정보 처리이다. 멀리 있는 친구에게 편지를 보내는 것도 일종의 정보 처리이다. 정보 처리란 좁은 의미에서는 주어진 정보를 유용한 목적에 맞는 정보로 변환하는 과정을 뜻하지만, 넓은 의미에서는 정보의 산출, 저장, 검색을 뜻한다. 정보의 산출에는 최초의 정보 산출 과정, 복사, 재배열, 수정, 편집 등이 포함된다.

컴퓨터는 정보를 디지털 방식으로 처리하는 자동 기계이다. 디지털 방식으로 정보를 처리한다는 것은 어떤 정보가 문자든, 이미지든, 사운드든 상관없이 모든 종류의 정보를 0과 1의 조합인 이진수 표현으로 나타내어 처리한다는 것을 뜻한다. 예컨대 아스키코드 American Standard Code for Information Interchange 방법에 따르면, 문자 A는 '01000001'로, Z는 '01011010'으로 표현된다. A와 Z와 같은 문자는 인간이 처리하는 정보에 속하지만 '01000001'이나 '01011010'은 컴퓨터가 처리하는 정보에 속한다.

그렇다면 정보를 디지털 방식으로 처리한다는 것이 원리적으로 가능하다는 착상은 어디에서 유래했을까? 한 가지는, 나중에 다시 설명하겠지만, 튜링 기계이다. 튜링 기계는 어떤 디지털 정보가 주어지든 그것을 주어진 프로그램에 따라 계산을 한다. 하지만 이보다 더 근원적인 것이 있는데, 괴델의 '괴델 수 대응 Gödel numbering'이다.

'괴델 수 대응'은 괴델이 자신의 불완전성 정리를 증명하는 과정에서 착안한 방법으로, 어떤 문자, 단어, 문장, 문장들의 열에 대해서도 모두 일대일 대응 방식으로 하나의 자연수로 나타낼 수 있다는 생각이다. 요컨대 (단일 문자와 같은) 정보를 이루는 요소든, (문장과 같은) 하나의 정보든 하나의 자연수로 나타낼 수

있다는 착상을 말한다.

하나의 십진법 자연수는 2진수로 나타낼 수 있으며 그 역도 성립한다는 것은 잘 알려진 수학적 사실이다. 마찬가지로 하나의 자연수는 0과 1의 조합들로 나타낼 수 있다. 따라서 어떤 정보든지 하나의 자연수로 나타낼 수 있다면 0과 1의 조합으로 바꿀 수 있다. 뿐만 아니라 정보들을 각각 하나의 자연수로 나타낼 수 있다면 정보와 정보의 관계는 각각의 정보를 나타내는 자연수와 자연수의 관계로 파악될 수 있다. 그렇게 되면 정보를 처리한다는 것은 수와 수의 관계를 다루는 것이고, 결국 0과 1의 조합들 간의 관계를 다루는 것과 같다.

뿐만 아니라 괴델 수 대응이라는 착상은 튜링이 튜링 기계로부터 '보편 튜링 기계'로 나아가는 가교 역할을 한다. 나중에 다시 살펴보겠지만, '보편 튜링 기계'란 다른 어떤 튜링 기계든지 그 프로그램을 받아들인 다음 흉내 낼 수 있는 기계를 말한다. 이렇게 보편 튜링 기계가 다른 프로그램을 받아들일 때, 보편 튜링 기계의 입장에서 다른 프로그램은 입력되는 하나의 수치에 불과하다. 입력되는 데이터(수치)와 프로그램이 동일하게 파악될 수 있다는 생각은 괴델 수 대응이라는 착상에서 유래한 것이다. 괴델 수 대응에 따르면 단어든, 문장이든, 문장들의 열이든 모두 하나의 자연수와 대응된다. 즉 그것들에 모두 자연수가 할당될 수 있다는 점에서 프로그램과 데이터(수치)는 동일한 것으로 파악될 수 있다.

태아의 자세로 굶어 죽은 천재 수학자

괴델의 불완전성 정리는 착상은 단순하지만 실제 내용은 대단히 복잡하고 난해하다. 어쩌면 괴델이라는 천재의 삶과 학문적 여정도 그 정리를 닮았는지 모른다. 겉으로는 단순해 보이지만, 알고 보면 참으로 파란만장하고 수수께끼에 둘러싸여 있는 것이다. 무엇보다도 '인격 장애로 인한 영양실조와 기아'로 사망한 그의 최후는 많은 의문을 불러일으킨다. 그는 누군가 자신을 독살할지도 모른다는 편집증에 시달렸고 음식에 들어 있는 세균을 두려워하여 모든 음식을 거부했다. 1978년 그는 신장 168cm에 몸무게 29.5킬로그램으로, 태아의 자세로 웅크린 채 죽음을 맞았다.

괴델은 1906년 4월 28일 오스트리아-헝가리 제국의 모라비아(현 체코 공화국의 브르노)에서 태어났다. 괴델의 아버지는 거대한 방직 공장의 주주이자 이사였기 때문에 괴델의 가족은 오스트리아-헝가리 제국에서 거의 최초로 크라이슬러 자동차를 몰고 다닐 만큼 부유했다. 괴델은 어린 시절 모든 과목에서 최고의 성적을 받는 모범생이었고, 별명이 '왜요 선생님$^{\text{Herr Warum, Mr. Why}}$'이라고 불릴 만큼 천성적으로 호기심이 강했다. 그의 형 루돌프 괴델$^{\text{Rudolf Gödel}}$에 따르면 8살 때 괴델은 고열을 동반한 심한 관절 류머티즘을 앓았는데, 이는 그의 전 생애를 따라다녔던 우울증의 원인이었다. 1916년부터 1924년까지 괴델은 모라비아에 있는 국립실업중등학교에 다녔고, 14~15세 때 수학과 철학에 대해 관심을 갖게 되었다. 16세경에 칸트$^{\text{Immanuel Kant, 1724~1804}}$의 저작을 처음으로 공부했으며, 16~17세에 대학 수학 교재를 통독하면서

수학에서 탁월한 재능을 발휘하기 시작했다.

1924년 가을, 괴델은 이론 물리학을 공부하기 위해서 빈 대학교에 진학했는데, 여기에서 그는 인생의 전환점을 맞는다. 당시 빈 대학에는 슐리크^{Friedrich Schlick, 1882~1936}가 주도하는 빈 학파가 결성되어 정기적인 모임을 갖고 있었다. 당대 일류의 학자들이 참석해 과학, 수학, 논리학, 철학에 대해 논의하는 이 모임에 참석할 수 있었던 것은 괴델에게는 크나큰 행운이었다. '논리 실증주의'라는 이름으로 당시 분석 철학의 운동을 주도했던 빈 학파의 모임에 참석하면서 괴델은 수학과 논리학으로 진로를 바꾼다. 괴델이 힐베르트 프로그램이라는 골리앗을 알게 된 것도 이런 과정을 통해서였다.

괴델은 1927년에 비트겐슈타인^{Ludwig Wittgenstein, 1889~1951}의 《논리-철학 논고^{Tractatus Logico-Philosophicus}》를 읽었으며, 1928년에는 힐베르트와 아커만이 공동으로 집필한 《수리논리학의 원리^{Principles of Mathematical Logic:Grundzuge der theoretische Logik}》를 읽었다. 1928년에 출판된 이 책은 괴델에게는 운명적인 책이었다. 이 책에서 비로소 **1차 논리의 완전성 문제**가 정식화되었는데, 괴델이 1929년에 박사 학위 논문을 통해 증명한 것이 1차 논리가 완전하다는 정리였기 때문이다. 1차 논리가 무엇인지는 나중에 살펴보게 될 것이다.

박사 학위 논문 〈논리계산의 완전성에 관하여〉를 제출했을 당시에 괴델은 자신이 힐베르트와 앞으로 어떤 운명에 놓이게 될지 상상조차 하지 못했을 것이다. 힐베르트는 괴델의 학위 논문의 결과를 내심 반겼다. 그러나 얄궂은 신의 장난인 듯 그들의 대결은 세기의 대결로 치닫고 있었다. 괴델이 그 유명한 불완전성 정리를 증명한 것이다.

약관 25세에 불완전성 정리라는 세계적인 업적을 세웠음에도 불구하고 당시 시대 상황은 그에게 냉랭했다. 10년 가까이 그는 빈 대학에서 강사의 신분으로 있었으며 1939년에는 히틀러 치하에서 강사 지위마저 박탈당했다. 역지사지의 입장에서 보면 이 당시 괴델의 심정이 얼마나 끔찍했을지 짐작할 수 있다. 세계적인 업적을 이루었다는 긍지와 자부심은 세상이 그에게 선사한 모멸감과 불신으로 얼룩졌으리라.

특히 불완전성 정리를 출판한 1931년은 그에게는 한없는 영광과 극단적인 정신적 위기가 교차했던 해였다. 체르멜로$^{Ernst\ Zermelo,\ 1871~1953}$와의 서신 교환에서 체르멜로가 괴델의 증명에서 '본질적인 결함'을 발견했다고 경고했을 때, 철저한 완벽주의를 신조로 삼고 살아가는 25세의 청년이 어떤 기분이었을지는 미루어 짐작할 수 있다. 실제로 괴델의 형에 따르면, 괴델은 1931년 말경에 심각한 정신적 위기에 처했고 여러 번 자살을 생각했다고 한다. 그나마 다행스러운 것은 그가 평생 유일한 안식처로 삼을 수 있었던 한 여인을 만났다는 사실이다. 그녀의 이름은 아델레였고 괴델보다 6년 연상인 이혼녀였다. 그녀는 '밤 나방'이라는 술집의 댄서였는데, 그 당시 댄서들은 고급 창녀와 다를 바가 없었다고 한다. 당연히 가족들의 반대는 심했지만 괴델과 아델레는 10년 가까이 교제한 후 1938년에 결혼을 하게 된다.

괴델과 아인슈타인의 우정

나치즘의 광기가 극으로 치닫던 1939년, 마침내 괴델은 유럽을 떠나기로 결심한다. 다행스럽게도 괴델은 미국의 프린스턴 고등연구소 연구원의 자리를 확보할 수 있었다. 괴델과 아델레는 러시아와 일본을 거쳐 1940년 3월에 프린스턴에 도착했다. 고등연구소는 괴델에게는 또 다른 인생의 전환점이었다. 1940년 이후 괴델은 프린스턴에서 비교적 평온하고 안정적인 삶을 영위할 수 있었고, 1976년 은퇴할 때까지 프린스턴에 정착한다.

고등연구소에서 괴델은 어떤 강의 부담도 질 필요가 없었고 오직 자신의 연구에만 천착할 수 있는 자유를 누렸다. 뿐만 아니라 아인슈타인, 모르겐슈테른$^{Oskar\ Morgenstern,\ 1902\sim1977}$ 등과의 교류는 그에게 새로운 학문적 열정을 불러일으켰다. 특히 아인슈타인과 괴델의 우정은 천재들의 세기적 우정이라 할 만큼 유명하다. 아인슈타인의 조교였던 슈트라우스에 따르면 괴델과 아인슈타인은 성격은 아주 달랐지만, 몇 가지 점에서는 서로를 빼닮았다고 한다. 아인슈타인은 사교적이고 웃음과 유머, 상식으로 충만한 반면, 괴델은 비사교적이고 극단적으로 진지했으며 상식을 진리에 도달하기 위한 수단이라고 믿지 않았다. 그러나 그들은 사물의 핵심이 되는 문제에 대해서는 온 열정과 마음을 쏟으며 매진한다는 점에서는 일치했다.

처음 몇 해 동안 고등연구소에서 괴델은 매년 재임용을 받아야 하는 평 연구원이라는 다소 불안정한 직위에 있었다. 1946년이 되어서야 종신 연구원이 되었고, 1953년에야 비로소 정식 교

수 직위를 얻었다. 괴델은 1951년에는 예일 대학 문학박사를, 1952년에는 하버드 대학 과학박사를 수여 받았다. 당시 어느 지역 신문에 보도된 내용 중에 괴델을 '지금 이 세기를 통틀어 가장 중요한 진리를 발견한 사람'이라고 했는데, 괴델은 이 기사를 대단히 좋아했다고 한다. 말하자면 괴델은 1951년에 이르러서야 미국 사회와 학계로부터 공식적으로 인정받을 수 있었고, 이를 바탕으로 1953년에 교수로 승진할 수 있었다. 괴델은 교수로 승진하자 굉장히 기뻐했다고 한다. 바꾸어 말하면 그동안 그가 얼마나 마음고생이 컸을지 짐작할 수 있다.

앞에서 우리는 원자폭탄과 컴퓨터가 제2차 세계대전의 산물이면서 현재 세계를 지배하고 있다는 점을 지적했다. 그만큼 이 두 가지는 인류의 삶과 생각을 혁명적으로 바꾸었다. 이 둘을 직접적으로든 간접적으로든 가능하게 한 것은 아인슈타인의 상대성 이론과 괴델의 불완전성 정리이다. 기묘한 것은 이 두 사람이 미국 프린스턴 고등연구소에서 절친한 친구로 함께 지냈다는 사실이다. 그들은 1942년부터 친밀한 관계를 유지했고 아인슈타인이 죽을 때까지 거의 매일 만나서 이야기를 나누었다. 아인슈타인은 말년에 자신의 연구는 더 이상 의미가 없지만 자신이 연구소에 매일 나가는 이유는 "괴델과 함께 집으로 걸어갈 수 있는 특권을 누리기 위해서"라고 말했다. 괴델은 1955년 아인슈타인이 사망하자 두 달 이상 슬퍼하고 괴로워했다고 한다. 세상을 엄청난 힘으로 바꾸게 될 학문적 연구를 수행했던 두 천재가 진지한 우정을 나누며 함께 지냈다는 것은 역사적으로 참 보기 드문 광경이다.

만남 3

새로운 논리학의 탄생

지금까지 개괄적으로 튜링과 괴델의 생각이 컴퓨터의 발명과 어떤 관련이 있는지 살펴보았다. 그들의 생각은 첨단 공학 기술의 발전을 위한 순수 이론적 토대를 제공했다. 이제 우리는 튜링의 튜링 기계, 보편 튜링 기계, 그리고 결정 문제 해결 불가능성 증명과 괴델의 불완전성 정리, 괴델 수 대응을 본격적으로 살펴보고자 한다. 이를 위해서는 20세기에 이르러 새롭게 등장한 프레게 Gottlob Frege, 1848~1925의 논리학을 이해하는 것이 필수적이다. 왜냐하면 그들의 생각은 바로 '새로운 논리학'이라는 토양 위에서 성립했기 때문이다.

조리 있게 말해봐! 우리는 일상적인 대화에서 조리 있게 말하는 사람을 부러워하곤 한다. 조리 있게 말한다는 것은 설득력 있게 말한다는 것이고 상대방에게 신뢰를 줄 수 있다는 징표이기도 하다. 그렇다면 '조리 있게' 말한다는 것은 무엇일까? 가령 어떤 사람이 다음과 같은 두 개의 문장을 말했다고 하자.

모든 사람은 죽는다.
둘리는 사람이다.

이 다음에 무슨 말을 해야 그가 조리 있게 말한다고 할 수 있을까? "둘리는 죽는다"일까, 아니면 "둘리는 죽지 않는다"일까? 대답은 당연히 "둘리는 죽는다"이다. 이를 다음과 같이 표현할 수 있다. '위의 두 문장으로부터 "둘리는 죽는다"는 논리적으로 따라 나온다' 또는 '위의 두 **전제**로부터 "둘리는 죽는다"라는 **결론**이 따라 나온다.' 이제 이를 다음과 같이 정리해보자.

(1) 모든 사람은 죽는다.
　　둘리는 사람이다.
　　그러므로 둘리는 죽는다.

(2) 모든 사람은 죽는다.
　　둘리는 사람이다.
　　그러므로 둘리는 죽지 않는다.

(1)과 (2)에 대해 우리는 다음과 같이 말할 수 있다. (1)은 조리 있는 말이다. 반면에 (2)는 조리 없는 말이다. 논리학에서는

(1)과 같이 조리 있는 말을 '**타당한 논증**'이라고 하고, (2)와 같이 조리 없는 말을 '**부당한 논증**'이라고 한다.

논리학에서 문제 삼는 것은 타당한 논증과 부당한 논증을 어떻게 구분할 것이냐 하는 방법과 원리이다. 한자어를 풀이해보면 쉽게 이해된다. 논리학論理學이란 말言의 뭉치侖의 이치를 탐구하는 학문學이다. 다시 말해 논리학은 말의 이치를 탐구하는 학문이며, 이치를 따르는 말을 타당한 논증이라고 하고, 이치를 따르지 않는 말을 부당한 논증이라고 한다. 이때 논증argument이란 전제를 나타내는 문장들과 결론을 나타내는 문장의 모임을 뜻한다.

논리학을 최초로 창시한 사람은 고대 그리스 철학자 아리스토텔레스Aristoteles, BC 384~322이다. 그는 "무에서 유를 창조하듯" 아무런 기반이 없는 상태에서 논리학을 창시했다고 한다. 현재 그의 논리학은 '전통 논리학'이라고 불린다.

전통 논리학, 즉 아리스토텔레스의 논리학은 '정언 삼단논법categorical syllogism'이라고 불리는 삼단논법을 체계화한 것이다. 삼단논법이란 전제가 두 개, 결론이 하나인 논증을 말한다. '정언적categorical'이라는 말은 현대적인 용어로 바꾼다면 '집합적'이라는 뜻으로, 정언 명제는 어떤 대상들의 집합에 대한 명제를 말한다. 즉, "모든 사람은 동물이다", "어떤 사람도 하늘을 날지 못한다", "어떤 여성은 국회의원이다", "어떤 국회의원은 여성이 아니다"와 같은 것이 정언 명제이다. 간단히 말하면, '모든'이나 '어떤'이 주어 자리에 오는 명제를 뜻한다. 따라서 아리스토텔레스의 정언 삼단논법이란 정언 명제들로 이루어진, 전제가 둘이고 결론이 하나인 논증을 말한다. 예를 들면 다음과 같다.

(3) 모든 사람은 동물이다.
모든 동물은 죽는다.
그러므로 모든 사람은 죽는다.

(4) 어떤 사람은 다리가 둘이다.
어떤 닭은 다리가 둘이다.
그러므로 어떤 사람은 닭이다.

아리스토텔레스는 이러한 형태의 삼단논법들을 체계적으로 정리하고 분석했다. 그럼 위의 두 삼단논법이 '타당한 논증'인지 '부당한 논증'인지 살펴보자. 논증 (3)에서는 두 전제로부터 결론이 반드시 따라 나온다. 즉 모든 사람이 동물이고 모든 동물이 죽는다는 것을 받아들이면, 반드시 모든 사람이 죽는다는 것을 받아들여야만 한다. 반면에 논증 (4)에서는 두 전제로부터 결론이 따라 나오지 않는다. 어떤 사람이 다리가 둘이고 어떤 닭이 다리가 둘이라고 하더라도 반드시 어떤 사람이 닭이어야 한다는 결론은 따라 나오지 않는다. 논리학에서는 (1), (3)과 같이 전제들이 모두 참이라면 반드시 결론이 참이 되는 논증을 **타당한 논증**이라 하고, (2), (4)와 같이 전제들이 모두 참이라고 하더라도 결론이 거짓일 수 있는 논증을 **부당한 논증**이라 한다. 일반적으로 조리 있게 말한다는 것은 논리적으로 말한다는 것이고, 이는 타당한 논증을 제시한다는 것과 같다.

문장을 기호화하다

아리스토텔레스에 의해 정립된 전통 논리학은 이후 서양의 학문을 지배한다. 급기야 18세기에 칸트는《순수 이성 비판$^{\text{Kritik der reinen vernunft}}$》에서 아리스토텔레스의 삼단논법에 의해 논리학이 완성되었다고 선언한다. 그러나 이러한 칸트의 선언을 비웃기라도 하듯 19세기 말 프레게는 아리스토텔레스의 전통 논리학을 뛰어넘는 새로운 논리학을 체계화한다. 프레게의《개념 표기법^{Begriffsschrift}》(1879)이라는 소책자는 "아마도 논리학에서 이제까지 저술되었던 단일 저작 중 가장 중요한 것"으로, 현대 논리학을 가능하게 한 책이었다. 말하자면 프레게는 현대 논리학의 아버지라 할 수 있다.

프레게의 새로운 논리학은 '문장 논리'와 '술어 논리'로 이루어져 있다. 문장 논리(또는 명제 논리)는 간단히 말하면 한 문장을 하나의 단위로 파악하는 논리이다. 한 문장을 하나의 단위로 파악하는 것이 가능하다면, 한 문장을 하나의 문자(기호)로 나타낼 수 있다. 그래서 '비가 온다'는 A, '땅이 젖는다'는 B와 같이 한 문장을 하나의 문자(기호)로 표현한다. 이제 다음의 예를 살펴보자.

갑돌| 철수는 영희를 좋아하거나 순희를 좋아한대.
갑순| 그래? 그런데 철수가 영희를 좋아하지 않는 것은 분명해.
갑돌| 그럼 철수는 순희를 좋아하는 거네.

이 대화에서 갑돌이가 제시한 논증은 다음과 같다.

철수는 영희를 좋아하거나 순희를 좋아한다.
철수는 영희를 좋아하지 않는다.
─────────────────────
철수는 순희를 좋아한다.

여기에서 ─── 은 '그러므로'를 뜻한다. 이제 이 논증을 기호로 나타내보자. 문장 논리에서는 한 문장을 하나의 단위로 보고 통째로 한 문자(기호)로 나타낸다고 했으므로, 이 논증에 나오는 각각의 문장을 다음과 같이 기호로 나타낼 수 있다.

철수는 영희를 좋아한다.   Y
철수는 순희를 좋아한다.   S

그러면 '철수는 영희를 좋아하거나 순희를 좋아한다'는 어떻게 기호화될까? 여기서 중요한 것은 '또는'이다. 이 문장은 '(철수는 영희를 좋아한다) 또는 (철수는 순희를 좋아한다)'로 나타낼 수 있다. 문장 논리에서 '또는'과 같은 것을 **문장 연결사**라고 부른다. 문장 연결사에는 '또는' 외에 '그리고', '아니다', '만일…, 그러면…' 등이 있으며 각각 다음과 같이 기호로 나타낸다.

또는(or)	∨
그리고(and)	&
아니다(not)	~
만일 …, 그러면 …(if …, then …)	⊃

그리하여 '철수는 영희를 좋아하거나 순희를 좋아한다'는 Y∨S로 기호화되고, 마찬가지로 '철수는 영희를 좋아하지 않는다'는 ~Y로 기호화된다. 따라서 갑돌이의 논증은 다음과 같이 기호화된다.

$$\frac{\begin{array}{c} Y \vee S \\ \sim Y \end{array}}{S}$$

이는 타당한 논증이다. 즉 이 논증의 전제들이 모두 참이라면 결론이 반드시 참이 된다. 또한 이와 같은 형식의 추론 규칙을 '선언지 제거법'이라고 부른다. 선언지 제거법에 따르면, 가령 A∨B와 ~A가 주어지면 이로부터 항상 B를 추론할 수 있다. 마찬가지로 다음의 추론 규칙은 '전건 긍정법'이라고 부른다.

$$\frac{\begin{array}{c} A \supset B \\ A \end{array}}{B}$$

가령 '비가 오면 땅이 젖는다'와 '비가 온다'가 주어지면, 이로부터 '땅이 젖는다'를 추론할 수 있다. 전건 긍정법에 따르면 A⊃B와 A로부터 B를 추론할 수 있다.

앞의 대화에서 갑돌이가 제시한 논증에 나오는 문장은 정언명제가 아니다. 이 논증에 나오는 문장들은 '모든'이나 '어떤'과 같은 단어를 포함하고 있지 않다. 아리스토텔레스의 논리학에서는 오직 정언 명제만을 문제 삼기 때문에, 문장 연결사들이 포함된 논증이 타당한지 여부를 설명할 수 없었다. 반면 프레게의 논리학은 문장 연결사들이 포함된 논증들을 분석할 수 있는 방법을 제공했다. 프레게 논리학이 '새로운' 논리학이었던 한 가지 이유가 여기에 있다.

술어 논리   문장 논리에서는 한 문장을 하나의 단위로 간주해서 하나의 기호로 나타낸다. 반면에, 술어 논리에서는 한 문장을 하나의 단위로 간주하지 않고 더 세분해서, 즉 주어와 술어를 분리해서 다룬다. 예를 들어 문장 논리에서는 '김구는 죽는다'와 같은 문장을 A와 같은 한 문자로 나타내지만, 술어 논리에서는 주어와 술어를 구분해 약간 더 복잡하게 기호로 나타낸다. '김구는 사람이다'에서 주어 '김구'를 k로 나타내고, 술어 '___는 사람이다'를 H로 나타내기로 하자. 그러면 '김구는 사람이다'는 Hk 또는 H(k)로 기호화된다. 그런데 '주어'와 '술어'라는 말은 일상 언어의 문법에서 사용되는 말이다. 이러한 용어는 논리적 관점에서 보면 한편으로는 유용하지만 대부분은 그렇지 않다. 다음 경우를 살펴보자.

    5는 3보다 크다.
    3은 5보다 작다.

일상 언어의 문법에서는 첫 번째 문장의 주어는 '5'이고, 술어는 '__는 3보다 크다'라고 말할 것이다. 두 번째 문장의 주어는 '3'이고, 술어는 '__는 5보다 작다'라고 말할 것이다. 그런데 위의 두 문장은 논리적인 관점에서 보면 의미가 같다. 여기에서는 어느 것이 주어냐 하는 점은 문제가 되지 않고 5와 3이 어떤 관계를 맺고 있느냐가 중요할 뿐이다. 즉 논리적인 관점에서 보면, 5와 3은 동등한 역할을 하고 있는 것이다. 수학에서 사용되는 x=y와 같은 문장도 마찬가지이다. 이는 y=x와 같다. 여기에서 중요한 것은 x와 y라는 항이 서로 같다는 관계이며, 논리적 관점에서 보면 이 문장에서 x와 y는 동등한 역할을 하고 있다.

'__는 __보다 크다'라는 술어를 수학에서와 같이 '>'로 나타내기로 하자. 그러면 '5는 3보다 크다'는 5 > 3으로 기호화할 수 있다. 마찬가지로 '철수는 영희보다 키가 더 크다'를 기호화하기 위해서 철수를 a로, 영희를 b로 나타내고, '__는 __보다 키가 더 크다'는 '≫'로 나타내기로 하자. 그러면 이 문장은 'a≫b'로 기호화된다.

일상 언어의 관점에서는 '주어'라는 말이 사용되지만, 논리학에서는 '동등한 역할'이 강조되므로 '항'이라는 말을 사용한다. '김구는 사람이다'에서 항은 '김구'이고, '5는 3보다 크다'에서 항은 '5'와 '3'이다. 마찬가지로 '철수는 영희보다 키가 더 크다'에서 항은 '철수'와 '영희'이다. 술어 논리에서는 문장을 만들기 위해서 항이 하나가 필요한 술어를 '1항 술어'라고 하고, 항이 두 개가 필요한 술어를 '2항 술어'라고 한다. '__는 사람이다'는 1항 술어이고, '__는 __보다 크다'는 2항 술어이다. 2항 술어는

2개의 항의 관계를 나타내고 있으므로, 간단히 '관계'라고 부르기도 한다. 일반적으로 두 개의 항 a와 b가 관계 R을 지니고 있으면, 이는 aRb, 또는 R(a, b)로 기호화된다. 다음을 비교해보자.

김구는 죽는다.
x는 죽는다.

'김구는 죽는다'는 참이다. 반면에 'x는 죽는다'는 참도 아니고 거짓도 아니다. 이와 유사한 것을 수학에서도 확인할 수 있다. x+2=5는 참도 아니고 거짓도 아니다. 하지만 x에 3을 대입하면 참인 문장이 나오고 8을 대입하면 거짓인 문장이 나온다. '김구는 죽는다'가 Mk나 M(k)로 기호화되는 것과 같이, 'x는 죽는다'는 Mx나 M(x)로 기호화된다. Mx는 참도 아니고 거짓도 아니지만, x에 k(김구)를 대입하면 참인 문장이 나오고 x에 '이 책상'을 대입하면 거짓인 문장이 나온다. 술어 논리에서는 k, a, b와 같은 것을 **상항**, 특히 **개체 상항**이라고 부르고, x와 같은 것을 **변항**, 특히 **개체 변항**이라고 부른다. 또한 Hx와 같은 것은 **명제 함수**라고 한다.

프레게의 1차 논리

이제 프레게가 발명한 '새로운 논리학'의 정수를 논의할 때가 되었다. 이를 위하여 다음 논증을 살펴보자.

모든 사람은 동물이고 죽는다.
김구는 사람이다.
―――――――――――――
어떤 사람은 죽는다.

이 논증은 타당한 논증임에도 불구하고 아리스토텔레스의 논리학에서는 타당한지를 규명할 수 없다. 그 이유는 '김구는 사람이다'가 정언 명제가 아니라는 데에도 있지만, 무엇보다도 '모든 사람은 동물이고 죽는다'가 정언 명제임에도 불구하고 그 안에 '그리고'라는 문장 연결사를 포함하고 있기 때문이다.

프레게는 이와 같이 정언 명제 중에서도 그 안에 문장 연결사가 있는 명제들을 체계적으로 분석하고 기호화하는 방법을 최초로 보여주었다. 그 방법은 사실상 아주 간단하다. 먼저 다음과 같이 묻기로 하자. '모든 것은 죽는다'와 같은 문장은 어떻게 기호화할 수 있을까? 프레게는 먼저 이를 다음과 같이 바꾼다.

임의의 x에 대해서, x는 죽는다.

앞에서 우리는 'x는 죽는다'를 Mx로 기호화했다. 따라서 위의 문장은 다음과 같다.

임의의 x에 대해서, Mx

마지막으로 '임의의 x에 대해서'를 (x)로 나타내기로 하자. 그러면 최종적인 결과는 다음과 같다.

$$(x)Mx$$

이번에는 '어떤 것은 죽는다'와 같은 문장을 어떻게 기호화할 수 있는지 생각해보자. 프레게는 먼저 이를 다음과 같이 바꾼다.

어떤 x에 대해서, x는 죽는다.

앞에서 같이 'x는 죽는다'는 Mx로 기호화되므로, 위의 문장은 다음과 같다.

어떤 x에 대해서, Mx

마지막으로 '어떤 x에 대해서'를 (∃x)로 나타내기로 하자. 최종적인 결과는 다음과 같다.

$$(\exists x)Mx$$

(x)와 (∃x)를 현대 논리학에서는 '양화사'라고 하며 전자를 '보편 양화사', 후자를 '존재 양화사'라고 부른다. 그리고 양화사가 나오는 논리학을 '양화 논리'라고 부른다. 이 지점에서 다음 세 가지 표현의 의미가 상이하다는 것을 눈여겨 볼 필요가 있다.

$$Mx$$
$$(x)Mx$$

$$(\exists x)Mx$$

Mx는 'x는 죽는다'를 기호화한 것으로, 참도 거짓도 아니다. 물론 x라는 변항에 어떤 개체 상항이 대입되면 결과는 참이거나 거짓일 수 있다. 이때 x와 같은 변항을 **자유 변항**이라 한다. 반면에 (x)Mx와 (∃x)Mx는 각각 '모든 것은 죽는다'와 '어떤 것은 죽는다'를 기호화한 것으로서, 전자는 거짓이고 후자는 참이다. 이 경우의 x와 같은 변항을 **속박 변항**이라고 부른다.

술어 논리 중에서 양화사의 범위가 k, a, b와 같은 개체 상항에만 한정되는 논리학을 1차 술어 논리, 간단히 **1차 논리**라고 부른다. 양화사의 범위가 H, M과 같은 술어에도 적용되는 경우 이를 2차 술어 논리라고 부른다. 예컨대 2차 논리의 표현 (X)Xk는 '임의의 속성 X에 대해, 김구(k)는 X를 지니고 있다'를 기호화한 것이다.

20세기에 접어들면서 등장한 새로운 논리학은 명제를 개체 상항과 술어(또는 관계)로 분석하고, 또 명제 함수에 양화사를 첨가해 명제를 형성하며 여기에 이와 관련된 공리와 추론 규칙들을 첨가하여 이루어진 것이다.

마지막으로 앞에서 제시한 논증을 어떻게 기호화할 수 있는지를 살펴보자. 가령 '모든 사람은 죽는다'는 다음과 같이 기호화된다.

모든 사람은 죽는다.
임의의 x에 대해서, x가 사람이라면 x는 죽는다.

이렇게 분석된 것을 다음과 같이 기호화한다.

임의의 x에 대해서 (x)
x는 사람이다. Hx
x는 죽는다. Mx
x가 사람이라면 x는 죽는다. Hx ⊃ Mx

최종적으로 '모든 사람은 죽는다'는 (x)(Hx ⊃ Mx)로 기호화된다. 마찬가지로 '모든 사람은 동물이고 죽는다'는 (x)[Hx ⊃ (Ax & Mx)]로 기호화된다. 여기에서 Ax는 'x는 동물이다'를 기호화한 것이고, Mx는 'x는 죽는다'를 기호화한 것이다.

마찬가지로 '어떤 사람은 죽는다'는 다음과 같이 기호화된다.

어떤 사람은 죽는다.
어떤 x에 대해서, x는 사람이고 x는 죽는다.

이렇게 분석된 것을 다음과 같이 기호화한다.

어떤 x에 대해서 (∃x)
x가 사람이고 x는 죽는다. Hx & Mx

그리하여 '어떤 사람은 죽는다'는 (∃x)(Hx & Mx)로 기호화된다. 따라서 위의 논증은 최종적으로 다음과 같이 기호화된다.

$$\frac{(x)[Hx \supset (Ax \& Mx)]}{(\exists x)(Hx \& Mx)}$$

이 논증은 타당한 논증이다. 프레게는 이와 같은 방식의 논증들이 타당함을 증명하는 추론 규칙들을 엄밀하게 체계화하였다.

만남 4

무한의 세계

튜링과 괴델의 생각을 이해하기 위해 필수적인 것이 하나 더 있다. 칸토어 Georg Cantor, 1845~1918의 집합론이다. 여기에서는 칸토어의 '대각선 방법 diagonal method'에 초점을 맞추어 집합론의 기본적인 내용을 간략하게 살펴보자. '대각선 방법'은 알고 보면 대단히 쉬운 착상이다. 그리고 이를 이해해야만 괴델의 불완전성 정리와 튜링의 '멈춤 문제 해결 불가능성 정리'를 이해할 수 있다.

어느 것이 더 많지?

우리는 이것저것 세는 데 익숙하다. 가득 찬 돼지 저금통을 깨고 동전을 셀 때면 우리는 거의 정확하게 동전을 세고 계산한다. 또한 어느 것이 더 많은지 비교하기도 한다. 내 머리카락 개수가 많을까, 아니면 친구의 머리카락 개수가

많을까? 한강의 모래알갱이의 수가 많을까, 아니면 우주에 있는 별의 수가 많을까?

이런 문제는 직접 셀 수만 있다면 얼마든지 대답할 수 있다. 물론 시간은 걸리겠지만 친구의 머리카락의 개수를 세고, 내 머리카락의 개수를 세면 누가 머리카락이 더 많은지 알 수 있다. 그저 시간이 걸릴 뿐이다. 어쨌든 그 개수는 유한하기 때문에 시간만 충분하다면 셀 수 있다. 그렇다면 개수가 **무한한 경우**에는 어떻게 될까? 다음의 질문에 대답해보자.

$$N = \{1, 2, 3, 4, 5, 6, 7, 8, 9, 10, 11, 12, \ldots\}$$
$$E = \{2, 4, 6, 8, 10, 12, 14, 16, 18, 20, \ldots\}$$

위와 같은 두 개의 집합이 있다. 하나는 자연수의 집합(N)이고, 다른 하나는 짝수의 집합(E)이다. 이 둘 중에서 어느 쪽 원소의 개수가 더 많을까?

이 물음은 참으로 기묘하기 짝이 없다. 자연수의 집합 N도 무한한 원소들을 갖고 있고, 짝수의 집합 E도 무한한 원소들을 갖고 있는데, 어떻게 어느 것이 더 많은지 말할 수 있다는 것인가? N이나 E의 원소들은 머리카락처럼 셀 수 있을까? 만일 센다고 해도 유한한 시간 안에 셀 수 있을까? 자, 어쨌든 대답해보자. N과 E 중 어느 쪽이 원소가 더 많은가?

대답을 했다면, 이제 역사적으로 이 물음에 대해 어떤 대답들이 주어졌는지 살펴보자. 우선 갈릴레이 Galileo Galilei, 1564~1642는 N의 원소의 개수는 E의 원소의 개수보다 더 많다고 대답했다. 자연수의 집합에 짝수들이 포함되어 있기 때문이다. 즉, E는 N의 (진)부분 집합으로, E ⊂ N이다. 그리고 전체는 부분보다 크다. 따라서 N의 원소의 개수는 E의 원소의 개수보다 많다.

수학의 황제라고 일컬어지는 가우스$^{Karl\ Gauss,\ 1777~1855}$는 N과 E 중 어느 쪽이 더 많다고 말할 수 없다고 대답했다. N과 E는 둘 다 무한한 집합이다. 무한한 집합의 원소는 끝까지 셀 수 없으므로 무한한 집합의 '원소의 개수'라고 말하는 것은 그 자체로 어폐다. 결론적으로 N과 E의 원소의 개수를 말할 수 없고, 더 나아가 그 크기를 비교하는 것 또한 불가능하다.

마지막으로, 현대 수학의 집합론을 창시한 칸토어는 N의 원소의 개수는 E의 원소의 개수와 같다고 했다. 아래와 같이, N과 E의 원소들 간의 일대일 대응이 성립하기 때문이다.

N = { 1, 2, 3, 4, 5, 6, 7, 8, 9, 10, 11, 12 ⋯}
    ↕ ↕ ↕ ↕ ↕ ↕ ↕ ↕ ↕ ↕   ↕   ↕
E = { 2, 4, 6, 8, 10, 12, 14, 16, 18, 20, 22, 24 ⋯}

예를 들어 관객들이 극장에 있는 좌석에 모두 앉아 있다고 해 보자. 빈 좌석은 하나도 없고 서 있는 사람도 없이 관객과 극장의 좌석이 일대일로 대응되어 있다. 이 경우 실제 관객 수와 좌석 수가 정확하게 몇인지 모를 수 있다. 그러나 이 상황에서 분명한 것은 그 수가 동일하다는 점이다. 마찬가지로 N의 원소의 개수와 E의 원소의 개수를 정확히 모를 수 있다. 그렇다 하더라도 분명한 것은 그 원소의 개수가 동일하다는 점이다.

잠재 무한과 실제 무한

19세기 말 칸토어는 집합론을 창시했다. 그렇다면 칸토어는 왜 집합론을 발명했을까? 다른 전문적인 문제도 있었지만 그가 집합론을 발명한 이유는 '무한'을 수학적으로 엄밀하게 다루고자 했기 때문이다. 무한을 다루다니? 유한한 존재에 불과한 인간이 어떻게 무한을 다룰 수 있단 말인가? 하지만 칸토어는 용감하게도 무한이라는 만리장성을 공격했다. 그리고 매우 놀라운 결과를 증명해냈다. 그것은 다름 아닌 무한한 것들 중에는 작은 무한도 있고 큰 무한도 있다는 것이다. 이 증명은 그 자체로 매우 놀라울 뿐만 아니라 서양의 전통에 반하는, 한마디로 혁명적인 것이었다.

혹자는 이렇게 질문할 수도 있다. 아니, 도대체 말이나 되는 소리인가? 무한하다면 다 무한한 것이지 어떻게 큰 무한이 있고 작은 무한이 있단 말인가! 무한한 것은 셀 수조차 없기 때문에 무한하다고 하는 것이 아닌가! 따라서 무한한 것들의 크기를 비교한다는 말 자체가 어불성설이다! 이러한 반문과 의심의 눈초리는 매우 정당한 것이다. 그러면 이제 시야를 넓혀서 인간이 무한에 대해 어떻게 생각했는지를 살펴보자.

최초로 설득력 있게 '무한'에 대한 개념들을 구분하고 정의한 학자는 아리스토텔레스이다. 그는 무한을 '잠재 무한 potential infinity'과 '실제 무한 actual infinity'으로 구분했다. 잠재 무한이란 우리가 통상적으로 무한한 것을 떠올릴 때 연상하는 것이다. 예컨대 자연수의 집합을 생각해보자. 우리는 자연수를 1, 2, 3, 4, 5, 6, … 과 같이 한없이 계속 열거할 수 있다고 생각한다. 물론 인간은 유한한 존재이기 때문에 실제로는 이 수열을 한없이 열거할 수는 없다. 다만 그럴 수 있다고, 그렇게 나아간 다고 생각할 뿐이다. 이처럼 **한없이 열거할 수 있다고 생각하는 것**은 곧 **잠재 무한**을 생각하는 것이다. 만일 시간이 무한하다면 미래에도 시간이 한없이 흘러갈 것이라고 생각한다. 이것 또한 잠재 무한의 좋은 예이다.

'무한'을 수학적으로 엄밀하게 다루고자 집합론을 창시한 칸토어

반면 과거에 무한한 시간이 이미 흘렀고 그래서 지금 현재에 이르렀다고 상상하면 어떻게 될까? 그렇게 되면 **완결된 무한한 시간**은 이미 지난 것이다. 이것이 바로 '실제 무한'이다. 앞에서 잠재 무한에 대해서 이야기할 때 자연수의 집합을 예로 들었듯이 실제 무한을 논의하기 위해서 아래와 같은 정수의 집합을 생각해 볼 수 있다.

$$\cdots -5, -4, -3, -2, -1, 0, 1, 2, 3, 4, 5, \cdots$$

현재 시점을 0이라고 하자. 양의 정수는 미래의 시간이고 음의 정수는 과거의 시간이다. 과거의 무한한 시간은 이미 흘렀고, 우리는 0이라는 시점에 있다. 즉 완결된 무한한 시간은 흘렀고, 그런 의미에서 완결된 무한은 존재한다. 이미 지나간, 그래서 완결된 무한한 시간은 실제 무한의 좋은 예이다.

인간의 입장에서는 잠재 무한은 쉽게 이해할 수 있어도 실제

무한을 이해하기란 참으로 어렵다. 아리스토텔레스 또한 우리가 파악할 수 있는 것은 유한과 고작해야 잠재 무한뿐이라고 생각했다. 실제 무한은 유한한 인간으로서는 파악할 수 없는 개념이라는 것이다. 이러한 아리스토텔레스의 생각은 이후 서양 역사에서 기독교의 교리와 자연스럽게 결합되었다. 기독교의 교리에 따르면, 신은 유일한 절대적 존재이며 우리가 살아가는 현실 세계, 현상 세계를 넘어서는 초월적 존재, 실제-무한한 존재이다. 따라서 고작해야 잠재 무한만을 파악할 수 있는 인간은 실제-무한 존재인 신을 파악할 수 없다. 아리스토텔레스의 생각은 기독교의 사상과 결합되면서 2,000년 이상 서양의 정신사적 전통을 형성했다.

무한을 잠재무한으로 파악하면, 무한한 것들은 완결된 것이 아니기 때문에 크기를 비교할 수 없다. 이것이 가우스의 대답이었다. 반면에 무한을 완결된 것으로 파악하면 무한한 것들은 크기를 가질 뿐만 아니라 크기를 비교할 수도 있다. 이것이 바로 갈릴레이와 칸토어의 대답이었다. 무한을 실제 무한으로 파악하면, 무한한 집합 N과 E는 원소의 개수가 정해져 있다는 견해에 이르게 된다. 이를 바탕으로 갈릴레이는 N의 원소의 개수가 E의 원소의 개수보다 더 많다고 보았던 반면, 칸토어는 서로 같다고 보았다.

혹자는 이 지점에서 이런 질문을 할 것이다. 도대체 어떻게 유한한 시간 안에 무한한 원소들을 셀 수 있단 말인가? 이런 일은 불가능하기 때문에, 갈릴레이와 칸토어의 대답은 어불성설이다. 그러나 칸토어라면 이러한 반론에 대해 다음과 같이 간단하게 대답할 것이다. 인간이 정확히 1분 동안에 자연수의 집합 N의 무한한 원소들을 세는 것은 불가능하다. 하지만 가령 제우스라면 가능하다. 그는 처음 1/2분 동안에 1을 (N의 원소 1개를) 센다. 그다음 1/4분 동안에 2와 3을 (N의 원소 2개를) 센다. 그다음 1/8분 동안에 4, 5, 6, 7을 (N의 원소 4개를) 센다. 그다음 1/16분 동안에 8, 9, 10, 11, 12, 13, 14, 15를 (N의 원소 8개를) 센다. 이와 같이 계속해서 $1/2^n$분 동안에 2^{n-1}개를 센다. 이제 제우스가 1분 동안 N의 원소의 개수를 센다고 하자. 세기 시작하고 정확히 1분이 지나면 그는 모든 자연수를 다 셀 수 있다. 왜냐하면 1/2분+1/4분+1/8분+1/16분 +⋯=1분이기 때문이다.

대각선 방법

실제 무한을 적극적으로 수용하고 파헤치며 2,000년 이상 존속했던 서양의 전통과 정면으로 맞선 칸토어의 시도는 도처에서 극심한 반대를 불러일으킬 수밖에 없었다. 결국 칸토어는 정신병원에서 생을 마감했다. 하지만 "수학의 본질은 자유에 있다"라고 외치며 수학적 전투에서 의연하게 자신의 소신과 이론을 끝까지 밀고 나갔다. 그러면서 그는 실제 무한이 존재할 뿐만 아니라 작은 무한과 큰 무한이 있다는 것을 증명했다. 간단히 말하면, 자연수의 집합은 무한 집합이지만 이보다 더 큰 무한 집합이 존재한다는 것이다.

그렇다면 도대체 무한한 것들의 크기를 어떻게 비교할 수 있다는 것인가? 어떻게 큰 무한이 있고 작은 무한이 있다는 것인

가? 칸토어가 실제로 이를 어떻게 보였는지 살펴보자. 여기서 가장 핵심적인 것은 이른바 대각선 방법diagonal method이다. 이 대각선 방법은 나중에 괴델의 불완전성 정리와 튜링의 멈춤 문제 해결 불가능성 정리를 증명할 때 사용되는 것으로서 매우 중요하다.

먼저 다음의 물음에 대답해보자. 다음과 같이 한 자리 수가 하나 있다. 이 수와 다른 한 자리 수를 하나만 제시해보시오.

5

독자는 이 물음이 너무 쉬워서 당황할 것이다. 아니면 어이가 없다는 표정을 지으며 대답할 것이다. 예를 들면, 7. 그렇다면 다시 질문을 하겠다. 다음과 같이 두 자리 수가 두 개 있다. 이 수들과 다른 두 자리 수를 하나만 제시해보시오.

65
83

대부분의 사람들은 십중팔구 코웃음을 치면서 대답할 것이다. 예를 들면, 37. 그렇다면 다시 질문을 하겠다. 여기 다음과 같이 다섯 자리 수가 다섯 개 있다. 이것들과 다른 다섯 자리 수를 하나만 제시해 보시오.

23587
55123

67098

28468

37129

독자는 한심하다는 표정을 지으며 대답할 것이다. 예를 들면 14590.

사실상 지금까지는 식은 죽 먹기였다. 다시 이런 문제를 낸다면, 아마도 화를 낼지도 모른다. 그러나 마지막으로 독자의 인내심에 호소하며 질문을 하겠다. 아래와 같이 1억 자리의 수가 1억 개 있다. 이 수들과 다른 1억 자리 수를 하나만 제시해 보시오.

277876545347⋯97653

111118888837⋯12427

483458969023⋯58822

582894778990⋯66776

576879222222⋯33322

⋯

⋯

⋯

255555995656⋯65644

765825572654⋯13333

도대체 이 문제를 어떻게 해결할 것인가? 말이 1억 자리이지 수 하나를 읽는 것도 제대로 할 수 없을 것이다. 그리고 이런 1억 자리 수가 또다시 1억 개 있다. 설령 내가 처음 100개의 1억 자리

수를 읽고 기억한다고 할지라도, 나머지 1억 자리 수들을 읽으면서 제대로 기억이나 할 수 있을까? 자, 그렇다면 이 문제를 어떻게 해결할 것인가? 바로 이 문제를 해결하는 방법이 소위 '대각선 방법'이다. 방법은 아주 간단하다. 다음과 같이 수 목록의

왼쪽 상단에서 오른쪽 하단 방향으로 대각선을 긋는다. 그리고 대각선과 만나는 수들을 찾는다.

2̲77876545347⋯⋯97653
11̲1118888837⋯⋯12427
48̲3458969023⋯⋯58822
582̲894778990⋯⋯66776
5768̲79222222⋯⋯33322
⋯
⋯
⋯
⋯
255555995656⋯⋯65644̲
765825572654⋯⋯13333̲

결과는 21387⋯43이다. 이제 각각의 수를 바꾼다. 체계적으로 바꾸는 것이 좋으므로, 각각의 수에 1을 더하는 방법으로 바꾼다. 즉 1은 2로, 2는 3으로, 그리고 8은 9로 바꾼다. 단 9는 0으로 바꾼다. 그렇게 되면 그 결과는 32498⋯54이다. 이렇게 해서 우리는 문제를 해결했다.

정말 32498⋯54는 위의 목록에 나와 있는 1억 개의 1억 자리 수들과 다른가? 그렇다! 이 수는 목록에 있는 첫 번째 수 277876545347⋯97653과 첫 번째 자리에서 다르다. 우리가 구한 답

의 첫 번째 자리의 수는 3이고, 목록에 있는 첫 번째 수의 첫 번째 자리의 수는 2다. 또한 우리가 구한 수는 목록에 있는 두 번째 수 111118888837…12427과 두 번째 자리에서 다르다. 우리가 구한 수의 두 번째 자리의 수는 2이고 목록에 있는 두 번째 수의 두 번째 자리의 수는 1이다. 이처럼 우리가 구한 수는 앞의 목록에서 n번째 나오는 수와 n번째 자리에서 다르다. 바로 이렇게 다른 수가 되게끔 답을 구한 것이다. 따라서 우리가 구한 1억 자리 수는 목록에 있는 어떤 1억 자리 수와도 다르다!

이제 지금까지의 과정을 정리해보자. 우리는 자리 수가 같은 수들이 자리 수만큼 있는 경우 그 수들을 위에서 아래로 차례대로 배열한 후에 왼쪽 상단에서 오른쪽 하단으로 대각선을 그었다. 그런 다음에 대각선에 나오는 수들과 다른 수를 하나하나 결정하고 이것들을 모아서 그 자리 수의 새로운 수를 찾았다. 이 과정에서 우리는 대각선을 그어서 문제를 해결했다. 그래서 이 방법을 대각선 방법이라고 부른다.

실수는 자연수보다 많다?

대각선 방법은 칸토어가 최초로 생각해낸 것이다. 그는 바로 이 방법을 사용해서 매우 놀라운 사실, 즉 실수 집합의 원소의 개수가 자연수 집합의 원소의 개수보다 더 많다는 것을 증명했다. 모든 실수들의 집합 R과 모든 자연수들의 집합 N은 둘 다 무한한 집합이다. 그러나 칸토어는 R은 N보다 원소의 개수가 더 많다는 사실을 증명함으로써 무한에도 등급이 존재하며, 어떤 무한은 다른 무한보다도 더 크다는 것을 증명했다.

그렇다면 칸토어는 이를 어떻게 증명했을까? 이 증명은 앞에서 설명한 대각선 방법을 이해한다면 쉽게 이해할 수 있다. 모든 실수들의 집합 R 대신에 R의 부분집합인 폐구간 〔0, 1〕을 생각해보자. 즉 (0과 1을 포함해서) 0과 1 사이에 있는 실수들만을 생각하기로 하자. 만일 폐구간 〔0, 1〕에 있는 원소들의 개수가 N의 원소의 개수보다 크다면, R의 원소의 개수가 N의 원소의 개수보다 크다는 것은 너무도 당연하다.

증명 방법은 다음과 같다. 먼저 폐구간 〔0, 1〕에 있는 원소들의 개수가 N의 원소의 개수와 같다고 가정한다. 다시 말해 일단 폐구간 〔0, 1〕에 있는 원소들이 N의 원소들과 일대일 대응한다고 가정한다. 그다음에 이 가정으로부터 모순이 따라나옴을 밝혀 폐구간 〔0, 1〕에 있는 원소들의 개수가 N의 원소의 개수와 같을 수 없다는 것을 증명한다. 그다음 폐구간 〔0, 1〕의 진부분집합(부분집합 중 자기 자신을 제외한 집합)의 원소들이 N의 원소들과 일대일 대응됨을 보여줌으로써 폐구간 〔0, 1〕에 있는 원소들의 개수가 N의 원소의 개수보다 더 많음을 증명한다.

본격적으로 칸토어의 증명 과정을 살펴보기 전에 예비 작업을 하기로 하자. 앞에서 살펴봤듯이, 칸토어는 짝수의 집합 E와 자연수 집합 N의 원소의 개수가 같다고 주장했다. 그 이유는 다름 아니라 E와 N의 원소들 사이에 일대일 대응이 성립하기 때문이었다. 일대일 대응이 성립한다는 것은 E의 원소에 대해서 "하나, 둘, 셋, 넷, 다섯, …" 하고 **차례대로 남김없이** 셀 수 있다는 뜻이다.

집합 E = {2, 4, 6, 8, 10, 12, 14, ⋯}

세는 방법 x_1, x_2, x_3, x_4, x_5, x_6, x_7

위에서 "하나, 둘, 셋, 넷, 다섯, 여섯, 일곱, ⋯"하면서 차례대로 남김없이 세는 과정을 'x_1, x_2, x_3, x_4, x_5, x_6, x_7 ⋯'로 표기했다. 따라서 만일 [0, 1]과 N이 원소의 개수가 같다면 그 원소들 사이에는 일대일 대응이 가능하다는 것을 뜻하며 [0, 1]의 원소들을 나열했을 때 위와 같이 차례대로 남김없이 셀 수 있다는 것을 뜻한다. 이제 [0, 1]과 N 사이에 일대일 대응이 가능하다고 가정하고, 실제로 "하나, 둘, 셋, 넷, ⋯"하고 차례대로 남김없이 셌다고 하자. 예를 들면, 다음과 같이 될 것이다.

x_1 = 0.1234567⋯

x_2 = 0.1414213⋯

x_3 = 0.3333333⋯

x_4 = 0.1000000⋯

x_5 = 0.3098676⋯

x_6 = 0.1415192⋯

x_7 = 0.3434348⋯

⋯

여기에서 우리는 열거된 수들 중 처음의 수(0.1234567…)를 한 개, 두 번째 수(0.1414213…)를 두 개 하고 센 것이다. 이제 이 목록에 대각선 방법을 적용하기로 하자. 아래와 같이 소수점 이하의 수들에 대해 좌측 상단으로부터 우측 하단 쪽으로 대각선을 긋는다.

$x_1 = 0.1234567\cdots$

$x_2 = 0.1414213\cdots$

$x_3 = 0.3333333\cdots$

$x_4 = 0.1000000\cdots$

$x_5 = 0.3098676\cdots$

$x_6 = 0.1415192\cdots$

$x_7 = 0.3434348\cdots$

$\cdots$

대각선을 그은 다음에 대각선과 만나는 수를 구한다. 그러면 그 결과는 1430698…이다. 이제 그 각각의 숫자와 다른 숫자를 찾기로 하자. 앞에서와 같이, 이를 체계적으로 하기 위해서 각각의 수에 1을 더한 값을 구한다. 물론 9인 경우는 0으로 바꾼다. 그러면 그 결과는 2541709…가 된다.

그러면 우리가 구하는 값 x는 0.2541709…이다. 이렇게 열거된 모든 실수에 대해 대각선 방법을 이용해 x값을 구할 수 있다. 이제 x는 앞의 목록에 들어 있지 않다. 왜냐하면 x는 x_1과 소수점 아래 첫 번째 자리 수와 다르고(x의 소수점 아래 첫 번째 자리 수는 2인데, x_1의 소수점 아래 첫 번째 자리 수는 1이므로), x_2와 소수점 아래 두 번째 자리 수와 다르고(x의 소수점 아래 두 번째 자리 수는 5인데, x_2의 소수점 아래 두 번째 자리 수는 4이므로), 마찬가지

로 x는 임의의 n에 대해서 x_n과 소수점 아래 n번째 자리 수와 다르기 때문이다. 따라서 x는 앞의 목록에 속하지 않는다.

그런데 우리가 구한 x는 분명히 폐구간 [0, 1]의 한 원소이다! 따라서 0과 1 사이의 실수들과 자연수들을 일대일 대응시킬 수 없다. 왜냐하면 일대일 대응된다고 가정하면, 열거된 목록에 대해 대각선 방법을 이용해 자연수의 집합과 대응되지 않는 실수를 찾을 수 있기 때문이다. 이것은 앞에서 열거된 목록뿐만 아니라, 어떤 방식으로 열거된 목록에 대해서도 마찬가지이다. 자연수와 일대일 대응된다고 가정하는 한에서 **항상** 우리는 대각선 방법을 적용해 자연수와 일대일 대응되지 않는 수를 생각해낼 수 있다.

그런데 [0, 1] 즉 (0과 1을 포함해) 0과 1 사이의 모든 실수들의 집합에 대해서, 진부분집합과 자연수의 집합을 일대일 대응시킬 수 있다. [0, 1]에는 1, $\frac{1}{2}$, $\frac{1}{3}$, $\frac{1}{4}$, $\frac{1}{5}$, $\frac{1}{6}$, $\frac{1}{7}$, …의 수가 있으며, 이 수들의 집합과 자연수의 집합 N은 일대일 대응이 되기 때문이다. 따라서 [0, 1]은 N과 일대일 대응은 안 되지만, [0, 1]의 진부분집합은({1, $\frac{1}{2}$, $\frac{1}{3}$, $\frac{1}{4}$, $\frac{1}{5}$, $\frac{1}{6}$, $\frac{1}{7}$, …}은) N과 일대일 대응될 수 있다. 따라서 [0, 1]의 원소의 개수는 자연수의 집합 N의 원소의 개수보다 더 크다.

이렇게 칸토어는 [0, 1]과 N은 둘 다 무한집합이지만, 전자가 후자보다 더 큰 무한집합이라는 것을 증명했다. 마찬가지로 모든 실수의 집합은 모든 자연수의 집합보다 더 큰 무한집합이다. 그렇다면 각각의 크기는 어떠할까?

이 물음에 대한 칸토어의 대답을 살펴보기 위해서는 먼저 멱집합의 개념을 이해할 필요가 있다. 가령 {a, b, c}의 부분집합에는 어떤 것이 있는가? 부분집합을 모두 열거하면, Ø(공집합), {a}, {b}, {c}, {a, b}, {b, c}, {a, c}, {a, b, c}와 같다. 멱집합이란 바로 이 모든 부분집합을 원소로 갖는 집합이다. 즉 {a, b, c}의 멱집합은 { Ø, {a}, {b}, {c}, {a, b}, {b, c}, {a, c}, {a, b, c}}다. 이를 간단히 다음과 같이 나타낸다.

P({a, b, c}) = {Ø, {a}, {b}, {c}, {a, b}, {b, c}, {a, c}, {a, b, c}}

여기에서 P({a, b, c})는 {a, b, c}의 멱집합이며 P({a, b, c})의 원소의 개수가 8, 즉 2^3개라는 것을 알 수 있다. 일반적으로 어떤 집합 A가 n개의 원소를 갖고 있을 때, A의 멱집합 P(A)의 원소 개수는 2^n이다.

칸토어는 자연수의 집합 N의 원소의 개수를 $\aleph_0$('알레프 널' 또는 '알레프 영'이라고 읽는다)이라고 명명했다. 칸토어가 사용한 $\aleph$^{알레프, aleph}라는 기호는 히브리어 알파벳의 첫 번째 문자이다. 칸토어는 실수의 집합의 원소 개수가 $2^{\aleph_0}$이라는 것을 증명했다. 다시 말해 실수의 집합은 자연수의 집합의 멱집합과 원소의 개수가 같다는 것이다.

만남 5

튜링과 컴퓨터

<u>계산이란 무엇인가?</u> 앞에서 우리는 튜링 기계와 보편 튜링 기계가 컴퓨터와 현대 컴퓨터의 발명에서 가장 근본적인 착상을 제공했다는 점을 지적했다. 이제 튜링 기계가 무엇인지를 살펴보기로 하자. 이를 위해서는 먼저 계산이 무엇인지를 논의해야 한다.

흥미롭게도 튜링은 계산이 무엇인지를 직접 규명하지 않고 오히려 사람들이 계산을 할 때 무슨 일이 일어나는지를 면밀히 관찰하고 정리함으로써 계산이 무엇인지를 규명했다. 이제 튜링의 생각에 따라 다음과 같이 질문하자. 사람들이 계산할 때 무슨 일이 일어나는가? 가령 어떤 사람이 '31×77=?'을 계산할 때 무슨 일이 일어나는가?

계산 문제는 종이 위에 적혀 있거나 칠판에 씌어 있을 수도 있다. 머릿속에 주어져 있을 수도 있으며 다른 방식으로 주어질 수도 있다. 이런 다양한 경우들 중에서 종이 위에 적힌 문제를 계산하는 경우를 생각해보자. 이 과정에서 계산하는 사람은 실제로 무엇을 하는가? 여러 가지 일이 일어날 것이다. 문제를 풀면서 한숨을 쉴 수도 있고, 눈을 깜박일 수도 있다. 커피를 홀짝이며 마실 수도 있고, 걸려온 전화를 받을 수도 있으며, 고개를 갸웃거릴 수도 있을 것이다. 또는 이마를 찌푸리다가 뭔가 알았다는 듯 환한 미소를 지으며, 종이 위에 숫자들을 써내려 갈 수도 있을 것이다.

그러나 눈을 깜빡이는 것, 커피를 홀짝이며 마시는 것, 고개를 갸웃거리는 것이 계산을 위한 본질적인 행동인가? 어떤 사람은 눈을 깜빡이지 않으면서도 계산을 할 수 있고, 커피가 아니라 녹차를 마실 수도 있으며 아예 음료수를 마시지 않으면서도 계산을 할 수 있다. 따라서 눈을 깜빡이거나 커피를 마시거나 고개를 갸웃거리는 일은 계산을 하는 것과 아무런 관계가 없다. 본질적으로 중요한 것은 일련의 계산 과정에서 반드시 일어나는 일이다.

그렇다면 계산을 할 때 반드시 일어나는 일이란 무엇일까? 처음에 우리는 두 개의 수에 주목한다. 그리고 결과를 선 밑에 적는다. 그다음 또 다른 두 수를 곱해서 선 밑에 적는다. 일의 자리가 끝나면 십의 자리의 수를 다시 곱하고 선 밑에 적는다. 이러한 과정을 열거해보면 다음과 같다.

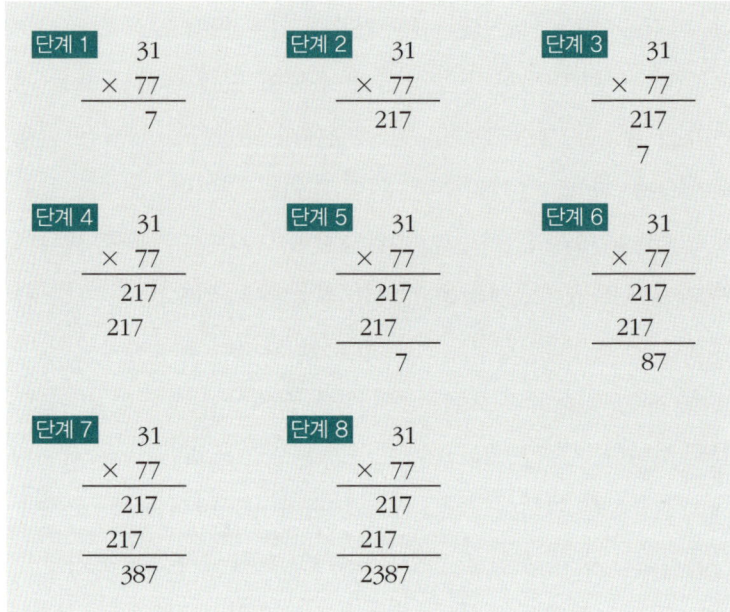

정리하면 우리는 다음과 같은 과정을 밟았다. 우리는 몇 개의 기호를 읽었다. 더 정확하게 말하면, 각 단계에서 2개의 기호를 읽었다. 그다음에 각각의 상황에 맞추어서 (구구단에 따라) 곱셈을 하고 그 결과를 첫 번째 선 아래에 적었다. 또 십의 자리 수를 곱할 때는 주의하면서 그 결과를 자리 수에 맞추어 첫 번째 선 아래에 적었다. 그다음에는 덧셈을 한 후 그 결과를 두 번째 선 아래에 적었다.

가만히 보면 위의 계산 과정에 재미있는 것이 있다. 단계 1 과 단계 6 을 살펴보자. 우리는 동일한 2개의 기호, 1과 7을 읽었다. 그런데 단계 1 에서는 선 밑에 7이라 적고, 단계 6 에서는 8이라 적었다. 자, 왜 읽은 기호가 동일함에도 불구하고 다른 결과를 얻었을까? 그야 단계1 에서는 1과 7을 곱했고, 단계6 에서는 1과 7을 더한 것이다. 다시 말해 한 번은 곱해야 하고, 다음에는 더해야 한다는 것을 알고 있었기 때문이다. 즉 계산을 할 때 지니고 있는 **마음의 상태**가 다른 것이다.

이 사실은 매우 중요하다. 요컨대 계산은 읽은 기호들만으로는 설명할 수 없다. 반드시 읽은 기호와 더불어 그 기호를 처리하는 마음의 상태를 고려해야 한다. 계산은 주어진 기호만으로 결정되지 않는다. 예를 들어서 7과 8이라는 기호가 주어졌을 때 어떤 경우에는 15가 결과로 나올 수 있고, 어떤 경우에는 56이라는 결과가 나올 수도 있다. 즉 계산을 하는 사람의 마음이 어떤 상태에 놓여 있느냐에 따라 다른 결과가 나오는 것이다.

정리하자면, 계산을 할 때 일어나는 여러 가지 일 중에서 반드시 필요한 것은 다음과 같다.

(1) 몇 개의 숫자(기호)를 읽는다.
(2) 마음 상태에 따라 계산을 한다.
(3) 종이에 숫자(기호)를 옮겨 적는다.

계산이라는 것은 어떻게 보면 간단하다. 어떤 기호들을 보고 읽은 후에 마음 상태에 따라 기호를 조작하고 그 결과를 적기만 하면 되는 것이다. 그렇다면 이렇게 간단한 이야기를 계속할 필요가 있을까? 그렇다. 지금 우리는 계산이라는 것의 얼개를 파악했을 뿐 튜링의 생각에는 이르지 못했다.

튜링 기계 속으로

앞에서 우리는 기호들을 읽고 계산을 한 후 그 결과를 종이 위에 적었다. 그런데 계산을 하는 데 반드시 종이가 필요한가? 아니다. 흙이나 칠판 위에도 계산을 할 수 있고 주판으로, 머릿속으로도 계산을 할 수 있다. 다시 말해 기호를 적어서 기억할 수 있는 매체가 있으면 충분하지 그것이 반드시 종이일 필요는 없다.

그러나 편의상 그 매체가 종이라고 가정해보자. 그렇다면 얼마나 큰 종이여야 할까? 아주 클 수도 있고, 노트 크기일 수도 있으며 아주 작을 수도 있다. 사실상 종이의 크기는 문제가 되지 않는다. 왜냐하면 작은 종이에 작은 글씨(기호)를 쓰면 큰 종이만큼 기호를 많이 쓸 수 있을 테니까 말이다. 따라서 문제가 되

는 것은 단순히 종이의 크기가 아니라 기호의 크기에 상대적인 종이의 크기인 것이다.

그렇다면 기호와 종이의 크기를 각각 어떻게 정하는 것이 좋을까? 튜링의 대답은 매우 간단하다. 그 발상은 차라리 너무 간단해서 놀랍다. 튜링은 종이 대신에 네모 칸(사각형)으로 이루어진 테이프를 생각하고, 각각의 네모 칸 안에 한 개의 기호를 쓰는 방법을 생각해냈다. 계산을 하면서 종이 위에서 읽고 자리를 옮겨 쓰는 것은 테이프 위에서는 오른쪽과 왼쪽으로 움직이면서 읽고, 자리를 옮기고 쓰는 것으로 대체된다.

튜링은 테이프의 길이가 **무한**하다고 가정했다. 여기에서 독자들은 '테이프'는 이해하겠는데 왜 하필 '무한한' 길이의 테이프냐고 반문할 수 있다. 이 물음은 튜링 기계의 성격을 이해하는

데 굉장히 중요하다.

무한한 길이의 테이프가 필요한 이유는 논리적으로 계산 가능한 수는 얼마든지 클 수 있기 때문이다. 가령 현대 컴퓨터의 최대 용량보다 더 크기 때문에 입력조차 할 수 없는 수도 얼마든지 상상할 수 있다. 현실적으로 그러한 수를 계산하는 것은 꿈도 못 꿀 일이지만, 어쨌든 그렇게 엄청나게 큰 수를 계산하는 것은 논리적으로 가능하다. 따라서 논리적으로 가능한 모든 계산에 대해서, 그것이 무엇인지를 밝히기 위해서는 무한한 길이의 테이프가 필요하다.

튜링 기계에서 무한한 길이의 테이프가 필요하다는 사실은 튜링 기계가 어떤 기계인지를 극명하게 보여준다. 튜링 기계는 물리적인 기계가 아니다. 왜냐하면 현실 세계, 즉 물리적인 세계에는 무한한 테이프는 없기 때문이다. 튜링 기계는 추상적인 기계이며 정확하게 말하면, 수학적으로 구성된 기계이다.

이렇게 해서 튜링 기계를 직접 만들 준비를 끝마쳤다. 튜링은 사람이 계산하는 과정을 기계에서 구현하기 위해서는 다음과 같은 세 가지 요소가 필요하다고 결론 내린다. 첫째, 계산할 때 사람이 주목하는 기호. 이것은 기계의 입장에서 보면 기계가 읽은 기호 scanned symbol 이다. 둘째, 계산을 실행하는 사람의 마음 상태. 이것은 기계의 입장에서 보면 기계 내부의 상태(프로그램의 한 절차)이다. 셋째, 계산을 하면서 결과들을 적는 종이와 같은 매체. 이것은 기계의 입장에서 보면, 무한한 길이의 테이프이다. 정리하면 튜링 기계의 작동에 필요한 것은 다음과 같다.

(1) 읽어 들이고 있는 네모 칸의 기호 변경(기호 쓰기, 또는 지우기, 또는 바꾸기)
(2) 왼쪽이나 오른쪽으로 한 칸 옮기기, 또는 위치를 바꾸지 않고 그대로 있기
(3) 상태 변경

기호를 쓰고, 지우고, 바꾸는 것은 계산을 할 때 종이 위에서 하는 일과 거의 같다고 보면 될 것이다. 또한 테이프 위에서 왼쪽이나 오른쪽으로 한 칸 옮기는 것은 종이 위에서 위치를 바꾸는 것에 해당된다. 또한 상태 변경도 계산을 할 때 하는 일이다. 어떤 경우에는 곱셈을 했고 또 어떤 경우에는 덧셈을 했다는 점을 상기하자.

이제 튜링 기계는 계산이라는 사람의 행위를 전적으로 모방할 수 있다. 튜링 기계의 작동은 다음과 같이 이루어진다.

(1) 상태
(2) 기호 읽기
(3) 새로운 기호 인쇄하기, 또는 지우기, 또는 읽은 기호 그대로 두기
(4) 왼쪽으로 한 칸 가기, 또는 오른쪽으로 한 칸 가기, 또는 동일한 위치에 그대로 있기
(5) 상태: 이전의 상태, 또는 새로운 상태

이를 다시 풀어보면 다음과 같다. 튜링 기계는 (테이프의 어떤

사각형에서) 어떤 상태(즉 프로그램의 한 절차)에 있다. 이 상태에서 기호를 읽는다. 그다음에 사각형에 새로운 기호를 인쇄하거나, 원래의 기호를 지우거나, 아니면 그대로 둔다. 그러고 나서 왼쪽 사각형으로 한 칸 옮기거나, 오른쪽으로 한 칸 옮기거나, 위치를 바꾸지 않고 그대로 있는다. 그런 다음 원래의 상태를 유지하거나 새로운 상태로 바뀐다.

그러면 지금까지 논의한 것을 어떻게 기호로 나타낼 수 있을지 생각해보자. 먼저 상태를 나타내는 기호로 q, r, s 등을 사용하기로 하자. 또한 사각형에 기록되는 기호는 a, b, c 등을 사용하기로 하자. 실제로 다룰 기호는 0, 1, □이다(또한 필요한 경우에 2, 3, 4 등과 같은 숫자도 사용할 것이다). 여기에서 □는 비어있는 사각형을 뜻한다. 그리고 인쇄하기를 간단히 P로 나타내자. P0은 '0을 인쇄하라'를 뜻하고, P1은 '1을 인쇄하라'를 뜻하며, P□는 '□를 인쇄하라'를 뜻한다. '□를 인쇄하라'라는 말은 기묘하게 들릴지 모르지만, '쓰여 있는 기호를 지우라'를 달리 표현한 것이다. 또한 위치 변경하기를 나타내는 기호로 C를 사용하기로 하자. 실제로 우리가 사용할 기호는 L, R, N인데, 이때 L은 왼쪽으로 한 칸 가기를 뜻하고, R은 오른쪽으로 한 칸 가기를 뜻하며, N은 위치를 옮기지 않고 그대로 있기를 뜻한다. 그러면 튜링 기계 각각의 작동은 일반적으로 다음과 같이 나타낼 수 있다.

q a Pb C r

또는 다음과 같은 방식으로 나타낼 수도 있다.

(q, a, Pb, C, r)

이제 이 기호가 무엇을 뜻하는지는 분명하다. 먼저 튜링 기계는 (테이프의 어떤 사각형에서) 어떤 상태(q)에 있다. 그리고 기호 a를 읽는다. 그다음 새로운 기호를 인쇄하거나(b가 a와 다른 경우), 그대로 두거나(b가 a와 동일한 경우), 아니면 원래의 기호를 지운다(b가 □인 경우). 그다음 튜링 기계의 헤드는 왼쪽으로 한 칸 가거나(C가 L인 경우), 오른쪽으로 한 칸 가거나(C가 R인 경우), 그대로 있는다(C가 N인 경우). 그런 다음에 튜링 기계는 새로운 상태로 나아가거나(r이 q와 다른 경우), 또는 원래의 상태를 유지한다(r이 q와 동일한 경우).

수학에서는 (a, b)와 같은 것을 '순서쌍'이라고 부른다. 이는 수학에서 사용하는 (x, y) 좌표를 떠올리면 쉽게 이해할 수 있다. 그렇다면 (x, y, z, w, u)와 같은 것은 무엇이라고 불러야 할까? 학자에 따라서는 이를 '5순서열', '5중체', '5순서체' 등으로 부르는데, 이 책에서는 '5순서열^{quintuples}'이라는 용어를 사용하기로 하겠다. 이제 다음의 5순서열이 무엇을 의미하는지 잠깐 음미해보자.

q 0 P0 L r   기계가 상태 q에서 테이프 위의 기호 0을 읽어 들일 경우 기계는 0을 그대로 두고, 헤드를 왼쪽으로 한 칸 옮긴 다음 상태 r로 바꾼다.

q 0 P1 R r   기계가 상태 q에서 테이프 위의 기호 0을 읽어 들일 경우 기계는 0을 1로 바꾸고, 헤드를 오른쪽으

로 한 칸 옮긴 다음 상태 r로 바꾼다.

q 1 P□ R r 기계가 상태 q에서 테이프 위의 기호 1을 읽어 들일 경우 기계는 1을 지우고, 헤드를 오른쪽으로 한 칸 옮긴 다음 상태 r로 바꾼다.

q □ P1 L q 기계가 상태 q에서 테이프 위에 기호가 없는 경우(빈 칸인 경우) 기계는 1을 인쇄하고, 헤드를 왼쪽으로 한 칸 옮긴 다음 상태 q를 유지한다.

튜링 기계의 예

튜링 기계는 5순서열이 무엇이냐에 따라 결정된다. 한 개의 5순서열이나 몇 개의 5순서열이 주어지면 하나의 튜링 기계가 주어지는 것이다. 그러면 이제 튜링 기계의 실제 예를 살펴보자.

예1 q □ P□ R q

이 튜링 기계는 상태 q에서 테이프 위에 기호가 없는 경우(빈 칸인 경우) 빈칸을 그대로 두고, 오른쪽으로 한 칸 옮긴 다음 상태 q를 유지한다.

자, 그러면 예1 튜링 기계는 어떻게 작동하게 될까? 튜링 기계에 주어지는 무한하게 긴 테이프가 모두 빈칸으로 이루어져 있고 어느 한 빈칸에서 튜링 기계가 작동을 시작한다고 하자. 그러면 튜링 기계는 아무것도 인쇄하지 않고 오른쪽으로 한 칸씩 계속 옮겨갈 것이다. 결국 튜링 기계는 빈칸으로 이루어진 무한히 긴 테이프에서 멈추지 않는다. 이와 달리 테이프의 어떤 사각형에 기호가 써 있다고 하자. 그리고 그 기호에서 튜링 기계가 작동을 시작한다고 하자. 그러면 튜링 기계는 기호가 적힌 칸에서 멈추게 될 것이다. 왜냐하면 위의 5순서열은 빈칸을 읽었을 때는 뭔가를 하라고 지시하고 있지만, 기호가 적힌 사각형에서는 무엇을 해야 할지에 대해 아무것도 말하고 있지 않기 때문이다. 그럼 이제 다음의 튜링 기계를 생각해보자.

예2 q 1 P1 R q
     q 0 P0 L q

이것은 다음과 같이 세미콜론(;)을 사용해 나타낼 수 있다.

q 1 P1 R q ; q 0 P0 L q

예2 튜링 기계는 두 개의 조작이 포함된 프로그램을 갖고 있다. 처음 조작은 상태 q에서 테이프의 기호가 1인 경우, 그 기호를 그대로 두고 한 칸 오른쪽으로 가서 상태 q를 유지하라는 것이다. 두 번째 조작은 상태 q에서 테이프의 기호가 0인 경우, 그 기호를 그대로 두고 왼쪽으로 한 칸 가서 상태 q를 유지하라는 것이다. 여기에서 두 개의 5순서열은 세미콜론(;)으로 구분되었다. 그러면 예2 튜링 기계는 어떻게 작동하게 될까? 아래의 그림을 보자.

그림 1

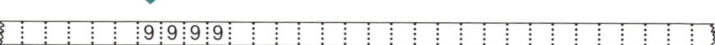

만일 예2 튜링 기계가 위의 그림과 같이 9가 적힌 사각형에서 시작한다면(즉 튜링 기계의 헤드가 9가 적힌 사각형에 처음 위치한다면), 어떻게 작동하게 될까? 아무 작동도 하지 않을 것이다. 왜냐하면 위 두 개의 순서열은 이 경우 무엇을 해야 할지 아무것도 말해주고 있지 않기 때문이다. 그렇다면 그림 2 와 같이 시작한다면 어떻게 될까?

그림 2

그러면 튜링 기계는 기호 1을 그대로 두고 오른쪽으로 한 칸 이동하고, 이와 같은 방식의 작동을 세 번 더 반복한 후에 다음과 같이 멈추게 될 것이다.

마지막으로 그림 3 과 같은 경우에 예2 튜링 기계는 어떻게 작동하게 될까?

그림 3

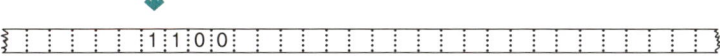

튜링 기계는 처음 0이 나오는 칸까지 오른쪽으로 옮겨간 후 다시 두 번째 1이 있는 칸으로 한 칸 왼쪽으로 옮긴 후 다시 오른쪽으로 한 칸, 다시 왼쪽으로 한 칸, … 이런 식으로 멈추지 않고 계속 왕복하게 될 것이다. 이를 그림으로 나타내면 다음과 같다.

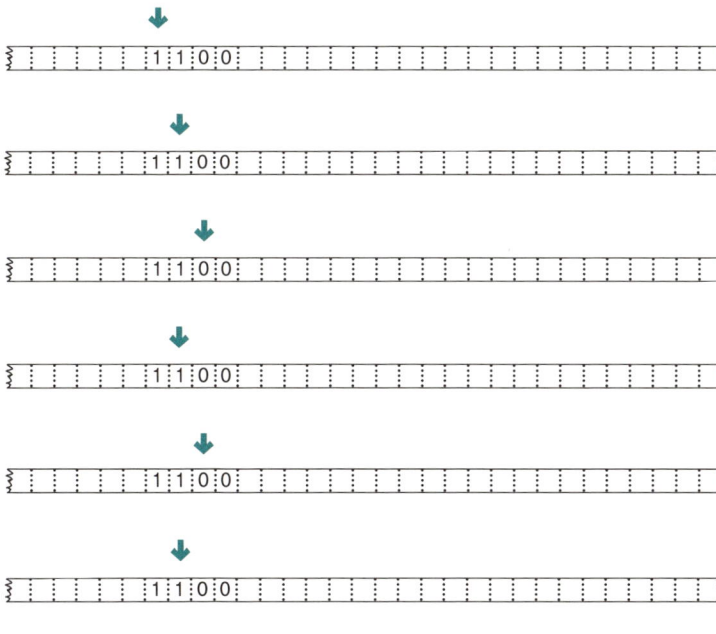

이번에는 튜링이 자신의 논문 〈계산가능한 수, 그리고 결정문

제에 대한 그 적용에 관하여〉에서 직접 다룬 예를 살펴보기로 하자. 다음의 기계는 0101010101…을 쓰는 기계이다. 단 숫자들 사이에는 항상 빈칸이 하나씩 있다.

q □ P0 R r
r □ P□ R s
s □ P1 R t
t □ P□ R q

앞에서 언급한 바와 같이 이 전체 조작은 q □ P0 R r ; r □ P□ R s ; s □ P1 R t ; t □ P□ R q로 표현할 수 있다. 이 기계가 다음과 같이 작동하게 될 것이라는 것을 쉽게 알 수 있다.

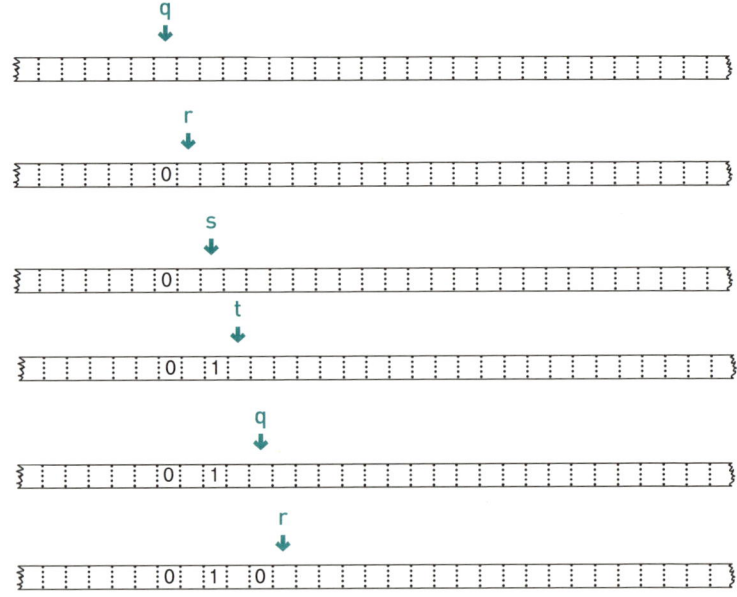

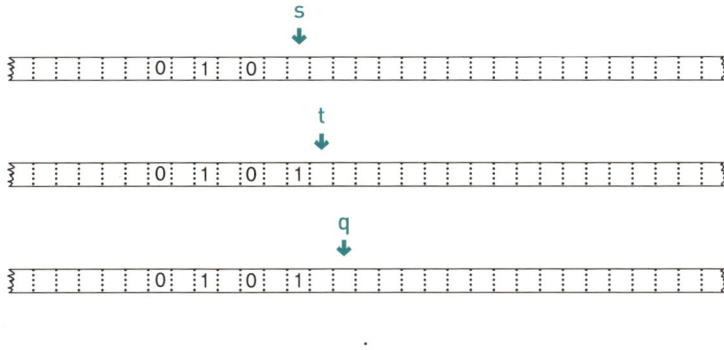

.
.
.

튜링 기계로 계산하기

이번에는 덧셈을 하는 튜링 기계를 살펴보기로 하자. 이를 위해서 1진법을 다루기로 하자. 모든 10진법 수는 1진법 수로 바꿀 수 있다. 예를 들어 3을 1진법으로 나타내면 111(또는 111(1))이고, 5를 1진법으로 나타내면 11111(또는 11111(1))이다. 마찬가지로 1진법 수는 항상 10진법 수로 바꿀 수 있다. 따라서 십진법 수의 덧셈은 1진법 수의 덧셈으로 바꿀 수 있고, 역도 마찬가지이다. 다음과 같은 튜링 기계는 1진법 수를 덧셈하는 기계이다.

q 1 P1 R q
q □ P1 R r
r 1 P1 R r
r □ P□ L s
s 1 P□ N s
s □ P□ N s

어떻게 이 튜링 기계가 2와 3의 덧셈을 할 것인지를 살펴보자. 테이프에는 1진법 2와 1진법 3이 적혀 있고, 나머지 칸은 모두 빈칸이다. 이때 11(1진법 2)과 111(1진법 3)을 구분하기 위해서 사이에 빈칸을 하나 삽입하기로 한다. 지금부터는 튜링 기계의 작동을 보다 엄밀하게 하기 위해, 처음 시작할 때는 빈칸이 아닌 것 중에서 제일 왼쪽에 있는 사각형부터 시작한다고 가정하자. 그러면 기계는 다음과 같은 위치에서 시작한다.

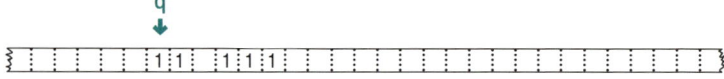

이렇게 되면 기계는 다음과 같은 단계를 밟게 된다.

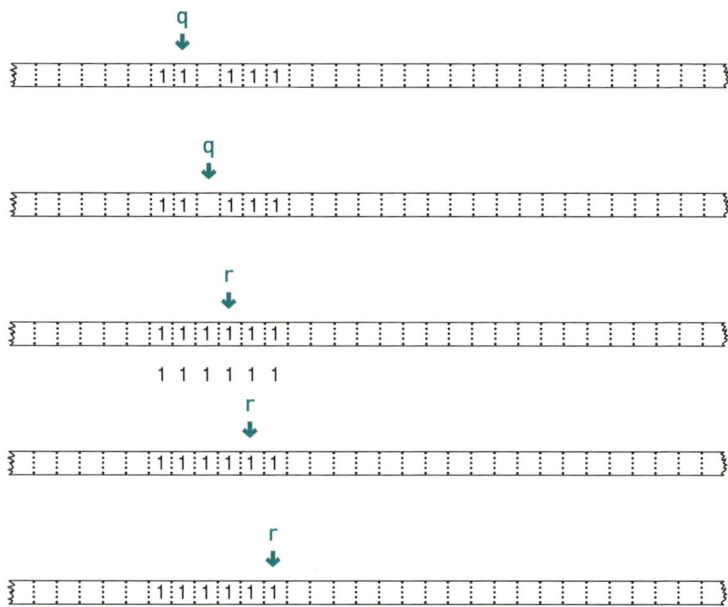

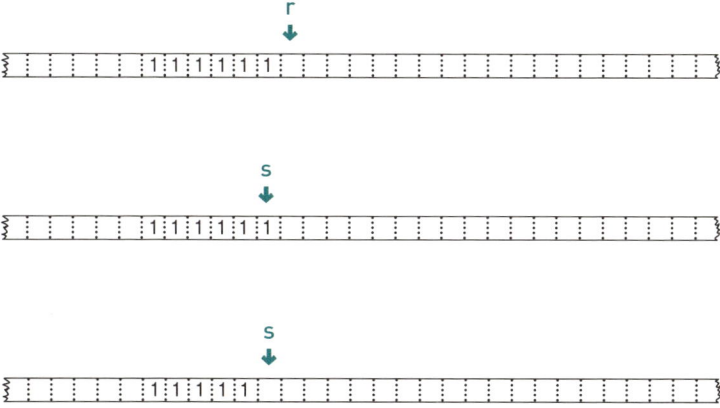

　결과적으로 테이프에는 5 즉, 1진법 11111이 남게 된다. 이 튜링 기계는 2 더하기 3뿐만 아니라 어떤 자연수든지 1진법 덧셈을 수행할 수 있다. 즉 어떤 두 개의 1진법 수가 입력되어도 이 튜링 기계는 위의 프로그램에 따라 덧셈을 수행해낸다.

　덧셈뿐만 아니라 뺄셈, 곱셈, 나눗셈을 하는 튜링 기계를 만드는 것도 가능하다. 즉 테이프 위에서 각각의 연산을 수행할 수 있게 하는 5순서열의 모임을 찾을 수 있다. 나아가 지수 함수, 로그 함수, 삼각 함수 등 어떤 복잡한 계산이라도 이를 수행하는 튜링 기계를 만드는 것은 가능하다. 튜링은 실제로 자신의 논문에서 이러한 튜링 기계를 구성해 보였다.

　그렇다면 다음과 같은 의문이 든다. 인간이 하는 어떤 계산이든 튜링 기계에서 모두 계산할 수 있을까? 또는 논리적으로 가능한 어떤 계산이든 튜링 기계에서 모두 계산할 수 있을까? 이 물음은 처음 보기와는 달리 대답하기가 쉽지 않다. 그 이유는 무

엇보다도 '계산'이라는 말이 엄밀하게 규정되어 있지 않은 용어라는 점에 있다. '튜링 기계에서의 계산'은 엄밀하게 규정되어 있다. 그것은 일련의 5순서열에 따른 조작들을 뜻하며 각각의 조작들은 분명하다. 반면에 인간이 행하는 '계산'은 직관적으로 파악될 뿐 '튜링 기계에서의 계산'과 같이 엄밀하게 규정되어 있지 않다.

따라서 '계산 가능한 것'과 '튜링 기계에서 계산 가능한 것'이 동일하다는 것을 엄밀하게 증명할 수 없다. 왜냐하면 후자와 달리 전자는 엄밀하게 규정되어 있지 않기 때문이다. 그러나 계산 가능한 것은 모두 튜링 기계에서 계산 가능하지 않을까? 즉 인간이 수행하는 어떤 계산이든 튜링 기계에서 수행할 수 있는 프로그램을 만들 수 있지 않을까? 왜냐하면 튜링 기계는 인간의 계산 과정을 분석해서 최소 단위를 찾아낸 다음 재구성한 것이기 때문이다. 인간이 종이 위에서 하는 계산은 어떤 것이든 테이프에서의 조작으로 재구성될 수 있을 것이다. 이와 같이 '계산 가능한 것'과 '튜링 기계에서 계산 가능한 것'이 동일하다는 논제를 **튜링의 입론**Turing's Thesis이라고 부른다.

튜링 기계와 컴퓨터

앞에서 말했듯이 튜링 기계는 인간의 계산 과정을 분석해서 최소 단위를 찾아낸 다음 이를 재구성한 것이다. 다시 말해 인간의 계산 과정을 단순한 조작들의 집합으로 변환한 것이다. 이런 단순한 조작들을 기계에서의 조작으로 구현할 수 있다면, 이 기계는 바로 컴퓨터가 된다. 물론 튜링 기계는 무한한 길이의 테이프를 갖는다는 점에서 현실에 존재하는 기계가 아닌 수학적인 추상적 기계이다. 현실에서는 튜링 기계에 필요한 **무한한 테이프**를 구현할 방법이 없다. 대신 현실의 기계에서는 유한한 테이프에 해당하는 것만을 구현할 수 있다. 테이프는 기호들을 기록하고 삭제하는 용도로 쓰이므로 컴퓨터의 기억 장치에 해당된다.

튜링 기계의 테이프에 있는 사각형은 1비트의 기억 장치에 해당한다. 튜링 기계의 테이프에 있는 사각형에 기록되는 것은 0과 1이다. 마찬가지로 1비트의 기억 장치에 기억되는 것도 0과 1에 해당하는데 0은 낮은 전압으로, 1은 높은 전압으로 구현된다. 0과 1의 조합으로 이루어진 이 정보들이 바로 디지털 정보이다. 컴퓨터는 이러한 디지털 정보를 유한한 단계를 거쳐 자동으로 처리하는 기계이다.

그렇다면 튜링 기계를 구현한, 역사상 최초로 만들어진 컴퓨터는 무엇일까? 컴퓨터 관련 교과서나 컴퓨터의 역사를 다룬 여러 책을 보면, 이 물음에 대한 대답이 종종 일치하지 않는다는 것을 확인할 수 있다. 어떤 사람은 파스칼$^{\text{Blaise Pascal, 1623~1662}}$의 계산기가 최초의 컴퓨터라고 하고, 어떤 사람은 찰스 배비지$^{\text{Charles Babbage, 1792~1871}}$의 해석 기관을, 또 어떤 이는 에니악$^{\text{ENIAC, Electronic Numberical Intergrator And Computer}}$을, 어떤 이는 아타나소프$^{\text{John Atanasoff, 1903~1955}}$의 ABC$^{\text{Atanasoff Berry Computer}}$를, 어떤 이는 추제$^{\text{Konrad Zuse, 1910~1995}}$의 Z1을 최초의 컴퓨터라고 말한다. 이렇게 최초의 컴퓨터가 무엇이냐 하는 물음에 대한 대답이 제각각인 이유는 '컴퓨

터'라는 말의 개념이 다소 애매하다는 점 때문이다. '컴퓨터'는 '자동 계산기'와 혼용되기도 하고, 다른 한편으로는 '현대 컴퓨터'와 혼용되기도 한다.

   그럼에도 불구하고 컴퓨터 관련 교과서에서 세계 최초의 컴퓨터로 가장 많이 지목되는 것은 에니악이다. 에니악은 1946년 미국 펜실베이니아 대학의 모클리[John Mauchly, 1907~1980]와 에커트[John Eckert, 1919~1995]가 발명한 초대형 진공관 컴퓨터이다. 에니악은 제2차 세계대전 중 각종 대포의 탄도 제원표를 작성하기 위해 미군 탄도연구소의 의뢰로 만들어진 것이었다. 에니악은 약 18,000개의 진공관과 130킬로미터 길이의 전선으로 이루어져 있으며, 무게가 자그마치 30톤에 달하고 차지하는 면적도 138제곱미터나 되었다고 한다. 그러나 에니악은 프로그램이 내장되어 있는 현대 컴퓨터라기보다는 전자식 자동 계산기에 가까운 컴퓨터였다. 이 점은 에니악이 기존에 수행했던 연산과는 다른 종류의 연산을 수행하려면 18,000개의 진공관을 연결하는 전선을 다시 고쳐 연결해야 했다는 점에서 잘 드러난다. 즉 전선을 어떻게 달리 배선하느냐가 프로그램을 결정했던 것이다.

   그러나 에니악이 세계 최초의 전자식 자동 계산기이며, 이런 의미에서 세계 최초의 컴퓨터라는 주장은 재고되어야 한다. 앞에서 우리는 튜링이 기존의 봄베를 개량해 에니그마의 암호를 해독했고, 또 독일의 '물고기'를 판독하는 기계를 만드는 데 사용된 방법이 '튜링이스무스'라는 것을 살펴보았다. 바로 이 튜링이스무스를 사용해 만들어진 전자식 계산기가 있다. 다름 아닌 콜로서스[Colossus]이다. 콜로서스는 튜링의 스승이자 동료인 맥스 뉴먼과 공학자 T. 플라워스 Tommy Flowers, 1905~1998가 공동 제작한 것으로 1,500개의 진공관으로 이루어진 전자식 계산기이다. 콜로서스는 제2차 세계대전 중 1943년부터 1945년까지 10대가 만들어졌지만

튜링이스무스를 사용해 만들어진 전자식 계산기 콜로서스

영국이 이 사실을 공개한 것은 종전 후 20년이 지나서였다. 콜로서스는 독일의 에니그마와 '물고기' 암호문을 해독하는 데 사용되어 연합군의 승리를 이끌었다. 콜로서스가 에니악보다 한 발 앞서 발명되었던 것이다.

만남 6

보편 튜링 기계와 현대 컴퓨터

앞에서 우리는 튜링이 만든 추상적인 기계, 즉 튜링 기계를 살펴보았다. 이는 다양한 방식의 5순서열의 모임이라는 점에서 의외로 단순한 기계라 할 수 있다. 이렇게 단순한 기계가 현대 컴퓨터의 핵심적인 착상을 담고 있다고는 아마도 믿을 수도 없을 것이며 실제로 앞에서 서술한 튜링 기계만으로는 현대 컴퓨터의 착상이 설명되지 않는다. 현대 컴퓨터의 핵심적인 착상을 논의하고자 한다면, 앞에서 논의한 튜링 기계 중에서도 매우 특이한 튜링 기계, 즉 보편 튜링 기계Universal Turing Machine를 살펴봐야 한다. 보편 튜링 기계를 이해한 후에야 비로소 왜 그것이 현대 컴퓨터의 모태라고 말할 수 있는지 이해할 수 있다.

간단히 말하면 보편 튜링 기계란 다른 튜링 기계가 할 수 있는 모든 일을 흉내 낼 수 있는 기계를 말한다. 예를 들어 10개의 기계가 있다고 하자. 그리고 그 기계는 기능이 모두 다 다르다. 그런데 어떤 기계가 그 10가지의 기능을 한꺼번에 할 수 있다면 이는 분명히 강력한 기계임에 틀림없다. 보편 튜링 기계는 다른 튜링 기계가 할 수 있는 일이라면 무엇이든지 혼자서 **흉내 낼 수 있는** 기계로, 튜링 기계 중에서도 가장 강력한 기계라고 할 수 있다. 다른 튜링 기계들이 유한하게 많을 필요는 없다. 유한하게 많건, 무한하게 많건 간에 보편 튜링 기계는 다른 튜링 기계가 할 수 있는 일이라면 모두 다 흉내 낼 수 있다.

앞에서 우리는 튜링 기계가 계산하는 몇몇 경우를 살펴보았다. 테이프에 1진법 수가 입력된 경우도 살펴보았다. 이렇게 입력된 수들은 튜링 기계의 입력값이다. 이때 입력값은 반드시 1진법일 필요는 없다. 10진법이어도 괜찮고, 2진법이어도 문제가 없다. 간단히 말하면 10진법 수를 1진법이나 2진법으로 바꾸고, 또 역으로도 할 수 있는 튜링 기계를 만들 수 있는 것이다.

그렇다면 보편 튜링 기계는 어떻게 만들어질까? 앞에서 말했듯이 보편 튜링 기계는 다른 튜링 기계가 할 수 있는 것을 전부 흉내 낼 수 있는 기계다. 그러기 위해서는 어떻게 만들어져야 할까? 대답은 간단하다. 즉 보편 튜링 기계에 투입되는 입력값은, 보편 튜링 기계가 흉내 낼 다른 튜링 기계의 프로그램과 그 튜링 기계에 입력될 값이다!

좀 더 분명하게 설명해보자. 먼저 보편 튜링 기계를 U라고 하고, 임의의 다른 튜링 기계를 T라고 하자. 튜링 기계 T는 입력값 d가 주어지면 프로그램에 따라 계산을 한다. 보편 튜링 기계 U는 T가 d로 계산하는 전체 과정을 흉내 내며, 만일 T가 어떤 출력값 e를 산출한다면 마찬가지로 U도 e를 산출할 수 있다. 그리

고 U에 입력되는 것은 T의 프로그램과 T의 입력값 d이다.

이 지점에서 눈치 빠른 독자는 다음과 같이 질문할 것이다. 튜링 기계에 입력되는 것은 **수치들(데이터)**이다. 보편 튜링 기계도 어쨌든 하나의 튜링 기계이므로, 입력값을 가지고 계산할 것이다. 그런데 보편 튜링 기계 U에 입력되는 것은 T의 프로그램과 d이다. d는 물론 수치이지만 U에 입력되는 'T의 프로그램'은 하나의 수치인가? 어떻게 하나의 프로그램이 수치일 수 있는가? 이 물음은 매우 중요하다. 하나의 프로그램이 수치일 수 있는가? 그렇다. 그리고 그럴 수 있다는 것을 보인 것이 바로 괴델 수 대응이다.

괴델 수 대응

하나의 프로그램은 하나의 수치로 간주될 수 있다. 하나의 프로그램은 5순서열들의 나열이며, 5순서열은 하나의 정보이다. 이러한 각각의 5순서열과 5순서열의 나열은 하나의 수치로 나타낼 수 있다. 뿐만 아니라 어떤 정보든지 하나의 수로 나타낼 수 있다. 어떤 정보든지 하나의 수로 나타낼 수 있다는 것을 가능하게 한 착상은, 괴델이 그의 불완전성 정리를 증명하는 과정에서 착안했던 '괴델 수 대응'이다. 그렇다면 괴델 수 대응이란 무엇인가? 먼저 쉬운 예부터 살펴보자.

다음과 같은 언어를 상상해 보자. 이 언어를 편의상 '미니 한글'이라고 부르자. 미니 한글의 자음에는 'ㄱ, ㄴ, ㄷ, ㄹ'만 있고, 모음에는 'ㅏ, ㅓ, ㅗ, ㅜ'만 있다. 그래서 이 언어에서 만들 수 있는 단어는 '나라', '도루'와 같은 단어들이다. 이제 각각의 자음과 모음에 대해서 다음과 같이 수를 할당한다고 하자.

자음 | 모음	ㄱ	ㄴ	ㄷ	ㄹ	ㅏ	ㅓ	ㅗ	ㅜ
대응 수	1	2	3	4	5	6	7	8

〈수 대응 도식 1〉

그렇게 되면 '나라'는 (각각의 글자에 대응하는 수를 연이어 쓰면) 2545가 되고, '도루'는 3748이 된다. 따라서 미니 한글에 나오는 어떤 표현도 수로 바꿀 수 있고, 또 역으로 어떤 수가 주어지면 이 수를 다시 미니 한글로 바꿀 수 있다. 예를 들어, 251545는 '나가라'이고, 15235는 '간다'이다. 여기에서 중요한 것은 어떤 미니 한글도 항상 수로 바꿀 수 있고, 또 거꾸로 (1부터 8까지 숫자만 나오는) 수를 미니 한글로 바꿀 수 있다는 것이다. 그렇기 때문에 일종의 암호를 생각할 수 있다. 바로 이것이 괴델의 수 대응의 기본적인 생각이다.

이번에는 미니 한글에 위의 방식과 다르게 수를 할당하는 방식을 살펴보자. 예컨대 미니 한글의 자음과 모음에 다음과 같이 수를 대응시켜 보자.

자음 | 모음	ㄱ	ㄴ	ㄷ	ㄹ	ㅏ	ㅓ	ㅗ	ㅜ
대응 수	1	11	2	22	3	33	4	44

〈수 대응 도식 2〉

이렇게 수를 대응시키면 어떻게 될까? 이 대응 방식에서는 (각각의 할당된 수를 연이어 쓰면) '나라'는 113223이 되고, '도루'는 242244가 된다. 그러면 이 수 대응은 아무 문제가 없어 보인다. 그러나 문제가 있다. 즉 거꾸로 113223을 미니 한글로 바꾸어 보자. 그러면 '나라', '까라', '까따' 또는 '나따'로 바꿀 수 있다. 다시 말해 단어를 수로 바꾸는 것은 문제가 없어 보이지만, 역으로 수를 단어로 바꿀 때에는 오직 하나로 결정되지 않는다. 한마디로 위의 대응 방식은 **일대일 대응**을 충족시키지 않는다. 따라서 일대일 대응을 충족시키고자 한다면, 좀 더 면밀하게 수 대응 방법을 생각해야 한다.

그렇다면 〈수 대응 도식 2〉로는 일대일 대응이 불가능할까? 각각의 자음과 모음에 대한 수 대응은 〈수 대응 도식 2〉를 따르되, 한 단어에 대해 수를 대응하는 방법을 바꾸면 가능하다. 앞에서 한 단어에 수를 할당할 때 자음과 모음에 할당된 각각의 수를 **연이어 씀**으로써 단어에 수를 할당했다. 이번에는 수들을 연이어 쓰는 것이 아니라 다른 방식으로 할당하는 방법을 생각해 보자.

'나라'의 경우, 각각의 자음과 모음에 다음과 같이 수를 할당한다.

```
ㄴ ㅏ ㄹ ㅏ
11 3 22 3
```

그러나 **전체** 단어에 대해서는 다음과 같이 새로운 방식으로 수를 할당한다.

나라
$2^{11} \times 3^3 \times 5^{22} \times 7^3$

즉 11, 3, 22, 3을 연이어 쓰는 것이 아니라, 차례대로 첫 번째 대응 수 11은 첫 번째 소수 2의 지수가 되고 두 번째 대응 수 3은 두 번째 소수 3의 지수가 된다. 세 번째 대응 수 22는 세 번째 소수 5의 지수가 되고, 네 번째 대응 수 3은 네 번째 소수 7의 지수가 되게 한 다음 이 수들을 모두 곱한 값을 단어 '나라'에 부여하는 것이다. 바로 이 방법이 실제로 괴델이 했던 방법과 본질적으로 동일하다. 마찬가지로 '도루'라는 단어에는 $2^2 \times 3^4 \times 5^{22} \times 7^{44}$가 대응된다. 이런 식으로 단어에 수를 부여하면 거꾸로 수로부터 단어를 찾는 과정에서는 그 단어가 유일하게 결정된다는 것을 알 수 있다. 왜냐하면 어떤 주어진 자연수를 소인수 분해하면 지수는 유일하게 결정되기 때문이다. 이렇게 단어나 기호들에 일대일로 할당된 수를 **괴델 수**라고 한다.

이와 같이 괴델 수 대응은 기호들과 수들 간의 일대일 대응 관계를 토대로 해서 기호들의 열에 수를 할당하는 방법이다. 일대일 대응 관계를 만족시키는 수 대응 방식은 무한하게 많다. 그러므로 어떤 수를 부여할 때 연이어 쓰는 방식이든, 지수를 이용하는 방식이든 일대일 대응을 만족시킬 수 있다면, 괴델 수 대응을 충족시킬 수 있다. 요컨대 괴델 수 대응이란 어떤 기호들의 열에 대해서 일대일로 하나의 수치를 부여하는 방법이다.

괴델 수 대응과 보편 튜링 기계

튜링 기계 T를 결정하는 것은 5순서열이며, 5순서열은 곧 프로그램이다. 이러한 5순서열들은 결국 기호들의 열이며, 이는 괴델의 수 대응에 따라 하나의 수로 나타낼 수 있다. 결국 튜링 기계 T의 프로그램은 하나의 수로 나타낼 수 있다. 튜링 기계 T가 입력값 d로 계산을 하고 출력값 e를 산출하면, 보편 튜링 기계 U에는 T의 **프로그램을 나타내는 수치와 입력값 d**가 입력된다. 그러면 U는 T의 전체 계산 과정을 흉내 낸 다음 e를 산출한다.

한 튜링 기계 T의 프로그램을 수치로 나타낸 것을 튜링 기계의 부호수라고 부른다. 부호수는 프로그램을 나타내는 일련의 5순서열에 괴델수를 부여한 것이므로, 그 프로그램의 괴델수와 같다. 튜링 기계 T의 부호수를 n(T)로 나타내기로 하자. 그러면 보편 튜링 기계 U에는 다음과 같은 입력값이 테이프 위에 주어진다.

튜링 기계 T의 부호수	튜링 기계 T의 입력 값
n(T)	d

여기에서 n(T)는 아주 큰 수치일 수 있다. 그리고 테이프의 사각형에는 오직 하나의 숫자만 쓸 수 있으므로, n(T)에 해당하는 수치에 포함된 숫자는 각각의 사각형 안에 숫자가 하나씩 적힌다.

이와 같이 보편 튜링 기계의 입장에서 보면 다른 튜링 기계의 프로그램은 하나의 수치인 입력값에 불과하다. 그러면 이제 튜링 기계의 프로그램을 어떻게 수치화할 수 있는지, 다시 말해 튜링 기계의 프로그램에 어떻게 괴델 수(부호수)를 부여할 수 있는지를 살펴보기로 하자.

아래의 표와 같이 튜링 기계의 프로그램에 나오는 각각의 기호들에 대해 수치를 부여할 수 있다. 0, 1, 2와 같은 기호에는 7과 7로 둘러싸인 4자리 수가 부여되었고, 빈칸에는 7657이 부여되었다. 위치 변경 기호와 인쇄 기호에는 5와 5로 둘러싸인 3자리 수가 부여되었고, 5순서열들이 나열되는 경우 각각의 5순서열을 구분해주는 기호인 세미콜론(;)에 99가 할당되었다. 또한 q, r, s, t와 같은 상태에는 8과 8로 둘러싸인 4자리 수, 5자리 수, 6자리 수, 7자리 수가 부여되었다. 물론 상태가 q, r, s, t와

기호	대응 수	기호	대응 수
0	7007	ㅁ	7657
1	7017	L	515
2	7027	R	525
3	7037	N	535
4	7047	P	545
5	7057	;	99
6	7067	q	8018
7	7077	r	80018
8	7087	s	800018
9	7097	t	8000018

〈튜링 기계 프로그램의 기호들에 대한 괴델 수 대응〉

같이 4개만 있는 것이 아니라 10개, 100개 혹은 그 이상으로 아주 많을 수도 있다. 그러나 그런 경우에는 계속해서 자리 수를 늘려주면 그만이다. 예를 들어 10번째 상태 기호를 q_{10}이라고 하면 이는 8000000000018이라는 수치가 부여될 것이다.

이러한 수치 부여 방법은 한 가지만 있는 것이 아니라 무한하게 많다. 즉 어떤 기호 열에서 각각의 기호에 일정한 수치를 부여하면 어떤 수를 얻게 된다. 이때 기호 열과 최종적으로 얻게 되는 수 사이에 일대일 대응 관계가 성립하기만 하면 바로 이것이 괴델 수 대응이고 이러한 방법은 무한히 많다. 여기서 앞에서 설명했던 지수를 이용하는 방법을 사용할 수도 있지만, 할당된 수들을 연이어 쓰는 더 쉬운 방법을 사용하기로 하자. 이제 앞에서 다루었던 예에 나오는 튜링 기계는 다음과 같은 괴델 수, 즉 부호수를 할당받게 된다.

예1 q □ P□ R q

괴델 수 : 8018 7657 545 7657 525 8018

(즉 80187657545765752580181)

예2 q 1 P1 R q ; q 0 P0 L q

괴델 수 : 8018 7017 545 7017 525 8018 99 8018 7007 545
 7007 515 8018

(즉 80187017545701752580189980187007545700751580181)

이와 같이 어떤 튜링 기계에도 하나의 수치를 할당할 수 있다.

물론 앞의 예에서 보았듯이, 그 수는 엄청나게 크다. 그러나 여기에서 중요한 것은 수의 크기가 아니라 튜링 기계의 프로그램을 하나의 수치(부호수)로 일대일 대응시킬 수 있다는 점이다.

보편 튜링 기계의 계산

앞에서 언급했듯이 보편 튜링 기계 U의 입력값은 튜링 기계 T의 프로그램을 수치화한 것, 다시 말해 프로그램의 부호수(괴델 수) n(T)와 튜링 기계 T의 입력값 d이다. 요컨대 U에는 n(T)와 d가 주어진다. 튜링 기계 T는 입력값 d가 주어지면 프로그램에 따라 계산을 수행한다. 이제 보편 튜링 기계 U는 T를 흉내 낸다. 그렇다면 이러한 입력값들이 주어졌을 때 보편 튜링 기계는 어떻게 계산을 하는 것일까? 어떻게 U는 n(T)와 d로 계산을 하면서 T를 흉내 내는 것일까? 그리고 도대체 U는 어떻게 만들어졌기에 어떤 튜링 기계든지 흉내 낼 수 있는 것일까?

그 대답은 어렵지 않다. 먼저 n(T)와 d가 주어졌을 때 우리가 어떻게 T를 흉내 낼 수 있을지를 생각해본다면 U가 어떻게 할지를 충분히 짐작할 수 있기 때문이다. 그렇다면 만일 다음과 같은 두 개의 수치가 주어지는 경우 우리는 어떻게 T를 흉내 내게 될까?

n(T) : 80187017545700752580018998001870075457017515 8018

d: 10

먼저 우리는 첫 번째 수치가 뜻하는 것을 이해하기 위해 그 수치를 5순서열들로 바꾸게 될 것이다. 그 결과는 다음과 같다.

q 1 P0 R r ; r 0 P1 L q

그다음에 종이 위에 긴 테이프를 그리고 나서 두 개의 사각형 안에 T의 입력값 10을 쓴다. 그런 다음 맨 왼쪽에 있는 1로부터 시작한다는 것을 표시하기 위해 그 위에 화살표를 그리고 처음 상태가 q라는 것을 적는다. 결과는 다음과 같다.

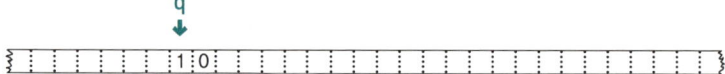

이제 우리는 위의 5순서열들이 나타내는 지시사항을 따르게 될 것이다. 그런데 이 과정은 구체적으로 어떻게 이루어지는가? 먼저 상태가 q이고 읽은 기호가 1이라는 것을 확인한 후 q 1이 있는 5순서열을 찾는다. 그리고 그다음에 나오는 지시사항을 찾는다. 위의 두개의 5순서열에서 q 1 다음에 나오는 지시사항은 P0 R r이다. 이에 따라 실행하면, 그다음 단계는 다음과 같다.

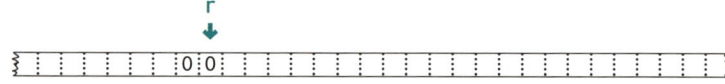

마찬가지로 그다음에는 위의 2개의 5순서열에서 r 0을 찾고, 뒤에 나오는 지시 사항 P1 L q를 찾은 다음에 이를 실행한다. 결

과는 다음과 같다.

```
         q
         ↓
{ | | | |0|1| | | | | | | | | | | | | | | | | | | | }
```

이제 상태는 q이고 읽은 기호는 0이다. 이 경우에 해당하는 5순서열은 주어져 있지 않다. 즉 q 0으로 시작하는 5순서열은 없다. 따라서 우리는 여기에서 멈추게 된다.

지금까지 우리는 튜링 기계 T에 10이 입력되었을 때 T가 작동하는 것을 그대로 흉내 냈다. T는 기계에 주어진 테이프 상에서 위와 같이 작동하는 데 반해, 우리는 종이 위에 테이프를 그린 다음 T의 작동을 흉내 냈다. 이와 같은 방식으로 우리는 어떤 임의의 튜링 기계가 주어진다 하더라도, 그 튜링 기계의 작동을 흉내 낼 수 있다!

보편 튜링 기계는 앞에서 우리가 했던 것과 유사한 방식으로 작동한다. 물론 차이는 있다. 우리는 종이에 테이프를 그린 다음에 실제 튜링 기계의 작동을 흉내 냈다. 반면 보편 튜링 기계는 자신에게 주어져 있는 무한 테이프 위에서 다른 튜링 기계의 작동을 흉내 낸다.

그렇다면 보편 튜링 기계는 실제로 어떻게 만들어져 있을까? 이를 상세하게 다루는 것은 이 책의 범위를 넘어서므로 여기에서는 가장 기본적인 착상만을 다루기로 하자. 이해를 쉽게 하기 위해서 잠정적으로, 위의 튜링 기계 T를 흉내 내는 보편 튜링 기계 U에 다음과 같은 방식으로 수치가 입력된다고 생각해보자.

```
         q
         ↓
{ | | |1|0| |q|1| |q|1|P|0|R|r|:|r|0|P|1|L|q| | | | }
```

물론 여기에서 q, P0, R, r, :, r 등은 숫자가 아니다. 이것들은 모두 하나의 수치로 바꿀 수 있고, 각각의 수치는 테이프의 사각형에 하나씩 적혀야 한다. 실제로 이렇게 숫자를 하나씩 적는다면 대단히 복잡하게 될 것이므로, 편의상 위와 같이 나타낸 것이라고 이해하자.

여기에서 왼쪽에 적혀 있는 10은 튜링 기계 T의 입력 값이다. T가 10에서 작동하듯이 보편 튜링 기계 U도 10에서 작동하면서 T를 흉내 낸다. 따라서 10이 적혀 있는 사각형이 있는 왼쪽 공간은 보편 튜링 기계 U가 T를 흉내 내는 공간이다.

가운데 적혀 있는 q 1은 처음 작동을 알려주는 것이다. 이는 T의 처음 상태가 q이고 이때 읽은 기호는 1임을 알려주고 있다. 오른쪽에는 T의 부호수 n(T)가 기록되어 있다. 즉 q 1 P0 R r : r 0 P1 L q에 대응되는 괴델 수가 적혀 있다. 이를 그대로 한 숫자씩 쓰면 복잡하고 이해하기가 어려우므로, 편의상 5순열을 그대로 썼다.

보편 튜링 기계 U는 튜링 기계 T를 다음과 같이 흉내 낸다. 먼저 보편 튜링 기계는 다음과 같은 상태에서 시작한다.

```
         q
         ↓
{ | | |1|0| |q|1| |q|1|P|0|R|r|:|r|0|P|1|L|q| | | | }
```

이제 U는 우리가 했던 것과 같이, 오른쪽의 n(T)에서 q 1을 찾는다(검색한다). 즉 여기에서 q 1은 주소에 해당된다. 그다음에 q 1 뒤에 나오는 지시사항을 찾는다. 지시사항은 P0 R r이다. 보편 튜링 기계 U는 지시사항을 **복사하고 기억**한 다음에 다음과 같이 처리한다. 가운데 부분에 나오는 q 1에서 q를 r로 바꾸고 처음 읽은 기호 1은 P0에 따라 0으로 바꾼다. 그다음에 R에 따라 오른쪽으로 한 칸 옮기고, 그 옮긴 칸에 있는 기호(여기에서는 0이다)를 기억한 후, 가운데 q 1 자리의 1을 그 기호(즉 0)로 바꾼다. 결과는 다음과 같다.

이제 U는 앞에서와 마찬가지로 r 0을 오른쪽 n(T)에서 검색하고 그 뒤에 나오는 지시사항을 복사하고 기억한다. 지시사항은 P1 L q이다. 이제 U는 지시사항을 앞에서와 같은 방식으로 처리한다. 가운데 부분에 나오는 r 0에서 r을 q로 바꾼다. 왼쪽에서 읽은 기호 0은 P1에 따라 1로 바꾼다. 그다음에 L에 따라 한 칸 왼쪽으로 옮기고, 그 옮긴 칸에 있는 기호(여기에서는 0이다)를 기억한 후 가운데 r 0 자리의 0을 그 기호(즉 0)로 바꾼다(덮어씌운다). 결과는 다음과 같다.

이제 가운데 부분에 있는 q 0에 해당하는 5순서열은 오른쪽 n(T)에 없다. 따라서 보편 튜링 기계 U는 이 단계에서 멈춘다. 이렇게 함으로써 보편 튜링 기계 U는 앞에서 우리가 했던 것과 거의 같은 방식으로 작동했다. 또한 이렇게 함으로써 T가 10으로 작동하는 것을 왼쪽 처리 공간에서 흉내 냈다.

이렇게 전체 과정이 반복되면 U는 왼쪽 테이프의 작업 공간에서 T의 작동을 흉내 낼 수 있다. 그러나 사실상 지금까지 묘사한 것은 **임의의** 튜링 기계 T에 대해 U가 T의 작동을 흉내 낼 수 있다는 것이 아니라, 하나의 쉬운 예일 뿐 결코 엄밀한 것이 아니다. 더구나 지시사항을 읽었을 때 U가 어떻게 처리하는지를 보이는 것은 매우 복잡하기 때문에, 앞에서는 U가 어떻게 **검색**을 하는지, 또 어떻게 **복사**를 하는지를 구체적으로 묘사하지 않았다. 그저 독자의 직관에 호소했을 뿐이다. 또한 오른쪽 테이프에 적혀 있는 n(T)는 십진법 수이지만 궁극적으로는 2진법 수로 변환돼야 하는 것이며 1과 0의 조합이다. 여기에서 가령 q 0을 검색한다는 것은 실제로는 q 0에 해당되는 2진법 수를 검색하는 것에 해당된다. 이런 점을 엄밀하게 묘사하면 굉장히 복잡하다. 따라서 여기에서는 그저 보편 튜링 기계의 작동에 대한 대강의 그림을 묘사하는 것으로 만족하기로 하자.

보편 튜링 기계와 현대 컴퓨터

앞에서 '컴퓨터'라는 용어가 다소 애매하게 사용되고 있다는 점을 지적했다. '컴퓨터'는 '자동 계산기'라는 의미로 사용되기도 하고, '현대 컴퓨터'라는 의미로 사용되기도 한다. 이러한 용어상의 문제는 튜링 기계와 보편 튜링 기계를 이해하면 자연스럽게 해결된다. 산술 계산과 같은 단순한 계산을 하는 튜링 기계는 그저 '계산기'에 해당한다. 에니악이나 콜로서스는 이와 같은 자동 계산기였다. 반면에 다른 튜링 기계가 할 수 있는 것을 모두 흉내 내면서 계산할 수 있는 보편 튜링 기계는 단순한 튜링 기계와는 차원이 다르다. 다른 튜링 기계의 프로그램을 하나의 데이터로 처리하는 보편 튜링 기계는 어떤 프로그램이든 실행할 수 있는 프로그램 내장형 컴퓨터이다. 따라서 최초의 **현대 컴퓨터**가 무엇인가 하는 물음은 **보편 튜링 기계**의 본질적인 성격을 구현한 최초의 기계가 무엇인가 하는 물음으로 파악될 수 있다.

  그렇다면 보편 튜링 기계가 의미하는 바는 무엇인가? 보편 튜링 기계에서는 다른 튜링 기계의 프로그램이 하나의 수치로, 다시 말해 하나의 데이터로 입력되고 처리된다. 다시 말해 보편 튜링 기계의 입장에서 보면 하드웨어, 프로그램, 데이터는 완전히 상이한 실체가 아니라 서로 변환 가능한 하나의 데이터일 뿐이다. 하지만 이는 결코 하드웨어, 프로그램, 데이터가 동일하다는 것을 뜻하지 않는다. 이것들은 분명히 구분된다. 하드웨어는 물리적 대상으로서 기계를 이르는 말이며, 프로그램은 계산이나 정보 처리와 같은 일련의 절차와 알고리즘 또는 설계도를 말한다. 데이터는 계산을 하는 과정에서 입력되는 수치를 뜻한다. 이와 같이 우리의 관점에서는 구분되지만 보편 튜링 기계의 관점에서 보면 유동적이다. 하나의 튜링 기계는 프로그램으로 결정되고, 또

하나의 프로그램은 괴델 수 대응에 의해 하나의 수치로 부호화될 수 있다. 따라서 튜링 기계, 프로그램, 그리고 데이터는 보편 튜링 기계의 관점에서 보면 하나의 수치, 하나의 데이터에 불과하다.

　이렇듯 하드웨어, 프로그램, 데이터가 보편 튜링 기계에서 유동적으로 변환될 수 있다는 점은 현대 컴퓨터를 이루는 가장 핵심적인 착상이다. 무엇보다도 보편 튜링 기계라는 프로그램은 어떤 임의의 튜링 기계의 프로그램도 모두 흉내 낼 수 있다. 이는 보편 튜링 기계라는 프로그램만 있으면 다른 어떤 프로그램도 처리할 수 있다는 뜻이다.

　이러한 생각은 곧바로 현대 컴퓨터의 중앙 처리 장치^{CPU}와 운영 체계^{OS}를 떠올리게 한다. CPU는 입력되는 어떤 0과 1의 조합이든 처리할 수 있다. 특히 하나의 프로그램은 괴델 수 대응에 의해 수치로 바뀌어 데이터 수치로 기억장치에 입력되고 CPU와 연결되며, CPU는 이를 계산하고 처리한다. 운영 체계는 컴퓨터가 부팅될 때 처음 메모리에 적재되는 프로그램으로, CPU와 함께 컴퓨터에서 실행되는 다른 모든 프로그램을 적재하고 감독하는 역할을 수행한다. 다른 모든 프로그램을 적재하고 감독한다는 점에서 운영 체계와 CPU와 기억장치는 보편 튜링 기계를 구현한 것이라고 할 수 있다. 이렇게 현대 컴퓨터의 CPU와 운영 체계의 입장에서 보면, 워드 프로세서, 스프레드시트, 문서 편집기 등은 데이터로 간주되는 프로그램이다.

　또한 보편 튜링 기계의 관점을 적용하면 '프로그램 내장형 컴퓨터'라는 개념이 자연스럽게 떠오른다. 왜냐하면 보편 튜링 기계는 다른 프로그램에서 할 수 있는 것을 모두 흉내 낼 수 있기 때문에, 다른 프로그램들을 하나하나 지니고 있지 않아도 된다. 필요한 다른 프로그램을 실행하기 위해서는 프로그램을 수치화해서 보편 튜링 기계 프로그램에 입력하기만 하면 된다. 하드웨어에 수많은 프로그램들을 하나하나 내장할 필요 없이 보편 튜링 기계라는 하나의 프로그램만 내장하면 되는 것이다.

더 나아가 보편 튜링 기계는 컴퓨터 역사상 최초로 등장한 **해석 프로그램**이다. 해석 프로그램에는 인터프리터^{interpreter}와 컴파일러^{compiler}가 있다. 이것들은 모두 프로그래밍 언어로 작성된 프로그램을 데이터로 다루면서 처리한다. 인터프리터는 다른 프로그램을 실행시키는 프로그램으로, 프로그래밍 언어의 문장을 컴퓨터가 이해하는 언어로 하나씩 해석하는 번역 프로그램이다. 반면에 컴파일러는 다른 프로그래밍 언어의 **모든** 문장을 컴퓨터가 이해하는 언어로 변환하는 프로그램이다. 그 둘의 차이는 언제 번역하느냐 하는 점에 있다. 인터프리터는 프로그램이 실행되는 과정에서 각각의 명령어들을 순차적으로 해석하는 프로그램이다. 반면에 컴파일러는 다른 프로그램 전체를 받은 후 그 프로그램이 실행되기 전에 컴퓨터가 이해하는 언어(어셈블리어나 기계어)로 바꾸는 프로그램이다. 사실상 보편 튜링 기계는 일종의 **인터프리터**이다. 왜냐하면 보편 튜링 기계는 다른 튜링 기계의 프로그램을 구성하고 있는 5순서열들을 해석하면서 그 기계가 수행하는 계산을 흉내 내기 때문이다.

그렇다면 세계 최초의 '현대 컴퓨터'는 무엇인가? 많은 컴퓨터 관련 교과서를 보면 그 대답으로 에드삭과 에드박을 자주 거론된다. 에드삭은 1949년 영국의 모리스 윌키스가, 에드박은 1951

년에 폰 노이만 등이 개발한 것이다. 에드박이나 에드삭과 같은 프로그램 내장형 컴퓨터에서는 새로운 종류의 연산을 하기 위해 에니악과 같이 새롭게 배선을 하는 일은 필요하지 않았다. 전선 연결은 변경시키지 않은 채 내장된 프로그램에 따라 다른 종류의 연산을 할 수 있었던 것이다. 따라서 프로그램이 내장되어 있느냐의 여부가 현대 컴퓨터의 핵심적인 사항이라면, 현대 컴퓨터가 에드삭이나 에드박에서 시작되었다고 주장할 수 있다.

그러나 "세계 최초의 전자식 컴퓨터"로서 콜로서스가 에니악보다 한 발 앞서 개발되었던 것과 같이, "세계 최초의 프로그램 내장형 컴퓨터"로서 에드삭이나 에드박보다 한 발 앞서 개발된 것이 있다. 맨체스터 마크 I이다.

맨체스터 마크 I은 1948년 6월에 만들어졌다. (미국에서 1944년에 만들어진 마크 I은 맨체스터 마크 I과 구분하기 위해 하버드 마크 I이라고 불린다.) 제2차 세계대전이 끝난 후 맨체스터 대학에는 맥스 뉴먼과 잭 굿과 같은 수학자들과 프레디 윌리엄스^{Freddie Williams, 1911~1977}와 톰 킬번^{Tom Kilburn, 1921~2001}과 같은 공학자가 합류했다. 맥스 뉴먼은 튜링의 스승이고 동료였으며 이미 블레츨리 파크에서 튜링이스무스를 이용해 콜로서스를 제작했던 경험을 갖고 있었다. 또한 윌리엄스는 음극선관 기억 장치를 발명했고 이를 통해 전자파를 저장하고 조작할 수 있었다. 맨체스터 마크 I은 이러한 첨단 생각과 기술의 합작품이었으며, 윌키스의 에드삭보다 앞서 제작되었다.

만남 7

수학의 위기

수학의 위기와 역설

지금까지 괴델 수 대응과 보편 튜링 기계가 무엇인지를 살펴보았다. 괴델 수 대응이라는 착상에 따라 정보를 처리하는 것은 수의 관계를 다루는 것에 불과하다는 생각이 가능하게 되었다. 보편 튜링 기계라는 착상에 따라 보편 튜링 기계에 내장된 프로그램이 다른 프로그램을 처리하고 운영하는 것이 원리적으로 가능함을 확인했다. 그리하여 산업혁명을 주도한 증기 기관에 대해 뉴턴의 역학이 있었다면, 정보혁명을 주도한 컴퓨터에 대해서는 괴델과 튜링의 수학이 있었다고 할 수 있다. 그렇다면 무슨 일이 있었기에, 또는 어떤 목적으로 괴델과 튜링은 그러한 착상을 떠올린 것일까? 왜 그들은 그런 것을 생각해냈을까?

앞서 지적했듯이 튜링과 괴델은 수학자다. 따라서 현대 컴퓨

현대 수학의 아버지라 일컬어지는 힐베르트

터 발명의 순수한 이론적 토대를 살펴보는 것은 공학의 역사가 아니라 수학의 역사에서 살펴봐야 한다. 사실 '튜링 기계'와 '보편 튜링 기계', 그리고 '괴델 수 대응'은 수학과 논리학이 발전하는 과정에서 관련된 핵심 문제를 해결하기 위해서 착안된 것이지 처음부터 컴퓨터를 발명하겠다는 의도로 등장한 것은 아니었다. 수학의 역사에서 일련의 중요한 문제가 제기되었고, 수학자와 철학자들은 문제를 해결하기 위해 치열하게 싸웠다. 이러한 과정에서 예기치 않게 '괴델 수 대응'과 '보편 튜링 기계'가 나온 것이며, 이것이 다시 현대 컴퓨터의 발명과 직결되었던 것이다.

그렇다면 수학의 역사에서 등장한 중요한 문제란 무엇인가? 간단히 말하면, 현대 수학의 아버지라고 일컬어지는 힐베르트가 제기한 문제들이다. 그는 20세기 초에 발발한 '**수학의 위기**'를 돌파하기 위해 소위 '힐베르트 프로그램'을 제안했고 향후 튜링과 괴델이 해결하게 될 과제를 공식적으로 정식화했다. 그렇다면 '수학의 위기'란 무엇이고, 또 구체적으로 힐베르트가 제기한 문제와 프로그램이란 무엇일까?

이를 논의하기 위해서는 먼저 시야를 넓혀 역사적 관점에서 수학과 논리학을 살펴봄과 동시에 전체 학문의 역사도 간략하게 조망할 필요가 있다. 먼저 20세기의 학문적 상황을 살펴보자.

20세기는 한마디로 학문의 격동기이자 혁명기였다. 다시 300년

~400년을 거슬러 올라가면 근대라는 또 다른 격동기와 혁명기를 만나게 된다. 근대의 지적 상황은 미적분학과 뉴턴의 역학, 그리고 근대 철학으로 대표될 수 있다. 그러나 논리학에는 아리스토텔레스의 논리학이 잔존해 있었고, 기하학은 여전히 유클리드$^{Euclid, BC 330~275}$ 기하학으로 남아 있었다. 반면에 20세기에 이르면 비유클리드 기하학이 자리를 잡고 칸토어의 집합론이 발흥하게 된다. 그리고 프레게의 새로운 논리학이 등장한다. 뿐만 아니라 아인슈타인의 상대성 이론과 하이젠베르크$^{Werner\ Heisenberg,\ 1901~1976}$ 등의 양자 역학이 등장한다. 칸트가 《순수 이성 비판》을 통해 뉴턴의 역학을 정당화하려고 했듯이 20세기의 지적 혁명기는 새롭게 주어진 것들을 문제 삼지 않을 수 없게 만들었다. 소위 '분석 철학'은 바로 이러한 지적 상황에서 발흥한 것이다.

20세기는 바로 이러한 지적 혁명기였다. 괴델이 태어난 1906년을 기준으로 살펴보면 1905년에는 아인슈타인이 특수상대성 이론을 발표했고, 힐베르트는 1904년에 산수의 무모순성 증명을 제시했지만 푸앵카레$^{Jules\text{-}Henri\ Poincaré,\ 1854~1912}$로부터 순환 논증의 오류를 범했다고 비판받았으며 러셀$^{Bertrand\ Russell,\ 1872~1870}$은 1905년에 저 유명한 〈지시에 관하여$^{On\ Denoting}$〉라는 논문을 발표함으로써 분석 철학의 개막을 공고히 했고, 1902년 프레게에게 서신으로 자신이 발견한 역설을 알림으로써 프레게를 절망에 빠뜨렸다. 그 서신을 받기 10년 전에 이미 프레게는 칸토어의 집합론과 관련된 문제가 수학자들의 "중대하고 결정적인 전투의 무대를 제공하게 될 것"이라고 예견했다. 이 예언이 서서히 현실로 바뀔 때쯤 괴델이 세상에 태어난 것이다.

따라서 괴델과 튜링이라는 두 천재 수학자에 대해 논의하기 위해서는 반드시 칸토어의 집합론과 프레게의 논리학을 거론해야 한다. 앞에서 간략하게 살펴봤듯이, 칸토어의 집합론은 무한을 다루려는 야심찬 시도였다. 칸토어는 집합론을 통해 무한을 어떻게 다룰 수 있는지를 보여주었다. 더구나 무한에도 등급이 있어서 큰 무한과 작은 무한이 있다는 것을 증명했다. 또한 프레게는 기존의 아리스토텔레스의 전통 논리학을 뛰어넘는 새로운 논리학을 체계화했다. 이는 논리학사의 관점에서 보면 대단히 획기적인 일이었다. 프레게의 논리학과 칸토어의 집합론은 수학의 모든 기본적인 개념을 명료하게 만들어줄 것이며 수학의 기초를 공고하게 해줄 것이라는 믿음을 심어주었다.

칸토어의 집합론이 발흥하고 프레게의 새로운 논리학이 정립되면서 20세기의 수학과 논리학의 역사는 새로운 국면으로 접어들었다. 그런데 이러한 과정에서 전혀 예기치 않은 사건이 일어났다. 20세기 초에 수학과 논리학의 역사에서 결정적인 문제가 터진 것이다. 많은 학자들은 이것을 '수학의 위기'라고 불렀다. 모든 학문의 굳건한 기초이며 확실한 지식의 정수라고 알려져 있는 수학이 무너져버릴 상황에 처했다면 심각한 일이 아닐 수 없다.

그렇다면 무엇이 20세기 초에 수학의 위기를 초래한 것일까? 다름이 아니라 모든 수학의 기초를 공고하게 해주리라 기대했던 칸토어의 집합론에서 '**역설**paradox'이 발생한 것이다. (나중에 역설이 무엇이며, 어떤 것이 있는지를 살펴보게 될 것이다.) 이 과정에서 칸토어의 집합론은 수학과 수학철학의 분야를 백가쟁명百家爭鳴의 시대로 몰아넣었고, '수학의 위기'는 많은 수학자와 철학자들로 하여금 기존의 수학철학과는 다른 심도 있고 치열한 사유를 요구했다. 이로 인해 풍성한 수학철학적 사상들이 꽃피기 시작했다.

 난세에 영웅이 나듯이 칸토어의 집합론에서 시작된 수학의 위기를 극복하기 위해 용감한 전사들이 등장한다. 러셀, 힐베르트 등이 그 대표적인 전사이다. 이렇게 홀연히 등장한 수학자들 중에서 단연 돋보이는 수학자는 힐베르트다. 그는 수학의 위기를 일거에 돌파하기 위해 '힐베르트 프로그램'을 제시한다. 그는 자신의 프로그램을 통해 무너져가는 수학을 굳건하게 세우려는 야

Hilbert's Program

심찬 계획을 발표했다. 힐베르트는 수학으로부터 모순이 도출될 수 없다는 것을 확실하게 증명하여 "수학적 추론의 확실성에 대한 일반적 의문을 일거에 해소"하고자 했다.

괴델과 튜링은 힐베르트 바로 다음 세대에 속하는 학자들이다. 백가쟁명의 시대를 거치면서 날카롭게 정립된 문제와 착상들은 고스란히 괴델과 튜링에게 주어졌다. 특히 힐베르트가 제시한 문제와 착상들은 괴델과 튜링의 학문적 토대가 되었다. 괴델은 수학의 무모순성을 엄밀하게 증명하려는 힐베르트의 의도를 거스르며 '불완전성 정리'를 발표했고, 튜링은 힐베르트가 제시한 '결정 문제'에 대해서 튜링 기계와 보편 튜링 기계를 생각해냄으로써 결정문제가 해결 불가능하다는 것을 증명했다.

러셀의 역설

상식적인 관점에서 볼 때 수학에서는 당연히 모순이 도출되지 않을 것이라고 생각한다. 그러나 이러한 믿음과는 달리 20세기 초 수학에서 역설이 발견되고 수학은 위기에 처한다. 그렇다면 역설이란 무엇일까? 역설이란 아무 문제도 없어 보이는 전제나 가정에 대해 아무 문제도 없어 보이는 추론 규칙을 적용했음에도 불구하고 모순이 도출되는 경우를 일컫는 말이다.

요컨대 역설이란 어떤 전제나 가정으로부터 추론을 해서 모순이라는 결론을 얻었는데, 이때 그 전제나 가정은 아무런 문제가 없는 것처럼 보이고, 추론에 사용된 추론 규칙도 아무런 문제가 없는 것처럼 보이는 경우이다. 이러한 일이 다른 영역이 아니라 수학에서 발생한다면 심각한 문제가 아닐 수 없다.

구체적으로 역설이 무엇인지를 이해하기 위해 러셀의 역설을 살펴보기로 하자. 러셀은 1902년 자신이 발견한 역설을 서신으로 프레게에게 알렸다. 당시 프레게는 자신의 역작《산술의 근본 법칙》의 출판을 앞두고 있었다. 그러나 러셀의 편지는 그를 한없는 절망으로 빠져들게 했다. 출판하려는 책에 담긴 자신의 이론을 완전히 뒤흔들어 버렸기 때문이다. 사태는 걷잡을 수 없이 심각해졌다. 프레게 자신의 이론뿐만 아니라 칸토어의 집합론이 펼쳐 보였던 전망이 한순간에 무너질 위기에 처한 것이다. 그렇다면 러셀의 역설이란 무엇일까?

우리는 이미 중학교 수학 시간 때 다음과 같은 것을 배웠다. 한 원소 a가 집합 A의 원소라는 것은 다음과 같이 나타낸다.

$$a \in A$$

한 원소 d가 A의 원소가 아니라는 것은 아래와 같이 나타낸다.

$$d \notin A$$

그리고 한 집합을 나타내는 방법에는 두 가지가 있다. 첫 번째는 원소나열법이다. 이는 말 그대로 그 집합의 원소를 모두 나열하는 것이다. 예를 들면 다음과 같다.

$$A = \{a, b, c\}$$

B = {1, 2, 3, 4, 5}

다른 방법은 조건제시법이라고 한다. 이 방법은 원소들을 모두 나열하지 않고 원소들이 만족하는, 또 원소들만 만족하는 조건을 제시하는 것이다. 예를 들면, 다음과 같다.

B = {x | x는 1보다 같거나 크고 5보다 같거나 작은 정수}
N = {x | x는 자연수}

자연수의 집합 N과 같이 원소들이 무한하게 많을 때는 원소들을 모두 나열할 수 없기 때문에 조건제시법을 사용하는 것이 편리하다. 그러면 이제 러셀의 역설이 무엇인지 살펴보기로 하자. 우선 다음과 같은 집합 S를 생각해보자.

S = {x | x ∉ x}

S는 어떤 집합일까? S는 자신이 자신의 원소가 아닌 경우의 집합들을 모두 원소로 갖는 집합이다. 가령 모든 호랑이의 집합을 생각해보자. 모든 호랑이의 집합은 호랑이들을 모두 모아 놓은 것이다. 따라서 모든 호랑이의 집합은 집합이지 호랑이가 아니다. 따라서 모든 호랑이의 집합은 모든 호랑이의 집합의 한 원소가 아니다. 즉 모든 호랑이의 집합은 자기 자신의 한 원소가 아니다. 따라서 모든 호랑이의 집합은 S의 원소라고 할 수 있다. 마찬가지로 {1, 2, 3}은 자기 자신의 원소가 아니다. 즉 {1, 2,

3} ∉ {1, 2, 3}이다. 따라서 {1, 2, 3}은 S의 원소이다. 이번에는 모든 추상적인 개념들의 집합을 생각해보자. 모든 추상적인 개념들의 집합은 그 자체가 추상적인 개념이다. 따라서 모든 추상적인 개념들의 집합은 자기 자신의 원소이다. 따라서 모든 추상적인 개념들의 집합은 S의 원소가 아니다.

여기서 진짜 문제가 발생한다. S는 자기 자신의 원소인가? 즉 S ∈ S인가? 아니면 S ∉ S인가? 먼저 S가 자기 자신의 원소라면, 즉 S ∈ S라면, S는 조건 x ∉ x를 만족시키지 않으므로 S는 자기 자신의 원소가 아니다. 즉 S ∉ S이다. 다시 말해 만일 S ∈ S이면 S ∉ S이다. 그렇다면 S는 자기 자신의 원소가 아닌가? 즉 S ∉ S인가? S가 자기 자신의 원소가 아니라면, S ∉ S라면 S는 조건 x ∉ x를 만족하므로 S는 자기 자신의 한 원소이다. 즉 S ∈ S이다. 다시 말해 S ∉ S라면 S ∈ S이다. 결론적으로 만일 S ∈ S면 S ∉ S이고, 만일 S ∉ S라면 S ∈ S이다. 즉 모순이 발생한다.

거짓말쟁이의 역설

러셀의 역설은 전문적인 수학 이론인 칸토어의 집합론에서 발생했다. 그러나 이러한 전문 이론이 아니더라도, 일상적인 언어에서 발생하는 역설들을 확인할 수 있다. 대표적인 것으로 '거짓말쟁이의 역설liar paradox'을 들 수 있는데 이 역설은 나중에 괴델의 불완전성 정리를 증명하는 과정과 밀접한 관련이 있다.

거짓말쟁이의 역설로서 가장 오래된 것은 '크레타인의 역설'

또는 '에피메니데스^{Epimenides}의 역설'이라고 알려져 있다. 그 내용은 다음과 같다. 어떤 크레타 사람이 다음과 같이 말했다. "모든 크레타 사람은 거짓말쟁이다." 그렇다면 이 문장은 참일까, 거짓일까?

당연히 이 문장이 거짓이라고 생각할 것이다. 가령 한국인인 내가 "모든 한국인은 거짓말쟁이다"라고 말한다면 거짓이 되는 것처럼 말이다. 그러나 이제 상황을 조금 바꾸어보자. 즉 '거짓말쟁이'는 항상 거짓말만 하는 사람이라고 정의하자. 그리고 그 사람이 오직 "모든 크레타 사람은 거짓말쟁이다"라는 문장만을 말했다고 가정하자. 또한 그 사람을 제외한 다른 크레타 사람들은 모두 거짓말쟁이라고 해보자. 그러면 그 사람이 한 말은 참인가, 아니면 거짓인가?

그가 한 말이 참이라고 해보자. 그러면 모든 크레타 사람은 거짓말쟁이이므로 그 사람도 거짓말쟁이고, 따라서 그가 한 말 또한 거짓이다. 즉 그가 한 말이 참이라고 하면 거짓이 된다. 이번에는 그가 한 말이 거짓이라고 해보자. 그러면 그는 오직 그 문장만을 말했고 따라서 그는 거짓말쟁이다. 그리고 다른 모든 크레타 사람은 거짓말쟁이라고 가정했으므로 그 사람을 포함한 모든 크레타 사람은 거짓말쟁이다. 따라서 그가 한 말이 거짓이라면 그가 한 말은 참이 된다. 그러므로 그가 한 말이 참이라면 거짓이고, 거짓이라면 참이다.

이런 문제가 나온 이유는 뭔가 자연스럽지 않은 가정을 도입했기 때문이라고 생각할 수 있다. 그러나 여기에서 중요한 문제는 다음과 같다. 즉 앞에서 한국인인 내가 "모든 한국인은 거짓말쟁이다"라고 말한 경우에는 이 문장은 명백하게도 거짓이다. 그렇다면 이와 마찬가지로 크레타 사람이 한 말, 즉 "모든 크레타 사람은 거짓말쟁이다"도 참이거나 거짓이어야 하지 않을까? 크레타 사람의 경우에 도입된 가정 중에서 자연스럽지 않은 것은 무엇이며, 또 무엇이 문제인가? 정확하게 무엇이 문제이기에 그가 한 말은 참도 될 수 없고, 거짓도 될 수 없는 것일까?

일반적으로, (문법적으로 문제가 없는) 임의의 명제는 참이거나 거짓이어야 한다는 법칙을 '배중률'이라고 한다. 그리고 한 명제는 참이면서 동시에 거짓일 수 없다는 법칙을 '모순율'이라고 부른다. 예컨대 "지금 밖에 비가 온다"는 참이거나 거짓이다. "지금 밖에 비가 온다"는 참이면서 거짓일 수 없다. 앞의 크레타 사람이 한 말은 배중률에 위배된다. 그러면 이제 좀 더 단순한 예를 살펴보기로 하자. 다음의 문장은 참일까, 거짓일까?

이 문장은 거짓이다.

이때 위의 문장은 자기 자신을 가리키는 '자기 지시 문장'이다. 즉 위의 문장은 자기 자신이 거짓이라고 주장하고 있다. 이제 이 문장을 L이라고 부르기로 하자. 자, 그렇다면 L은 참인가 아니면 거짓인가?

만일 L이 참이라면 L이 주장하고 있는 것은 옳다. 그런데 L이 주장하고 있는 것은 L 자신이 거짓이라는 것이다. 따라서 L이 참이라면 L은 거짓이다. 이제 L이 거짓이라고 가정해보자. 그런데 L이 거짓이라는 것은 바로 L 자신이 주장하고 있는 내용이다. 따

라서 L이 거짓이라면 L은 참이다. 그러므로 L이 참이라면 L은 거짓이고, L이 거짓이라면 L은 참이다. 따라서 L은 참이라고 할 수도 없고 거짓이라고 할 수도 없다. 즉 L은 배중률에 위배된다. 이제 우리가 배중률을 받아들인다면 모순이 발생한다. 왜냐하면 배중률에 따르면 모든 명제는 참이거나 거짓인데, L이라는 명제는 참도 아니고 거짓도 아니기 때문이다.

'우편엽서의 역설'이라고 불리는 거짓말쟁이의 역설도 있다. 우편엽서의 앞면과 뒷면에 다음과 같은 문장이 쓰여 있다고 하자.

이 우편엽서의 뒷면에 나오는 문장은 참이다.　　　(앞면)

이 우편엽서의 앞면에 나오는 문장은 거짓이다.　　　(뒷면)

각각의 문장은 참이라면 거짓이고, 거짓이라면 참이다.

여러 가지 역설

앞에서 러셀의 역설과 거짓말쟁이의 역설을 살펴보았다. 이외에도 여러 역설이 있다. 먼저 러셀은 자신이 발견한 역설을 알기 쉽게 설명하기 위해서 '이발사의 역설'이라는 것을 만들어냈는데, 그 내용은 다음과 같다.

어떤 마을에 이발사가 있다. 그는 마을 사람들에게 다음과 같이 말했다. "스스로를 이발하지 않는 사람은 모두 이발해 드리겠습니다. 또한 스스로 이발하는 사람은 모두 이발해 드리지 않습니다." 따라서 이발사는 자신의 약속을 지키려면, 이 마을에 사는 사람, 가령 갑돌이가 스스로 이발하지 않는다면 갑돌이를 이발해 주어야 할 것이다. 또 마을 사람 철수가 스스로 이발한다면, 이발사는 철수를 이발해 주지 않아야 할 것이다. 여기까지는 괜찮다. 이제 진짜 문제가 발생한다. 이발사도 마을에 사는 사람이다. 그렇다면 이발사는 자기 자신을 이발해야 할까, 그러지 말아야 할까? 이발사가 자신을 이발한다면 자신이 한 말에 따라 자신을 이발하지 않아야 하고, 자신을 이발하지 않는다면 약속대로 자신을 이발해야 한다.

'그렐링의 역설'이라고 불리는 것도 있다. 어떤 단어는 자기 자신에게 적용되고 어떤 단어는 그렇지 않다. '세 글자'는 세 글자이므로 자기 자신에게 적용되고, '네 글자'는 세 글자이므로 자기 자신에게 적용되지 않는다. '검정'은 검은 글씨이므로 자기 자신에게 적용되고, '빨강'은 검은 글씨이므로 자기 자신에게 적용되지 않는다. 이렇게 자기 자신에게 적용되지 않는 것들을 '이논리적heterological'이라고 부르자. 그러니까 '네 글자'와 '빨강'은 이논리적이고, '세 글자'와 '검정'은 이논리적이지 않다. 그렇다면 '이논리적'은 이논리적인가 아닌가? 만일 '이논리적'이 이논리적이라면 자기 자신에게 적용되어서 이논리적이지 않고, 만일 '이논리적'이 이논리적이지 않다면 자기 자신에게 적용되지 않으므로 이논리적이다. 즉 모순이 발생한다.

다음으로 칸토어의 집합론에서 발생하는 다른 역설, 즉 '칸토어의 역설'과 '부랄리-포르티의 역설Burali-Forti paradox'을 살펴보자.

이를 이해하기 위해서는 먼저 기수$^{cardinal\ number}$와 서수$^{ordinal\ number}$의 개념을 이해하는 것이 필요하다. 기수는 "하나, 둘, 셋, 넷, 다섯, …" 하고 셀 때 사용하는 수이고, 서수는 "첫째, 둘째, 셋째, 넷째, 다섯째, …" 하고 말할 때 사용하는 수이다. 기수는 한 집합의 원소의 개수를 말한다. 즉 한 집합 A의 원소의 개수가 n이라면, A의 기수는 n이다. 칸토어는 이를 $\overline{A}=n$으로 나타냈다. 예를 들어 집합 {a, b, c}의 기수는 3이고, 자연수의 집합 N의 기수는 $\aleph_0$이며, 실수의 집합 R의 기수는 $2^{\aleph_0}$이다. 즉 $\overline{\overline{\{a, b, c\}}} = 3$이고, $\overline{\overline{N}}=\aleph_0$이며, $\overline{\overline{R}}=2^{\aleph_0}$이다.

서수는 보통 다음과 같이 정의된다. $1=\{0\}$, $2=\{0, 1\}$, $3=\{0, 1, 2\}$, $4=\{0, 1, 2, 3\}$, $5=\{0, 1, 2, 3, 4\}$, …. 칸토어는 $\{0, 1, 2, 3, 4, 5, 6, 7, …\}$을 ω라고 불렀다. 즉 $\omega = \{0, 1, 2, 3, 4, 5, 6, 7, …\}$이다. ω는 그리스 문자로 '오메가^{Omega}'라고 읽는다. 칸토어에 따르면, ω는 위의 자연수들 중에서 가장 큰 서수가 아니라 어떤 자연수보다도 더 크면서 무한한 서수 중에서는 가장 작은 서수이다. 다음으로 칸토어는 끝없이 전개되는 자연수의 서수들 뒤에 다음과 같은 서수를 채워 넣었다.

$$0, 1, 2, 3, 4, 5, 6, 7, 8, 9, 10, 11, ……, \omega$$

여기에서 칸토어가 만들어낸 '초한^{transfinite}'이라는 멋들어진 단어를 음미하게 된다. 'trans'는 '뛰어넘다'나 '초월하다'를 뜻한다. 칸토어는 위와 같이 ω를 채워넣어 유한^{finite}을 뛰어넘은^{trans} 것이다. ω나 $\omega+1$과 같은 무한 수는 '초한 서수'라고 하고, $\aleph_0$이나 $2^{\aleph_0}$과 같은 무한 수는 '초한 기수'라고 한다. 또한 이렇게 뛰어넘는 방식으로 $\omega+1$과 $\omega+2$와 같은 서수가 정의된다. $\omega+1 = \{0, 1, 2, 3, 4, 5, 6, 7, \cdots, \omega\}$이고 마찬가지로 $\omega + 2 = \{0, 1, 2, 3, 4, 5, 6, 7, \cdots, \omega, \omega+1\}$이다. 이러한 방식으로 계속해서 더 큰 서수들이 정의된다.

$$1, 2, 3, 4, 5, 6, 7, 8, 9, 10, 11, \cdots, \omega, \omega+1, \omega+2, \omega+3, \cdots, \omega\cdot 2, \omega\cdot 2+1, \omega\cdot 2+3, \cdots, \omega\cdot 3, \omega\cdot 3+1, \omega\cdot 3+2, \omega\cdot 3+3, \cdots, \omega\cdot 4, \cdots, \omega^2, \cdots \omega^3, \cdots, \omega^\omega, \cdots \omega^{\omega^\omega} \cdots$$

기수와 서수는 유한한 경우 차이가 잘 드러나지 않는다. 그러나 무한의 영역으로 넘어가면, 기수와 서수는 완전히 달라진다. 예를 들어, $\omega+1$과 $\omega+2$는 서로 다른 서수이지만, 그 기수는 둘 다 $\aleph_0$이다.

그러면 이제 집합론에서 칸토어 자신이 발견한 역설, 즉 칸토어의 역설을 살펴보자. 칸토어의 역설은 다음과 같은 질문에서 발생한다. '**모든 기수들의 집합**'은 존재하는가? 다시 말해 **가장 큰 기수는 존재하는가**? 칸토어의 집합론에 따르면 그것이 존재하지 않아야 할 이유가 없다. 이 집합에는 0, 1, 2, 3 $\cdots$ 뿐만 아니라 $2^{\aleph_0}$ 등도 모두 포함될 것이다. 이제 모든 기수들의 집합을 U라고 부르기로 하자. 그러면 U의 기수는 (즉 U의 원소의 개수는) 가장 클 것이다. 그런데 앞에서 임의의 집합 A에 대해 멱집합 P(A)가 존재한다는 것을 살펴보았다. P(A)는 A의 모든 부분집합들을 원소로 갖는 집합이다. 칸토어는 임의의 집합 A와 멱집합 P(A)에 대

해서, 멱집합 P(A)의 기수가 A의 기수보다 크다($\overline{P(A)} > \overline{A}$)는 것을 증명했다(이 증명을 설명하는 것은 생략하기로 한다). 따라서 U에 대해서도 P(U)를 생각할 수 있고, 이때 P(U)의 기수는 U의 기수보다 크다. 즉 $\overline{P(U)} > \overline{U}$이다. 그러나 이는 U의 기수가 가장 크다는 사실과 모순된다.

    칸토어는 1896년경에 '칸토어의 역설'을 알고 있었지만, 이 역설이 공식적으로 알려진 것은 1899년이었다. 이보다 2년 앞서 발표된 역설이 있었다. 부랄리-포르티 역설이다. 이 역설은 다음과 같은 질문에서 발생한다. '**모든 서수들의 집합**'은 존재하는가? 다시 말해 **가장 큰 서수**는 존재하는가? 이 집합에는 0, 1, 2, 3… 뿐만 아니라, ω와 같은 모든 초한 서수가 포함될 것이다. 이제 모든 서수들의 집합을 Ω라고 부르기로 하자. 그러면 Ω의 서수는 Ω의 원소인 어떤 서수보다 크며, 가장 큰 서수가 될 것이다. 그런데 Ω로부터 $\Omega+1$을 구성할 수 있다. 또한 $\Omega+1$은 Ω보다 더 크다. 그러나 이는 Ω가 가장 큰 서수라는 사실과 모순된다.

만남 8

힐베르트의 프로그램

― 초대 ― 만남 ― 대화 ― 이슈 ―

칸토어 낙원의 수호자

프레게의 현대 논리학이 등장하고, 칸토어의 집합론이 발흥하는 상황에서 예기치 않은 여러 역설들이 발견되면서 '수학의 위기'는 무르익는다. 이러한 위기 상황에 용감하게 맞선 수학자가 있었다. 수학의 황제라 일컬어지는 가우스가 한 시대를 풍미했던 유서 깊은 수학의 메카, 독일의 괴팅겐대학의 찬란한 영광을 재현해낸 수학자 다비트 힐베르트이다. 수학 선생님이 아이들을 골탕 먹이려고 1부터 100까지 더하라는 문제를 내놓고 여유를 부려보려고 했지만 그 기대를 무참히 뒤집어버린 꼬마 가우스의 이야기는 아직도 전설처럼 남아 있다. 그런 가우스의 뒤를 이어 힐베르트가 등장한 것이다. 힐베르트는 홀연히 앞에 나서서 수학의 위기라는 난제 상황을 정면으로 돌파하려고 했다. 힐베르트 프로그램이라는 야심찬 계

획은 이렇게 해서 제기되었다.

힐베르트는 1900년 세계 수학자 대회에서 20세기에 해결해야 할 23개의 문제를 발표하고, 끊임없는 열정으로 이 문제들과 싸워나갔다. "우리는 알아야 한다. 우리는 알게 될 것이다"라는 그의 비문碑文은 수학자로서의 그의 열정을 잘 대변해주고 있다. 1900년 세계 수학자 대회는 당시 수학자들에게는 축배의 장이요 자축 무대였다. 불Georg Boole, 1815~1864, 벤John Venn, 1834~1923, 프레게 등에 의한 새로운 논리학의 출현, 코시Baron Cauchy, 1789~1857, 바이어슈트라스Karl Weierstrass, 1815~1897, 해밀턴William Hamilton, 1805~1865 등의 해석학에서의 엄밀화 작업, 로바쳅스키Nikolai Lobachevskii, 1792~1856, 리만Georg Riemann, 1826~1866의 비유클리드 기하학의 출현, 칸토어의 집합론의 발흥 등 모든 분야에서 수학의 발전은 괄목할 만했다. 힐베르트가 1900년 세계 수학자 대회에서 연설하는 상황을 모리스 클라인Morris Kline, 1908~1992은 다음과 같이 묘사하고 있다.

> 20세기 문턱에서 수학자들은 매우 자신감에 넘쳐 있었고, 자신들의 업적을 자랑스럽게 여기고 있었다. 실제로는 그 누구도 예견할 수 없었던 '수학의 위기'라는 폭풍우의 구름이 몰려오고 있었고, 1900년에 개최된 수학자 대회에 참가하고 있었던 수학자들은 그것을 알아차릴 수도 있었겠지만, 서로 축배를 드는 데만 너무 열중하고 있었다. 그런데 이 대회에 참가했던 한 사람, 힐베르트는 수학의 기초에 관한 문제가 모두 해결된 것은 아니라는 것을 전적으로 알고 있었다.

힐베르트가 제출한 23개의 문제 중 첫 번째 문제는 칸토어의 연속체 가설이 참인지 여부를 결정하는 문제였고, 두 번째 문제는 수학으로부터 모순이 도출되지 않는다는 것을 어떻게 증명할 것인가 하는 문제였다. 연속체 가설은 칸토어를 끝없는 고뇌로 빠져들게 하고, 결국 정신병원에서 생을 마감하게 한 문제였다. 자연수의 집합과 일대일 대응될 수 있는 집합의 기수는 $\aleph_0$이다. 이제 이 초한 기수가 하나의 기수면, 그다음 기수가 존재해야 한다. 마치 자연수에서 3 다음에 4가 있고, 5 다음에 6이 있듯이 말이다. 칸토어는 $\aleph_0$ 다음에 나오는 기수를 $\aleph_1$이라고 불렀다. 그런데 그는 실수 집합의 기수가 $2^{\aleph_0}$이라는 것을 증명했다. 따라서 $\aleph_1$과 $2^{\aleph_0}$은 둘 다 $\aleph_0$보다 더 크다. 그렇다면 $\aleph_1$과 $2^{\aleph_0}$은 어느 쪽이 더 큰가? 칸토어는 그 두 기수가 같다고 확신했는데, 여러 해에 걸친 노력에도 불구하고 이를 증명할 수 없었다. 지금은 이 두 기수가 같다는 진술을 연속체 가설^{Continuum Hypothesis}이라고 한다.

연속체 가설: $2^{\aleph_0} = \aleph_1$

힐베르트의 두 번째 문제는 그가 서서히 다가오는 '폭풍우의 구름'을 예견했음을 말해준다. 이미 칸토어는 1896년에 자신이 발견한 역설을 힐베르트에게 서신으로 알렸다. 칸토어의 역설은 칸토어의 집합론을 강력하게 옹호하려 했던 힐베르트에게는 충격이었을 것이다. 그런데 그는 이미 《기하학의 기초》(1899)에서, 산수의 무모순성에 의거해 기하학의 무모순성을 증명했다. 다시 말해, 산수에서 모순이 도출될 수 없다면 기하학에서도 모순이

도출될 수 없다는 것을 증명한 것이다. 이는 **상대적 무모순성** 증명이었다. 이제 남은 것은 산수의 무모순성 증명이었다. 만일 산수의 무모순성이 증명될 수 있다면, 이는 무엇보다도 수학에 확고한 기초를 부여하는 것이 된다. 그리하여 힐베르트는 1900년 수학자 대회에서 산수의 무모순성을 증명하는 문제를 두 번째

문제로 제출한 것이다.

이 두 가지 문제는 힐베르트에게 매우 특별한 의미를 지니는 것이었다. 이미 언급했듯이 칸토어는 '잠재 무한'이 아니라 '실제 무한'을 적극적으로 옹호했기 때문에 초한 기수나 초한 서수라는 무한한 수를 생각해낼 수 있었다. 칸토어의 연속체 가설은 이러한 실제 무한으로서의 초한 개념을 받아들일 때 성립하는 문제이다. 만일 가우스와 같이 실제 무한을 거부하고 잠재 무한만을 받아들인다면, 연속체 가설은 사이비 문제에 불과하다. 힐베르트가 칸토어의 연속체 가설을 첫 번째 문제로 제출했다는 것은 실제 무한을 적극적으로 받아들여야 한다는 의지의 표명이었다. 당연하게도 실제 무한을 받아들일 수 없었던 많은 수학자들이 거세게 반발했다. 그러한 수학자에는 크로네커 Leopold Kronecker, 1823~1891, 브로우베르 Luitzen Brouwer, 1881~1966, 바일 Hermann Weyl, 1885~1955 등이 있었다. 힐베르트는 이들의 반발과 비판에 맞서서 이렇게 외쳤다. "어느 누구도 칸토어가 만들어준 낙원에서 우리를 쫓아낼 수 없을 것이다."

힐베르트는 산수와 더 나아가, 전체 수학에서 모순이 도출되지 않는다는 것을 증명할 수 있으리라고 낙관했다. 또 이를 토대로 칸토어의 집합론의 초한 개념을 정당화할 수 있다고 믿었다. 이러한 생각은 1920년대에 가시화되기 시작한다. 힐베르트 프로그램이 등장한 것이다.

<u>형식 체계</u>　　그렇다면 힐베르트 프로그램이란 무엇일까? 힐베르트 프로그램이란 간략하게 말하자면, 실제의 수학을 형식화한 후 이렇게 형식화된 수학에 대해 '유한주의 방법'으로 모순이 도출되지 않는다는 것을 증명하는 계획을 말한다. 이를 다시 세분화하면 다음과 같은 세 가지 요소가 있다.

(1) 실제의 수학을 형식화해서 형식 체계를 구성할 것
(2) 그 형식 체계로부터 모순이 도출되지 않는다는 것을 증명할 것
(3) 오직 '유한주의 방법'만을 사용할 것

　(2)와 (3)은 이후에 논의하기로 하고, 먼저 (1)을 살펴보자. 실제의 수학이란, 실제로 확립되었거나 연구되고 있는 수학을 말한다. 산수, 기하학, 해석학, 미분기하학 등 실제로 수학자들이 하는 수학이 곧 **실제의 수학**이다.

　그렇다면 실제의 수학을 형식화한다는 것은 무엇일까? 여기에는 세 가지 요소가 필요하다. 첫째, 실제의 수학을 공리 체계로 만들 것. 둘째, 실제의 수학에서 사용되는 기호들에서 의미를 사상해(제거해) 의미가 없는 형식적인 기호들로 만들 것. 셋째, 의미가 없는 형식적인 기호들이 어떻게 문법에 맞는 논리식이 되는지 규칙을 명시하고, 논리식으로부터 다른 논리식을 추론할 수 있게 하는 규칙을 명시할 것.

　힐베르트는 실제의 수학을 **공리** 체계로 표현하려고 했다. 잘 알

려져 있듯이, 고대 그리스의 유클리드는 《원론》에서 기하학을 공리 체계로 서술했다. 즉 그는 몇 개의 공리와 공준으로부터 기하학의 정리들이 도출될 수 있다는 것을 보여주었다. 그렇다면 기하학과 같이 산수에서도 공리 체계는 가능하지 않을까?

산수에서도 공리 체계가 가능하다는 것을 보여준 이탈리아의 수학자 주세페 페아노

산수에서도 이러한 공리 체계가 가능하다는 것을 보여준 수학자는 이탈리아의 수학자 주세페 페아노$^{\text{Giuseppe Peano, 1858~1932}}$이다. 페아노는 자연수의 개념을 규정하기 위해 다음과 같은 공리들을 제시했다. 이러한 공리들을 페아노 공리$^{\text{Peano axioms}}$라고 부르고, 이 공리들을 만족하는 산수 체계를 페아노 산수$^{\text{PA, Peano Arithmetic}}$라고 부른다.

페아노 공리

1. 0은 자연수이다.
2. 모든 자연수 n은 바로 다음 수 sn을 갖는다.
3. 0은 어떤 자연수의 바로 다음 수도 아니다(모든 자연수 n에 대해서, 0 ≠ sn이다).
4. 두 자연수의 바로 다음 수들이 같다면, 원래의 두 수는 같다 (sa = sb이면 a = b이다).
5. 어떤 자연수들의 집합이 0을 포함하고, 그 집합의 모든 원소에 대해 바로 다음 수를 포함하면, 그 집합은 자연수 전체의 집합이다.

모든 자연수는 이러한 공리에 따라 확정된다. 먼저 〈공리 1〉과 〈공리 3〉에 따라 0이 가장 작은 자연수라는 것을 알 수 있다. 그리고 0은 자연수이므로 〈공리 2〉에 따라 0의 다음 수 s0, 즉 1이 존재한다는 것을 알 수 있다. 그리고 1도 자연수이므로 다시 〈공리 2〉에 따라 1의 다음 수 ss0, 즉 2가 존재한다는 것을 알 수 있다. 이와 같은 방식으로 〈공리 2〉에 따라 3(sss0), 4(ssss0) 등이 존재한다는 것을 알 수 있다. 또한 〈공리 4〉에 의해 이러한 수들이 서로 다르다는 것을 알 수 있다. 즉 두 개의 자연수가 서로 다르면 두 자연수의 다음 수들도 다르다는 것을 알 수 있는 것이다. 그리고 〈공리 5〉에 의해 전체 자연수의 집합이 확정된다. 이때 〈공리 5〉는 소위 수학적 귀납법을 나타낸 것이다.

이렇게 자연수를 결정하는 공리들이 규정되면, 그다음으로 실제 산수를 형식화하기 위해 필요한 것은 의미와 내용을 사상한 **형식적인 기호들**로 그 공리들을 표현하는 것이다. 가령 〈공리 3〉은 **∼(sx=0)**으로 기호화되고, 〈공리 4〉는 **(sx=sy)⊃(x=y)**로 기호화된다. 여기에서 형식 체계의 논리식을 굵은 글씨로 표시한 것은 여기에 나오는 기호들이 실제 수학에서 사용되는 기호와 다른 것임을 명시하기 위해서이다.

앞에서 설명한 명제 논리(문장 논리)와 1차 논리(1차 술어 논리)도 공리 체계로 나타낼 수 있다. 그래서 명제 논리(문장 논리)와 1차 논리를 형식화한 형식 체계도 있고, 여기에 페아노 공리를 첨가한 형식 체계도 있다. 이와 같은 방식으로 논리학과 산수는 형식 체계에 속하는 기호로 기호화되고 형식화된다.

마지막으로, 실제 수학을 형식화한 형식 체계는 기호들의 형성 규칙과 변형 규칙들을 따른다. **형성 규칙**이란 말하자면 형식 체계에서 일련의 기호를 형성하는 문법에 해당된다. 가령 한국어의 낱말과 문장은 한국어의 문법에 따라 형성되어야 제대로 된 것이라 할 수 있다. 마찬가지로 형식 체계에서 기본 기호들로 항과 논리식을 형성할 때 형성 규칙을 따라야 한다. 형식 체계의 공리들이 이러한 형성 규칙을 준수해야 한다는 것은 당연하다. 그리고 형식 체계의 공리들로부터 추론해 일련의 논리식들을 끌어낼 수 있다. 이렇게 형식 체계의 한 표현으로부터 다른 표현을 도출할 때 **변형 규칙**을 따라야 한다. 힐베르트는 주어진 공리들로부터 다른 논리식을 도출하는 변형 규칙, 즉 추론 규칙으로 전건긍정법을 제시하고 있다.

메타수학

힐베르트의 형식 체계가 무엇인지 다시 정리해보자. 힐베르트는 실제의 수학을 형식화해 형식 체계로 만들 것을 제안했는데, 이 과정은 첫째 실제 산수와 수학을 공리 체계로 만들고, 둘째 공리 체계의 수식이나 논리식을 의미를 사상한 형식적인 기호로 나타내고, 셋째 여기에 형성 규칙과 변형 규칙을 첨가하는 것으로 이루어져 있다.

그리하여 형식 체계에서 공리들은 의미가 사상된 형식적인 기호들로 표현되고, 이 공리들로부터 변형 규칙(추론 규칙)을 통해 다른 논리식이나 수식이 추론된다. 이때 형식 체계의 공리에는 명제 논리(문장 논리)를 공리 체계로 만들었을 때의 공리들, 1차

논리를 공리 체계로 만들었을 때의 공리들, 페아노 공리들이 포함된다.

가령 이 공리들이 모두 17개라고 가정해보자. 그리고 이 공리들을 $A_1, A_2, A_3, \cdots, A_{17}$이라고 하자. 이제 공리들에 변형 규칙, 즉 추론 규칙이 적용되면 다른 논리식이나 수식이 도출된다. 가령 **H**라는 논리식이 다음과 같은 논리식들 다음에 도출된다고 해 보자.

$A_1, A_2, B, A_3, C, A_5, A_7, D, E$

그러면 $A_1, A_2, B, A_3, C, A_5, A_7, D, E, H$는 **H**의 증명이다. 마찬가지로, **C**의 증명은 A_1, A_2, B, A_3, C이고, **D**의 증명은 $A_1, A_2, B, A_3, C, A_5, A_7, D$이다. 힐베르트에 따르면 하나의 논리식에 대한 증명이란, 증명되는 논리식이 도출되는 과정에 나오는 일련의 논리식들을 말한다. 논리식은 그것이 공리이거나 어떤 한 증명의 마지막 논리식일 때 증명 가능하다고 말한다. **H**와 **C**와 **D**는 증명 가능한 논리식이다.

이렇게 만들어진 형식 체계에 대해서 힐베르트는 형식 체계에서는 모순이 도출되지 않는다는 것을 증명하고자 한다. 모순은 형식 체계에서는 **p & ~p**, **0=1**, **0≠0** 등으로 표현될 수 있다. 힐베르트 프로그램에서 가장 중요한 목표는 실제 수학을 형식화한 형식 체계의 기호 조작에 따른 추론에서 **p & ~p**와 같은 모순이 도출될 수 없다는 것을 증명하는 일이다.

이 지점에서 아무리 강조해도 지나치지 않는 것이 있다. 앞에서 우리는 $A_1, A_2, B, A_3, C, A_5, A_7, D$가 **D**의 증명이라고 말했다. 그렇다면 다음 문장은 어디에 속할까?

$A_1, A_2, B, A_3, C, A_5, A_7, D$는 D의 증명이다.

이것은 형식 체계에 속하는가? 아니다. 형식 체계에는 의미가 사상된 형식적 기호들만 있고, 또 추론 규칙(변형 규칙)에 의해 기계적으로 따라 나오는 논리식이나 수식만 있다. 따라서 이 문장은 형식 체계에 속하지 않는다. 그렇다고 해서 실제 수학에도 포함되지도 않는다. 이 문장은 형식 체계에 대해 말하고 있다. 형식 체계에 대해서 논의하는 이론을 힐베르트는 '증명 이론Proof theory', 또는 '메타수학Metamathematics'이라고 부른다.

'메타meta'라는 말은 '뒤에', '넘어서'를 뜻한다. 어떤 학문에 대한 메타학문이라 함은 그 학문에 대해 논의하는 학문이다. 예컨대 자연과학이라는 학문에 대해 과학철학은 메타학문이다. 수학철학은 수학에 대한 메타학문이다. 마찬가지로 힐베르트의 '메타수학'이란 형식 체계라는 수학에 대해 논의하는 학문이다. 따라서 'H는 논리식이다', 'A_1, A_2, B, A_3, C는 C의 증명이다', 'D는 증명 가능하다'와 같은 문장들은 메타수학에 속하는 것으로, 다시 말해 형식 체계 내부에 나오는 문장이 아니라 형식 체계를 대상으로 삼아 사유하면서 거론되는 문장이다.

따라서 힐베르트 프로그램을 논의하기 위해서는 다음 세 가지를 정확하게 구분하는 것이 매우 중요하다. (1) 실제 수학, (2) 형식 체계(의 수학) 그리고 (3) 메타수학. 힐베르트는 실제 수학을 형식화해서 형식 체계를 구성한 다음 이것에 대한 사유, 즉 메타수

학(또는 증명 이론)을 통해 형식 체계에서 모순이 도출될 수 없다는 것을 증명하고자 했다.

그렇다면 힐베르트는 왜 '형식 체계의 수학'과 '메타수학'이라는 개념을 떠올렸을까? 1904년에 힐베르트는 이미 산수의 무모순성 증명을 시도하는 논문을 발표했다. 그런데 푸앵카레는 이 논문의 주요 생각이 순환 논증의 오류를 범하고 있다고 비판했다. 푸앵카레에 따르면, 힐베르트는 논문에서 제시한 공리 체계에 수학적 귀납법을 포함시키지 않았지만 그것을 은연중에 사용했다. 다시 말해 "무모순성 증명을 통해 보장하려는 방법에 그 무모순성 증명이 의존하고 있다"는 점에서 순환 논증의 오류를 범했다고 비판한다.

이러한 푸앵카레의 비판에 대처하기 위해서 새롭게 등장한 것이 바로 힐베르트 프로그램이다. 즉 힐베르트는 형식 체계와 메타수학의 개념을 상정하고 구분함으로써 푸앵카레가 지적하는 순환 논증의 오류를 극복할 수 있다고 생각했던 것이다.

유한주의 방법과 메타수학

힐베르트는 실제 수학을 형식화한 형식 체계에 대해 메타수학에서 형식 체계가 무모순이라는 것을 증명하고자 했다. 힐베르트는 여기에 중요한 단서를 하나 덧붙인다. 즉 메타수학에서 사용되는 방법은 힐베르트가 '유한주의' 방법이라고 부른 방법만을 따라야 한다는 것이다. 이때 '유한주의 finitary'라는 기묘한 단어는 '유한한 finite'과 완전히 구분되는 새로운 말이다. 즉 이 단어 'finitary'는 힐베르트가 만든 독일어 'finit'을 영어로 번역한 것이다. 'finit'이라는 독일어는 클린에 의해서 최초로 '유한적, 유한주의^{finitary}'로 영어로 번역되었고, 맥락에 따라 '유한주의자^{finitist}', '유한주의적^{finitistic}'이라고 번역되기도 한다.

힐베르트는 논쟁의 여지가 없는 분명한 방법으로 '유한주의 방법'을 원했다. 그러나 여기에서 다음과 같은 오해는 없어야 할 것이다. 일반적으로 '엄격한' 유한주의는 어떤 형태든지 무한이라는 것이 존재하지 않는다는 주장을 말한다. 반면에 힐베르트의 유한주의 관점이나 방법은 결코 무한을 거부하는 입장이 아니다. 우리는 앞에서 힐베르트가 칸토어의 집합론을 적극적으로 옹호하려고 했고, 더구나 실제 무한을 적극적으로 받아들였다는 것을 살펴보았다.

그렇다면 '유한주의 방법'이란 무엇일까? 힐베르트 프로그램과 관련해 가장 심각한 문제는 힐베르트가 유한주의 방법이 정확하게 무엇인지 엄밀하게 규정하지 않았다는 점이다. 힐베르트는 1920년대에 유한주의 방법이 무엇인지 아주 간략하게, 암시하는 정도로만 이야기했다. 그에 따르면, 유한주의 방법이나 관점은 원초적인 구체적 대상들을 조작할 때 포함되는 직관적인 명증성을 충족시키는 것이다. 이 방법에 따르면, "무한하게 작은 것들과 무한하게 큰 것들은 그것들에 대한 명제들을 유한한 크기 간의 관계들로 환원함으로써 제거"되어야 한다. 또한 "무한한 것들을 사용하는 추론은 유한한 절차들에 의해서 대치"되어야 한다.

이러한 언급에도 불구하고 힐베르트의 '유한주의 방법의 개념'은 결코 엄밀한 것이 아니었다. 힐베르트가 이 개념에 대해서 다소 엄밀하게 규정한 것은 아이러니하게도 괴델의 불완전성 정리가 발표된 1931년으로부터 3년이 지난 1934년이었다. 1934년에 출판된《수학의 기초$^{Grundlagen\ der\ Mathematik,\ vol.\ I}$》에서 힐베르트는 '대상들이 원리적으로 파악 가능하고, 절차들이 원리적으로 수행 가능하며 구체적으로 고찰 가능하면' 이러한 방법을 모두 '유한주의 방법'이라고 부르겠다고 말한다.

힐베르트 프로그램과 괴델의 불완전성 정리의 관계를 논의할 때 가장 문제가 되는 것은 이 유한적 방법이 무엇이냐 하는 점에 있다. 즉 이것을 어떻게 규정하느냐에 따라 괴델의 불완전성 정리가 힐베르트의 프로그램을 무참하게 파괴했다고 할 수도 있고, 그렇지 않다고 할 수도 있는 것이다. 유한주의 방법이 무엇이냐 하는 점은 이후 두고두고 논쟁거리가 된다.

그러나 메타수학(증명 이론)은 그 자체로 대담한 착상이었다. 그렇다면 메타수학은 왜 중요할까? 왜냐하면 수학이 기호 언어로 형식화되고, 형식 체계를 '외부'에서 바라볼 수 있기 때문이다. 오직 이러한 '외부'의 관점에 설 때만 '완전성', '불완전성', '결정 가능성', '결정 문제' 등과 같은 개념들이 성립하는 것이다. 또한 형식 체계라는 수학의 '내부'적 관점에서 보면, 형식 체계는 엄밀한 수학이다. 그러나 '외부'의 관점에서 보면, 기호들의 게임이고 기호들의 조작일 뿐이다. 힐베르트의 '형식주의'는 이렇게 해서 성립한다.

힐베르트는 힐베르트 프로그램이라는 강력한 무기를 앞세워 수학의 위기를 극복하고, 칸토어의 진정한 후계자로서 칸토어의 개념을 정당화하고자 했다. 그러면서 그는 '외부'의 관점에서 형식 체계 전체를 하나의 대상으로 바라볼 수 있다는 중요한 착상을 얻었다. 그는 형식 체계를 대상으로 삼아 사유할 수 있다는 것을 최초로 통찰한 수학자이자 철학자였다. 그는 이러한 '외부'의 관점에서 수학과 논리학 역사의 향방을 결정지을 중요한 개념들을 발명하고 규정했다. 괴델과 튜링이 문제 삼게 될 '완전성', '불완전성', '결정 가능성', '결정 문제' 등과 같은 개념들은 힐베르트가 심은 씨앗이었다.

만남 9

괴델의 불완전성 정리

완전성과 불완전성
형식 체계 전체를 '외부'의 관점에서 바라볼 수 있다는 힐베르트의 착상은 대단히 중요한 것이었다. 이러한 관점에 섰을 때 비로소 '완전성', '불완전성', '무모순성', '결정 가능성', '결정 문제' 등과 같은 핵심적인 개념들이 성립하기 때문이다. 이러한 '외부'의 관점에서, 힐베르트는 수학을 형식화해서 형식 체계에서는 모순이 도출되지 않는다는 것을 엄밀하게 증명할 수 있을 것이라고 낙관했다. 그는 수학이 완전할 것이라고 믿었다. 그러나 괴델은 수학이 완전할 수 없다는 것을 증명해 보였고, 더 나아가 산수 체계에서는 모순이 도출되지 않는다는 것을 증명할 수 없다는 것을 증명했다. 이것이 바로 그 유명한 '불완전성 정리'이다.

그렇다면 '완전하다'라는 것은 무엇인가? 한 체계가 완전하다는 것은 그 체계에서 참인 문장들이 **모두** 증명될 수 있다는 것을 뜻한다. 마찬가지로 한 체계가 불완전하다는 것은 그 체계에서 어떤 문장이 참임에도 불구하고 증명될 수 없다는 것을 뜻한다.

어떤 체계에서 참인 문장들이 모두 그 체계에서 증명될 수 있다면 그 체계는 완전하다고 말한다. 그러나 이는 힐베르트 프로그램과 괴델의 불완전성 정리를 논의하는 상황에서는 사실상 아주 엉성하게 말한 것에 불과하다. 왜 그럴까? 지금 다루고 있는 체계는 다름 아니라 **형식** 체계이다. 앞에서 지적했듯이 **형식** 체계는 의미가 사상된 기호들로 이루어져 있다. 그런데 어떻게 의미가 없는 형식적인 기호들로 이루어진 것들에 대해 '참'이라고 말할 수 있는가? 의미가 없는 기호로 이루어진 문장에 대해서 '참'이라거나 '거짓'이라고 말하는 것은 어불성설이 아닌가?

한 형식 체계의 논리식이 참이라는 것은 '지구는 둥글다'와 같은 경험적인 명제가 참이라는 것과는 의미가 다르다. 그렇다면 어떻게 한 형식 체계의 논리식에 대해 참 또는 거짓을 규정할 수 있는가? '지구는 둥글다'가 **경험적으로** 참이라고 부르는 것과 마찬가지로 논리학에서는 '**논리적으로 참**'인 것을 다룬다. 논리학에서는 논리적으로 참인 논리식을 간단히 '**타당한 논리식**'이라고 부른다. 그렇다면 논리적으로 참인 논리식, 또는 타당한 논리식에는 어떤 것이 있는가? 예를 들어 명제 논리(문장 논리)의 형식 체계에서 다음과 같은 논리식은 타당하다.

$$p \supset p$$
$$p \vee \sim p$$

p ⊃ p는 p가 참이든 거짓이든 항상 참이 된다. p∨~p도 마찬가지이다. 1차 논리학의 형식 체계에서 다음과 같은 논리식 역시 마찬가지이다.

$$Ha \supset Ha$$
$$Ha \lor \sim Ha$$
$$(x)(Hx \supset Hx)$$

Ha ⊃ Ha와 Ha∨~Ha는 술어 H와 개체 상항 a에 어떤 것을 할당해도 참이 된다. 즉 H를 어떤 한 자리 술어로 해석해도, 또 a를 어떤 개체를 나타내는 것으로 해석해도 참이 되는 것이다. 또한 '(x)(Hx ⊃ Hx)'는 주어진 개체들의 전체 집합에 대해 참이 된다.

이렇게 한 형식 체계에 속하는 논리식이 타당하다는 것을 증명하기 위해서는 먼저 그 형식 체계에 대한 해석interpretation이 규정되어야 한다. 명제 논리에 대한 해석은 각각의 단순 명제에 진리치를 할당하는 것이고, 술어 논리에 대한 해석은 술어 기호에는 술어를, 개체 상항에는 개체를 할당하는 것으로 규정된다. 그리고 이러한 모든 해석에서 한 논리식이 참이면, 그 논리식은 타당하다고 말한다.

마찬가지로 **수학을 형식화한 형식 체계**에 속하는 수식이나 논리식이 참인지를 보이기 위해서도 형식 체계에 대한 해석이 먼저 규정되어야 한다. 수학의 형식 체계에 대한 해석은 명제 논리(문장 논리)나 술어 논리에 대한 해석과 달리 몇몇 기호에 대해 일정한 해석을 표준적인 것으로 간주함으로써 성립한다. 가령 어떤 기호는 '등호'의 뜻으로 해석해야 하고, 어떤 기호는 '0'의 뜻으로 해석해야 한다.

정리하면, 한 논리 체계가 완전하다 함은 그 체계에서 타당한 논리식(문장)이 모두 그 체계에서 증명될 수 있다는 것을 뜻한다. 따라서 어떤 논리식(문장)이 한 논리 체계에서 타당한데도 불구하고 증명 가능하지 않다면 그 체계는 불완전하다. 괴델의 불완전성 정리가 말하는 것은 수학의 체계가 무모순이라면, 수학의 체계에서는 참이지만 증명할 수 없는 명제가 존재한다는 것이다(제1불완전성 정리). 나아가 수학의 체계가 무모순이라면, 수학의 체계에서 모순이 도출되지 않는다는 것을 그 체계에서는 증명할 수 없다는 것이다(제2불완전성 정리).

불완전성 정리를 쉽게 증명하기

그러면 지금부터 괴델의 불완전성 정리를 본격적으로 논의하도록 하자. 먼저 괴델이 실제로 제시했던 증명과는 다른 방식으로 불완전성 정리를 증명해보자. 이 방법은 칸토어의 집합론과 초한 수의 개념을 이해하고 있다면 쉽게 이해할 수 있다.

앞에서 칸토어가 어떻게 실수의 집합이 자연수의 집합보다 원소의 개수가 더 많다는 것을 증명했는지를 살펴보았다. 또한 자연수의 집합의 기수가 $\aleph_0$이며 실수의 집합의 기수는 $2^{\aleph_0}$이라는 것도 살펴보았다. 기수가 $\aleph_0$인 무한한 집합을 보통 '셀 수 있는

집합' 또는 '가산 집합$^{\text{countable set}}$'이라고 부른다. 즉 자연수의 집합과 일대일 대응될 수 있는 집합은 가산 집합이다. 짝수의 집합, 정수의 집합, 유리수의 집합은 모두 가산 집합이다. 반면에 실수의 집합과 같이 자연수의 집합과 일대일로 대응될 수 없는 집합을 '셀 수 없는 집합' 또는 '비가산 집합$^{\text{uncountable set}}$'이라고 한다. 실수의 집합은 비가산 집합으로, 그 기수는 $2^{\aleph_0}$이고 $2^{\aleph_0} > \aleph_0$이다. 이러한 칸토어의 생각을 이해하면, 이제 수학에는 참이지만 증명 불가능한 문장이 존재한다는 괴델의 불완전성 정리를 쉽게 증명할 수 있다.

먼저 수학에서 참인 것은 얼마나 많을까? 수학에서 참인 명제들의 집합의 기수는 무엇일까? 답을 먼저 말하자면, 수학에서 참인 명제들의 집합은 비가산 집합이며, 그 기수는 최소한 $2^{\aleph_0}$이다. 왜 그럴까? 우리는 실수의 집합에 속하는 임의의 원소 r에 대해서 r=r이라는 참인 명제를 생각할 수 있다. 1=1, 3=3, 0.7=0.7, $\pi = \pi$, $\sqrt{2}=\sqrt{2}$ 등이 그 예다. 그런데 우리는 실수의 집합이 셀 수 없는 집합, 즉 비가산 집합이라는 것을 확인했다. 따라서 r=r과 같은 명제들의 집합은 비가산 집합이다.

이번에는 수학에서 증명할 수 있는 것이 얼마나 많은지 생각해 보자. 수학에서 증명할 수 있는 것들의 집합은 가산 집합일까 아니면 비가산 집합일까? 앞에서 증명에 대한 힐베르트의 정의를 살펴보았다. 힐베르트에 따르면, 논리식에 대한 증명이란 논리식이 도출되는 과정에 나오는 일련의 논리식들이다. 또한 논리식은 그것이 공리이거나 어떤 증명의 마지막 논리식일 때 증명 가능하다. 가령 공리들을 A_1, A_2, A_3, $\cdots$, A_{17}이라고 가정할

때, 추론 규칙을 적용해 H라는 논리식이 다음과 같은 논리식들 다음에 도출된다고 하면,

$A_1, A_2, B, A_3, C, A_5, A_7, D, E$

$A_1, A_2, B, A_3, C, A_5, A_7, D, E, H$는 H의 증명이다. 마찬가지로 C의 증명은 A_1, A_2, B, A_3, C이고, D의 증명은 $A_1, A_2, B, A_3, C, A_5, A_7, D$이다. 이때 H와 C와 D는 증명 가능한 논리식이다. 이와 같이 하나의 증명 가능한 논리식에는 항상 하나의 증명이 대응된다. 따라서 증명 가능한 논리식들이 얼마나 많이 있느냐 하는 질문은 증명들이 얼마나 많이 있느냐 하는 질문으로 바꿀 수 있다.

그렇다면 증명들은 얼마나 많이 있는가? 증명들의 집합은 가산 집합인가 아니면 비가산 집합인가? 가산 집합이다. 즉 수학에서 증명할 수 있는 것들의 집합은 가산 집합이다. 왜 그럴까? 앞에서 살펴본 바와 같이 수학에서의 증명이란 일련의 수식이나 논리식들을 열거해놓은 것이다. 그런데 이런 수식이나 논리식은 길든 짧든 유한한 길이를 갖고 있다. 유한한 길이를 갖고 있는 것들의 집합은 가산 집합이다.

다시 이 점을 '괴델의 수 대응'을 사용해 설명해보자. 어떤 논리식이 증명 가능하면, 그 논리식에 이르는 증명이 존재한다. 이때의 이 증명은 일련의 논리식을 나열한 것이다. 그런데 이 논리식들은 각각 어떤 기호들이 나열된 것이다. 이제 괴델 수 대응을 이용해 각각의 기호들에 괴델 수를 부여할 수 있고, 그렇게 해서

증명을 이루는 일련의 논리식 전체에 대해 하나의 괴델 수를 부여할 수 있다. 이때 어떤 경우 괴델 수는 엄청나게 크지만, 그래도 하나의 자연수에 불과하다. 그런데 자연수의 집합은 가산 집합이다. 따라서 증명 가능한 것들의 집합, 또는 증명들의 집합은 가산 집합이다.

정리하면 수학에서 참인 명제들의 집합은 비가산 집합이고, 그 기수는 최소한 $2^{\aleph_0}$이다. 반면 수학에서 증명 가능한 것들의 집합은 가산 집합이고, 그 기수는 $\aleph_0$이다. 그런데 $2^{\aleph_0} > \aleph_0$이다. 따라서 수학에서 참인 명제들의 집합은 증명 가능한 것들의 집합보다 원소의 개수가 더 많다. 즉 수학에는 참이지만 증명 가능하지 않은 명제(논리식, 수식)가 존재한다.

기묘한 자기 지시 문장

그럼 다시 괴델의 방법으로 불완전성 정리를 증명해보자. 우선 이 난해한 정리를 대충이라도 이해하기 위해 알기 쉽게 일상 언어로 설명해보자.

앞에서 거짓말쟁이 역설에 대해 논의하면서 '자기 지시 문장'이라는 것이 무엇인지를 살펴보았다. 자기 지시 문장이란 바로 자기 자신을 지시하고 언급하는 문장이다. 예를 들어보자.

이 문장은 한국어로 되어 있다.

이와 같은 문장은 바로 자기 자신에 대해서 말하는 문장으로,

실제로 이 문장은 한국어로 되어 있으므로 참이다. '이 문장은 영어로 되어 있다'와 같은 자기 지시 문장은 거짓이다. 이러한 자기 지시 문장은 일상 언어에서는 거의 사용되지 않지만 일상 언어에는 이러한 문장이 존재한다.

또한 다음과 같은 자기 지시 문장('거짓말쟁이 문장')을 통해 '거짓말쟁이 역설'이 발생한다는 것을 살펴보았다.

L 이 문장은 거짓이다.

자기 지시 문장 L은 바로 자기 자신이 거짓이라고 주장하고 있는데 L이 참이라면 거짓이라는 결론이 나오고, L이 거짓이라면 참이라는 결론이 나온다. 이는 배중률에 위배된다.

괴델의 불완전성 정리는 바로 이런 거짓말쟁이 역설과 밀접한 관련이 있으며, 괴델이 실제로 불완전성 정리의 증명에서 사용한 문장도 거짓말쟁이 문장과 유사한 문장이다. 실제로 괴델이 만들어낸 문장은 다음 문장과 유사하다.

H 이 문장은 형식 체계 S에서 증명 불가능하다.

H는 괴델이 만들어낸 문장이 아니다. 왜냐하면 H는 일상 언어에 속하는 자기 지시 문장일 뿐이며, 형식 체계에서 엄밀하게 표현된 논리식이 아니기 때문이다. 그렇다 할지라도 불완전성 정리에 대한 증명의 얼개를 쉽게 이해하기 위한 수단으로는 대단히 유용하다.

이제 형식 체계 S가 무모순이라고 가정하자. 즉 형식 체계 S에서는 공리들에 추론 규칙을 적용해 일련의 논리식들을 도출할 때, 어떤 경우에도 모순이 도출되지 않는다고 하자. 다시 말해 S에 속하는 어떤 문장 A에 대해서도, A와 A의 부정이 동시에 도출되는 경우는 없다. A와 ~A가 도출되면 곧바로 A & ~A라는 모순이 도출되기 때문이다. 이제 형식 체계 S가 무모순이라는 가정하에서 H가 참인지 아니면 거짓인지, 그리고 H와 ~H가 각각 증명 가능한지를 묻고자 한다.

자, 그렇다면 H는 참인가 아니면 거짓인가? 먼저 거짓이라고 하자. 그러면 H가 말하는 것은 거짓이고, 따라서 H의 부정은 참이다. 즉 H는 형식 체계 S에서 증명 가능하다. (어떤 문장이든 증명 가능하면 참이므로) H가 형식 체계 S에서 증명 가능하다면, H는 참이다. 즉 H가 거짓이라고 하면 H는 참이다. 따라서 H는 거짓일 수 없다. 그러므로 (일반적으로 수학에서 성립한다고 간주되는) 배중률에 따라 H는 참이다. 따라서 H는 참이므로 (H는 자신이 형식 체계 S에서 증명 불가능하다고 말하고 있으므로) H는 형식 체계 S에서 증명 불가능하다. 이로써 참이지만 형식 체계 S에서 증명 불가능한 문장을 찾아냈다. 바로 H이다.

이번에는 H의 부정이 형식 체계 S에서 증명 가능한지를 살펴보자. H의 부정이 증명 가능하다고 가정하자. 그러면 ~H가 증명 가능하다. 그런데 ~H, 즉 H의 부정은 'H가 형식 체계 S에서 증명 가능하다'이다. 따라서 'H가 형식 체계 S에서 증명 가능하다'는 것이 증명 가능하다. 그런데 어떤 것이 증명 가능하면 참이므로, 'H가 형식 체계 S에서 증명 가능하다'는 참이다. 따라서

H는 형식 체계 S에서 증명 가능하다. 결론적으로 H의 부정이 증명 가능하다고 가정하면 H도 증명 가능하게 되고, H &~H가 증명 가능하게 된다. 이는 형식 체계 S가 무모순이라는 가정에 위배된다. 따라서 H의 부정은 형식 체계 S에서 증명 가능하지 않다.

결론적으로 H는 형식 체계 S에서 증명 불가능하고, H의 부정도 형식 체계 S에서 증명 불가능하다. 이와 같이 한 문장에 대해서 그 자신과 그것의 부정이 동시에 증명 불가능한 경우, 그 문장을 '**결정 불가능한 문장**'이라고 부른다. 따라서 H는 형식 체계 S에서 결정 불가능한 문장이다.

이것이 바로 괴델의 **제1불완전성** 정리이다. 요약해보면 다음과 같다. H를 자기 지시 문장, '이 문장은 형식 체계 S에서 증명 가능하지 않다'라고 하자. 그리고 형식 체계 S가 무모순이라고 가정하자. 그러면 형식 체계 S에는 참이지만 증명 가능하지 않고 또 그 부정도 증명 가능하지 않은 문장이 있다. 다시 말해 형식 체계 S에는 참이지만 결정 불가능한 문장이 있다. 바로 H이다.

이제 **제2불완전성** 정리를 쉽게 이해하기 위해 다음 문장을 생각해보자.

> J 형식 체계 S가 무모순이라면, H이다.

J는 어떤 문장일까? H가 무엇인지를 생각해보면 금방 답이 나온다. 즉 J는 '형식 체계 S가 무모순이라면, 이 문장은 형식 체계 S에서는 증명 가능하지 않다'이다. 그런데 가만히 생각해보면 J

가 말하고 있는 것은 앞에서 논의했던 내용이다. 즉 앞에서 우리는 형식 체계 S가 무모순이라면, H가 참이라는 것을 (게다가 H가 결정 불가능한 문장이라는 것을) 증명했던 것이다. 따라서 J는 앞에서 증명했던 방식대로 증명 가능하다.

그렇다면 조건문 J의 전건은 증명 가능한가? ('만일 A이면 B이다'라는 조건문에서 전건은 A이고 후건은 B이다) 즉 '형식 체계 S는 무모순이다'는 증명 가능한가? '형식 체계 S는 무모순이다'가 증명 가능하다고 해보자. 그러면 이미 J는 증명 가능하다고 했으므로, 후건 'H이다'도 증명 가능해야 한다. 그러나 우리는 이미 H가 증명 가능하지 않다는 것을 앞에서 확인했다. 따라서 J의 전건, 즉 '형식 체계 S는 무모순이다'는 증명 가능하지 않다. 즉 형식 체계 S에서는 S가 무모순이라는 것을 증명할 수 없다.

불완전성 정리 증명의 얼개

괴델은 1931년 그의 논문 《수학 원리》와 이와 관련된 체계들의 형식적으로 결정 불가능한 명제들에 관해 I On formally undecidable propositions of Principia Mathematica and related systems I 〉을 발표했다. 아마도 수리 논리학과 수학철학에 관한 한, 이 논문만큼 큰 반향을 불러일으킨 것은 없을 것이다. 괴델이 이 논문에서 제시한 불완전성 정리의 증명 과정을 낱낱이 밝히는 것은 너무 복잡해서 이 글의 범위를 넘어선다. 따라서 여기에서는 괴델이 논문에서 밝힌 개요만 간단히 살펴보기로 하자.

《수학 원리》의 형식 체계 PM이 무모순이라고 하자. (이 논의를 위해서는, 형식 체계 PM은 페아노 산수 체계 PA와 거의 같은 것이라고 해도 무방하다.) 먼저 PM의 논리식 중에서 자유 변항을 하나만 갖고 있는 논리식들 $A(x)$, $B(x)$, $C(x)$, … 를 생각하기로 하자. 이러한 각각의 논리식들은 결국 유한한 기호들의 나열이기 때문에, 모두 차례대로 열거될 수 있다. 이것을 다시 $R_1(x)$, $R_2(x)$, $R_3(x)$, …와 같이 나타내기로 하자. 그러면 n번째 논리식은 $R_n(x)$이다. 그리고 x에 1, 2, 3, 4, 5, … 등을 대입한 것을 생각하자. 그러면 다음과 같은 열을 얻게 된다.

$R_1(1)$, $R_1(2)$, $R_1(3)$, $R_1(4)$, $R_1(5)$, $R_1(6)$, …

$R_2(1)$, $R_2(2)$, $R_2(3)$, $R_2(4)$, $R_2(5)$, $R_2(6)$, …

$R_3(1)$, $R_3(2)$, $R_3(3)$, $R_3(4)$, $R_3(5)$, $R_3(6)$, …

$R_4(1)$, $R_4(2)$, $R_4(3)$, $R_4(4)$, $R_4(5)$, $R_4(6)$, …

$R_5(1)$, $R_5(2)$, $R_5(3)$, $R_5(4)$, $R_5(5)$, $R_5(6)$, …

$R_6(1)$, $R_6(2)$, $R_6(3)$, $R_6(4)$, $R_6(5)$, $R_6(6)$, …

…

이제 칸토어의 대각선 방법에서와 같이 위의 행렬에서 왼쪽 상단에서 오른쪽 하단으로 나아가는 대각선, 즉 $R_1(1)$, $R_2(2)$, $R_3(3)$, $R_4(4)$, $R_5(5)$, $R_6(6)$, …을 생각하자. 이 열을 가만히 살펴보면 변항 n과 자유 변항 x에 대입된 값이 동일하다는 것을 알 수 있다. 다시 말해 앞에서는 변항 n은 몇 번째인지를 나타내기 위해 사용되었고, x는 자유 변항을 나타내기 위해 사용했지만, 이 열에서는 동일한 값을 보이는 것이다. 따라서 이를 통일해서

$R_x(x)$로 나타낼 수 있다. 이렇게 나타내면 $R_x(x)$에서 x에 1을 대입하면 $R_1(1)$, 2를 대입하면 $R_2(2)$이 나온다.

이제 다음의 논리식을 생각해보자. '$R_x(x)$는 증명 가능하지 않다.' 그리고 이 논리식에서 x에 어떤 수를 대입했을 때 나온 논리식이 증명 가능하지 않은 경우, 대입된 수들을 모두 모은 집합을 생각하고 이 집합을 K라고 부르자. 즉,

$x \in K \Leftrightarrow R_x(x)$는 증명 가능하지 않다.

다시 말해 x가 K의 한 원소이면 $R_x(x)$는 증명 가능하지 않고, x가 K의 원소가 아니라면 $R_x(x)$는 증명 가능하다. 또한 역으로 $R_x(x)$가 증명 가능하지 않으면 x는 K의 한 원소이고, $R_x(x)$가 증명 가능하면 x는 K의 원소가 아니다. 그런데 주목해야 할 사실은 $x \in K$가 그 자체로 하나의 자유 변항만을 갖는 논리식이라는 점이다. 따라서 이것을 간단히 $S(x)$라고 부르자. $S(x)$는 x가 K의 원소라는 것, 즉 $x \in K$를 말하는 논리식이다.

앞에서 하나의 자유 변항만을 갖는 논리식들을 모두 열거했다. $R_1(x)$, $R_2(x)$, $R_3(x)$ 등으로 말이다. 그런데 $S(x)$ 또한 하나의 자유 변항만을 지니는 논리식이므로, $S(x)$는 이 논리식의 열에 나오는 어떤 논리식과 동일해야 한다. 가령 $S(x)$가 이 열에 나오는 q번째 논리식과 동일하다고 하자. $S(x) = R_q(x)$이다. 이제 $R_q(x)$에서 x에 q를 대입한 논리식을 생각해보자. 그 결과는 $R_q(q)$이다. 바로 이것이 우리가 찾으려고 했던 '이 문장은 PM에서 증명 가능하지 않다'와 같은 자기 지시 문장이 된다. 왜냐하

면 $R_q(q)$가 말하는 것은 $S(q)$가 말하는 것과 같고, $S(q)$가 말하는 것은 '$R_q(q)$는 증명 불가능하다'와 같으므로 결국 $R_q(q)$는 '$R_q(q)$는 증명 불가능하다'는 것, 즉 자기 자신이 증명 불가능하다는 것을 말하기 때문이다.

그렇다면 $R_q(q)$는 증명 가능한가, 그렇지 않은가? $R_q(q)$가 증명 가능하다고 해보자. $R_x(x)$가 증명 가능하면 x는 K의 원소가 아니다. 따라서 $R_q(q)$가 증명 가능하면 q는 K의 원소가 아니다. 한편, $S(x)$는 x $\in$ K를 간단히 나타낸 것이다. 또한 $S(x)$는 $R_q(x)$과 동일하다. 따라서 $R_q(q)$가 증명 가능하다면 $S(x)$에서 x에 q를 대입한 것, 즉 $S(q)$가 증명 가능하다. 다시 말해 q $\in$ K가 증명 가능하다. 따라서 $R_q(q)$가 증명 가능하다면 q는 K의 원소이다. 그러므로 $R_q(q)$가 증명 가능하다면, q는 K의 원소가 아니면서 K의 원소라는 모순이 나온다. 따라서 $R_q(q)$는 증명 가능하지 않다.

이번에는 $R_q(q)$의 부정이 증명 가능하다고 하자. $R_q(q)$가 말하는 것은 '$R_q(q)$는 증명 불가능하다'이기 때문에 $R_q(q)$의 부정이 말하는 것은 '$R_q(q)$는 증명 가능하다'이다. 따라서 $R_q(q)$의 부정이 증명 가능하다면 $R_q(q)$는 증명 가능하게 된다. 그러므로 $R_q(q)$의 부정이 증명 가능하다면 $R_q(q)$와 그것의 부정은 둘 다 증명 가능하다. 즉 형식 체계 PM은 무모순이 아니다. 그런데 앞에서 PM이 무모순이라고 가정했다. 따라서 모순이다. 그러므로 $R_q(q)$의 부정은 증명 가능하지 않다.

따라서 $R_q(q)$는 증명 가능하지 않고, 그것의 부정도 증명 가능하지 않다. 즉 $R_q(q)$는 결정 불가능한 명제이다. 또한 $R_q(q)$는 자

기 지시 문장으로서 자기 자신이 증명 불가능하다고 주장하고 있다. 실제로 위의 증명에서 $R_q(q)$는 증명 불가능하므로 $R_q(q)$는 참이다.

이제 지금까지 우리가 증명한 것이 무엇이었는지를 생각해보자. 증명한 것 중 하나는 다음 문장이다.

W 형식 체계 **PM**이 무모순이라면 $R_q(\mathbf{q})$이다.

이제 W의 전건, 즉 'PM은 무모순이다'를 PM에서 증명할 수 있다고 해보자. 그렇게 되면 '형식 체계 PM이 무모순이라면 $R_q(q)$이다'를 증명할 수 있고, (가정에 따라) 'PM은 무모순이다'를 증명할 수 있으므로 W의 후건인 $R_q(q)$를 증명할 수 있게 될 것이다. 그러나 앞에서 확인했듯이 $R_q(q)$는 증명 불가능하다. 따라서 'PM은 무모순이다'는 PM에서 증명 불가능하다.

괴델의 증명 이제 괴델이 불완전성 정리를 어떻게 증명했는지를 살펴보자. 그러나 그 증명 과정은 너무나 복잡하므로 여기서는 괴델의 실제 증명에서 가장 핵심적인 것을 조명하는 것으로 대신하기로 한다.

형식 체계 PM은 실제의 수학을 형식화한 결과이다. 그리고 힐베르트의 메타수학이란 바로 형식 체계를 대상으로 삼아 형식 체계에 대해서 사유하는 수학이고 이론이다. 따라서 우리 앞에는 세 가지 수학이 있다. 첫째 실제 수학, 둘째 형식 체계의 수학, 셋째 메타수학. 괴델의 증명에서 가장 핵심적인 것은 형식 체계의 수학, 즉 형식 체계에서 '이 문장은 PM에서 증명 가능하지 않다'와 같은 형식 체계의 논리식을 엄밀하게 구성하는 것이다. 그렇다면 괴델은 그 논리식, 즉 '괴델 문장'을 어떻게 구성했을까? 먼저 다음과 같은 형식 체계 PM의 논리식이 있다고 하자. (앞에서와 같이 형식 체계의 표현들을 실제 수학의 표현들과 구분하기 위하여 굵은 글씨로 표기하기로 하자.)

A(x)

이 논리식은 **x**라는 자유 변항을 오직 하나만 갖고 있는 논리식이다. 그리고 이 논리식은 'x는 A이다'를 말하고 있다. **A(x)**는 형식 체계 PM의 한 논리식이므로, 이 논리식에는 하나의 괴델수가 대응된다. 그 괴델수를 n이라고 하자. 그리고 다음과 같은 논리식을 생각해보자.

A(n)

이 논리식은 무엇을 말하는 것일까? 이것은 괴델수가 n인 논리식, 즉 **A(x)**가 A임을 말하고 있다. (더 정확하게 말하면, 이렇게 말하고 있다고 해석할 수 있다.) **A(n)**은 논리식 **A(x)**에 대해 말하는 문장이다. 하지만 **A(n)**은 자기 자신에 대해 말하는 논리식이 아니다. 그것은 논리식 **A(x)**에 대해 말하고 있지, 자기 자신 즉

A(n)에 대해 말하는 문장이 아니다.

그렇다면 형식 체계에서 자기 자신에 대해 말하는 논리식을 어떻게 만들 것인가? 괴델은 매우 교묘한 장치를 사용해 이것이 가능하다는 것을 보여주었다. 먼저 이 형식 체계의 논리식에 괴델수를 부여할 때 자유 변항 **x**에는 3을 할당한다고 가정하자. 이제 다음과 같은 형식 체계 PM의 표현을 생각해보자.

sub(m, m, 3)

이 표현은 하나의 괴델수를 형식 체계에서 나타낸 것인데, 이때 이 괴델수는 괴델수가 m인 논리식에서 괴델수가 3인 자유 변항 **x**에 **m**을 대입해서 나온 논리식의 괴델수이다. 이는 앞의 예를 살펴보면 쉽게 이해할 수 있다. **A(x)**의 괴델수가 n이고 **A(n)**의 괴델수가 k라고 하자. **A(n)**은 괴델수가 n인 논리식 **A(x)**에서 괴델수가 3인 자유 변항, 즉 **x**에 **n**을 대입해서 나온 결과다. 따라서 k=sub(n, n, 3)이고, 이를 형식 체계에서 표현하면 **k=sub(n, n, 3)**이다.

그러면 이제 다음의 논리식에 대해서 생각해보자.

A(sub(x, x, 3))

이 논리식은 괴델수가 x인 논리식에서 괴델수가 3인 자유 변항에 **x**를 대입해서 나온 논리식의 괴델수가 A라는 성질을 지니고 있다는 것을 말하고 있다. 이제 이 논리식의 괴델수를 p라고 하자. p는 **A(sub(x, x, 3))**의 괴델수다. 자, 그렇다면 다음과 같은 논리식은 무엇을 말하게 될까?

A(sub(p, p, 3))

이 논리식은 괴델수가 p인 논리식에서 괴델수가 3인 자유 변항에 **p**를 대입해서 나온 논리식의 괴델수가 A라는 성질을 지니고 있다는 것을 말하고 있다. 그런데 바로 이 논리식이 '괴델수가 p인 논리식에서 괴델수가 3인 자유 변항에 **p**를 대입해서 나온 논리식'이다! 다시 말해 **A(sub(p, p, 3))**은 괴델수가 p인 논리식, 즉 **A(sub(x, x, 3))**에서 괴델수가 3인 자유 변항 **x**에 **p**를 대입해서 나온 것, 즉 **A(sub(p, p, 3))**의 괴델수가 A라는 성질을 지니고 있다고 말하는 것이다. 다시 말해 이 논리식은 자기 자신에 대해 말하고 있는 논리식이다.

지금까지 우리는 형식 체계 PM에서 어떻게 자기 자신에 대해서 말하는 논리식이 구성될 수 있을지를 살펴보았다. 그러면 괴델 문장을 구성하기 위해서 'x는 증명 가능하다'에 해당되는 형식 체계의 표현을 **Bew(x)**로 나타내기로 하자. 그러면 'x는 증명 가능하지 않다'는 **~Bew(x)**이다. 다음의 논리식을 생각해 보자.

~Bew(sub(x, x, 3))

이 논리식의 괴델수를 q라고 하자. 우리가 찾으려고 하는 괴델

문장은 바로 다음의 논리식이다.

$$\sim\text{Bew}(\text{sub}(q, q, 3))$$

이상으로 형식 체계에서 괴델 문장이 어떻게 구성될 수 있는지를 대략 살펴보았다. 그러나 'x는 증명 가능하다'가 형식 체계에서 **Bew(x)**로 표현될 수 있다는 것을 보이는 것은 매우 복잡하다. 괴델은 귀납적 함수$^{\text{recursive function}}$ (간단히 말하면, 함수값을 단계적인 유한한 절차에 따라 구할 수 있는 함수)에 해당되는 것은 모두 형식 체계에서 표현될 수 있다는 것을 증명한 후, 'x는 증명 가능하다'가 PM에서 표현될 수 있다는 것을 보인다. 그런데 이것을 보이는 데 46가지의 복잡한 단계가 필요하다. 물론 이 복잡한 내용은 여기서 다룰 수 없다.

골리앗과 다윗의 싸움

힐베르트는 자신의 프로그램을 통해 수학에서 모순이 도출되지 않는다는 것을 증명하고자 했고 수학이 완전할 것이라고 믿었다. 사람들은 힐베르트 프로그램에 열광했으며 그 계획이 조만간 실현될 것이라고 믿었다. 어떤 결과가 나올지 거의 예측하지 못한 채 힐베르트는 1920년대에 제자 아커만$^{\text{Wilhelm Ackerman, 1896-1962}}$과 베르나이스$^{\text{Paul Bernays, 1888-1977}}$와 함께 이 문제를 정면 공격했다. 그러나 괴델이라는 천재는 힐베르트의 믿음과 기대를 뒤흔들어 버린다.

힐베르트 프로그램과 괴델의 불완전성 정리가 부딪히는 장면은 마치 골리앗과 다윗의 싸움과 같은 세기적인 대결이었다. 힐베르트는 1928년 볼로냐 회의에서 페아노 산수^{PA}라는 형식 체계가 완전하다는 것을 어떻게 증명할 수 있는가 하는 문제를 제기했다. 이로부터 2년 후 1930년 쾨니히스베르크 회의에서 괴델은 최초로 불완전성 정리를 발표했다. 당시 힐베르트는 세계적 명성을 떨치며 은퇴를 앞둔 노교수였고, 괴델은 이제 막 박사 학위를 받은 24살의 청년이었으며 3년 뒤에나 시간 강사가 될 처지였다.

괴델의 발표는 힐베르트의 프로그램에 결정적인 타격을 입히는 폭탄 선언이었지만 당시 오직 한 사람만 괴델의 발표 내용을 이해할 수 있었다고 한다. 폰 노이만이었다. 괴델이 발표한 내용은 제1불완전성 정리였다. 나중에 폰 노이만은 자신이 이해한 내용을 바탕으로 제2불완전성 정리를 증명할 수 있었다. 폰 노이만은 이 결과를 서신을 통해 괴델에게 알렸지만, 괴델은 답장으로 자신이 출판하려는 검토용 인쇄본을 보냈다. 폰 노이만은 자존심에 상처를 입고는 수리논리학 연구를 완전히 접어버렸다. 그 이후 폰 노이만은 수리논리학 책을 한 권도 읽지 않았다는 것을 자랑스럽게 말했다고 한다.

괴델의 발표로 힐베르트는 큰 충격을 받았다. 그가 보인 첫 반응은 화를 내고 좌절에 빠지는 것이었다. 이 상황을 힐베르트의 전기 작가 리드는 다음과 같이 묘사하고 있다.

처음에 그는 단지 화가 났고 좌절감에 빠졌다. 그러나 점차 괴

델의 연구를 건설적으로 검토하기 시작했다. 베르나이스는 생의 마지막에 가까운 그가 그의 프로그램에 큰 수정을 가하는 것을 보고 매우 감명을 받았다. 아직은 괴델의 연구 결과가 궁극적으로 어떤 영향을 미치게 될지 분명하지 않았다. 괴델도 자신의 논문에서 그가 얻은 결과는 힐베르트의 형식적인 관점과 모순되지 않는다고 말했다. 그리고 얼마 뒤에 힐베르트의 증명이론은 원래의 프로그램을 수정하면 유익하게 발전시킬 수 있다는 것이 분명해졌다. 광범위한 방법은 형식화의 조건을 더 느슨하게 해 줄 것이다. 힐베르트도 이 방향으로 연구를 시작했다. 이 결과 완전 귀납법을 '무한 귀납법'이라고 불리는 규칙으로 대치했다. 1931년에 이 방향으로의 연구 논문이 두 편 발표되었다.

괴델의 불완전성 정리가 힐베르트 프로그램에 타격을 입혔다는 점은 분명하다. 문제는 얼마나 심각한 타격을 입혔느냐 하는 점이다. 가령 괴델의 불완전성 정리는 힐베르트 프로그램에 대한 사망 선고였을까? 위에서 인용한 리드의 보고를 읽어보면, '사망 선고'라고 하기에는 의심쩍은 부분이 있다. 힐베르트는 괴델의 불완전성 정리를 건설적으로 검토했고, 수정을 가하면 자신의 프로그램이 여전히 유효하다는 것을 확신했던 것이다.

괴델의 불완전성 정리는 힐베르트 프로그램을 죽였는가?

그렇다면 실제로 괴델의 불완전성 정리는 힐베르트 프로그램에 얼마나 심각한 타격을 입혔을까? 많은 학자들은 이 물음에 다양한 견해를 제시한다. 먼저 통설적인 견해에 따르면 괴델의 불완전성 정리는 힐베르트의 프로그램을 무참하게 파괴해 버렸고, 완전히 폐기시켰으며 '죽여'버렸다. 한마디로 괴델의 불완전성 정리는 힐베르트 프로그램에 대한 사망 선고였다는 것이다.

이러한 견해 중 가장 극단적인 예는 스모린스키$^{Craig\ Smorynski}$의 주장이다. 그에 따르면 힐베르트 프로그램을 '죽여'버리는 데는 제1불완전성만으로도 충분하며, 제2불완전성 정리는 "그 시체를 더 모독하기 위해서" 필요할 뿐이다. 그러나 과연 이러한 주장이 옳은지는 논란의 여지가 있다. 불완전성 정리의 발표 이후 힐베르트 자신이 보인 반응은 유념할 필요가 있다.

무엇보다도 이 지점에서 주목해야 하는 수학자는 겐첸$^{Gerhard\ Gentzen,\ 1909~1945}$이다. 벼랑에 몰린 힐베르트에게 상황은 극적으로 반전되었다. 수리논리학의 역사에서 획기적인 사건이 일어난 것이다. 1936년에 힐베르트의 조교였던 겐첸은 산술의 무모순성을 증명했다. 리드의 보고를 보면, 힐베르트가 겐첸의 증명을 얼마나 환영했는지를 잘 알 수 있다.

혹자는 이 지점에서 어떤 혼란을 느끼게 될 것이다. 괴델은 1931년에 제2불완전성 정리를 통해 산수체계가 무모순이라면, 그 체계에서는 산수체계가 무모순임을 증명할 수 없다는 것을 증명하지 않았는가! 그런데 겐첸은 1936년에 산수가 무모순이

라는 것을 증명했다. 그렇다면 이 두 사람의 증명은 상호 모순적인 것인가? 그렇지 않다. 괴델은 산수 체계의 무모순성이 그 **체계 내부에서** 증명될 수 없다는 것을 증명했다. 반면에 겐첸은 산수에 **속하지 않는** 정리와 방법으로 산수의 무모순성을 증명한 것이다. 겐첸은 수학적 귀납법(완전 귀납법)을 초한 서수로 확장한 귀납법, 즉 초한 귀납법(무한 귀납법)을 사용해 산수의 무모순성을 증명했으며 이 초한 귀납법은 산수에 속하지 않는 것이었다.

이제 힐베르트 프로그램이 무엇인지 다시 생각해보자. 힐베르트 프로그램이란 실제의 수학을 형식화하고 그것에 대해 '유한주의 방법'으로 무모순성을 증명하자는 계획을 말한다. 여기에서 '유한주의 방법'(또는 '유한적 방법')은 힐베르트가 새롭게 만든 용어였고, 힐베르트도 이것이 무엇인지 엄밀하게 정의하지 않았다. 만일 이 용어가 정확하게 정의되었고 그래서 괴델의 불완전성 정리가 힐베르트 프로그램을 논박하는 것이었다면, 전자가 후자를 죽여버렸다고 정당하게 말할 수 있다. 그러나 문제는 바로 그 핵심적인 용어가 엄밀하게 정의되지 않았다는 점이다.

요컨대 괴델의 불완전성 정리의 출현과 함께 힐베르트 프로그램은 새로운 국면을 맞게 된 것이다. 물론 괴델의 불완전성 정리는 힐베르트 프로그램에 중요한 타격을 가했다. 그리고 힐베르트는 괴델의 불완전성 정리를 건설적으로 검토하면서 기존의 자신의 생각을 명료하게 다듬을 수 있었다. 이러한 힐베르트의 마지막 투혼은 겐첸이라는 천재를 가능하게 했다. (그러나 불행하게도 겐첸은 제2차 세계대전 중에 포로로 수감되어 영양실조로 요절했다.) 핵심은 '유한주의 방법'이 무엇이냐 하는 점과 산수의 완전성 증명이 힐베르트의 프로그램을 구성하는 것으로서 결정적이냐 하는 점이다. 따라서 이 문제를 어떻게 보느냐에 따라 괴델의 불완전성 정리가 힐베르트 프로그램을 파괴했다고 규정할 수도 있고, 겐첸의 산술의 무모순성 증명이 힐베르트 프로그램을 실현했다고 규정할 수도 있다.

 힐베르트 프로그램과 괴델의 불완전성 정리의 관계에 대해 논의할 때면, 무게 중심은 대부분 후자에 놓인다. 그러나 명심해야 할 점이 있다. 1차 논리의 완전성과 결정 문제는 프레게의 《개념표기법》이 출판된 1879년 이후 약 50년이 지나서야 힐베르트와 아커만의 《수리논리학의 원리》(1928)에서 비로소 정식화되었다. 물론 1차 논리의 완전성 문제가 정식화되자 괴델이 1년 만에 해결했다는 사실과 다시 2년 후에 페아노 산수 체계가 불완전하다는 것을 증명했다는 사실은 대단히 놀라운 일이다. 그러나 더 의아하고 놀라운 것은 하오 왕도 지적했듯이, 그러한 문제 정식화에 도달하는 데 반세기가 걸렸다는 것이며, 그러한 문제 정식화가 이루어졌다는 사실이다. 그러한 문제 정식화가 가능했던 것은 힐베르트의 '외부'의 관점에 있었다. 그 토양 위에서 괴델, 튜링, 그리고 겐첸이라는 천재가 가능했던 것이다.

만남 10

튜링과 결정 문제

<u>힐베르트의 결정 문제</u> 일반적으로 수학에서 '결정 문제Entsheidungs problem: decision problem'란 어떤 규정에 의해 정해진 임의의 모든 진술에 대해 그것이 참인지 여부를 결정하는 알고리즘(즉 유한하고 효과적인 절차)이 존재하느냐 하는 문제를 말한다. 특히 '힐베르트의 결정 문제'라 함은 1차 논리의 논리식에 대해서 그것이 타당한지 여부를 결정하는 알고리즘이 존재하느냐 하는 문제이다. 앞에서 지적했듯이 힐베르트의 결정 문제는 1928년에 힐베르트와 아커만이 함께 집필한 《수리논리학의 원리》에서 처음 정식화된 문제이다. 보통 수리논리학에서 '결정 문제'는 바로 이 1차 논리에 대한 결정 문제를 의미한다.

하나의 결정 문제에 대한 대답은 긍정적일 수도 있고 부정적일 수도 있다. 대답이 긍정적인 경우에는 알고리즘은 존재하고,

p	~p
T	F
F	T

부정적인 경우에는 알고리즘은 존재하지 않는다. 특히 알고리즘이 존재하지 않는 것이 밝혀진 경우에 결정 문제는 **해결 불가능**하다고 말한다. 튜링이 증명한 것은 힐베르트가 1928년에 제출한 결정 문제, 즉 힐베르트의 결정 문제가 해결 불가능하다는 것이다.

이해를 쉽게 하기 위해 1차 논리보다 더 간단한 명제 논리(문장 논리)에 대해 생각해보자. 명제 논리에 속하는 어떤 논리식에 대해서도 그것이 타당한지 여부를 결정하는 알고리즘이 존재하는가? 그렇다. 명제 논리에서는 어떤 명제가 타당한지 여부를 알기 위해서, '진리표 방법'을 사용하면 된다. 먼저 '진리표'가 무엇인지 살펴보기로 하자.

부정 기호(~), 연언 기호(&), 선언 기호(∨), 함언 기호(⊃)가 나오는 명제(논리식)의 경우, 각각의 명제의 진리치는 아래의 표와 같이 결정된다.

p	q	p&q	p∨q	p⊃q
T	T	T	T	T
T	F	F	T	F
F	T	F	T	T
F	F	F	F	T

p	~p	p∨~p
T	F	T
F	T	T

앞쪽 위의 진리표를 보면, 명제 p가 참(T)이면, p의 부정문 ~p는 거짓(F)이다. 또한 앞쪽 아래의 진리표를 보면 선언문 p∨q는 p와 q 둘 다 거짓(F)일 때에만 거짓(F)이고, 나머지 경우에는 참(T)이다. 마찬가지로 조건문 p⊃q는 p가 참이고 q가 거짓인 경우에만 거짓이다. 나머지 경우에는 참이다.

명제 논리에서 한 명제가 타당하다는 것은 진리표를 그렸을 때 마지막 세로 열에 모두 T만 나오는 경우를 말한다. 예를 들어 p∨~p가 타당한 논리식이라는 점은 위의 진리표로부터 알 수 있다. 마찬가지로 예컨대 논리식 {(p⊃q)&p}⊃q가 타당하다는 것은 아래와 같이 진리표를 그려서 확인할 수 있다.

세로 열에 오직 T만 나오면 그 논리식은 타당하다. 반면에 (p⊃q)나 (p⊃q)&p와 같이 하나라도 F가 나오면 그 논리식은 타당하지 않다. 이와 같이 명제 논리에서는 어떤 논리식에 대해서든 진리표를 그릴 수 있고, 세로 열에 나오는 것이 모두 T인지를

p	q	p⊃q	(p⊃q)&p	{(p⊃q)&p}⊃q
T	T	T	T	T
T	F	F	F	T
F	T	T	F	T
F	F	T	F	T

살펴봄으로써 타당한 논리식인지의 여부를 알 수 있다.

그런데 이 진리표는 다음의 논증이 타당한지 여부를 가리기 위해서도 사용될 수도 있다.

$$(p \supset q) \& p$$
$$q$$

한 논증이 타당하다는 것은 전제가 모두 참이라면 결론이 반드시 참이 된다는 것을 뜻한다. 다시 말해 전제가 모두 참이라고 가정하면 그 가정 하에서 결론이 거짓이 되는 경우가 없다는 것을 뜻한다. 따라서 위의 논증이 타당한지를 보이는 것은 전제가 참이라면 결론이 반드시 참이 되는지를 보이는 것이다. 결국 전제와 결론을 함언 기호(⊃)로 연결한 조건문, 즉 {(p⊃q)&p} ⊃ q가 타당한지를 보이는 것과 동일하다. 이와 같이 한 논증이 주어져 있을 때 전제와 결론을 함언 기호(⊃)로 연결한 조건문을 그 **논증에 대응하는 논리식**이라고 한다. 진리표를 통해 위의 논증에 대응하는 논리식 {(p⊃q)&p}⊃q가 타당하다는 것을 확인했다. 그러므로 이 논증 또한 타당하다.

이와 같이 명제 논리에서는 어떤 논리식이든 진리표 방법을 통해 타당한지 여부를 알 수 있고 진리표 작성이 그 알고리즘을 제공해준다. 이제 문제는 **1차 논리**에서도 한 논리식이 타당한지 여부를 가릴 수 있는 알고리즘이 존재하느냐 하는 것이다. 다시 말해 1차 논리에서 논증이 주어졌을 때, 그 논증에 대응하는 논리식이 타당한지 여부를 가릴 수 있는 알고리즘이 존재하느냐

하는 것이다.

대각선 방법 버전 2

튜링은 힐베르트의 결정 문제가 해결 불가능하다는 것을 증명했다. 그렇다면 튜링은 어떻게 이를 증명했을까? 앞으로 살펴보겠지만 튜링은 소위 '멈춤 문제 halting problem'가 해결 불가능하다는 것을 보임으로써 힐베르트의 결정 문제가 해결 불가능하다는 것을 증명했다. 멈춤 문제가 해결 불가능하다는 튜링의 증명을 살펴보기 위해서는 그 전에 대각선 방법의 두 번째 버전을 이해해야 한다.

우리는 앞에서 이미 칸토어의 대각선 방법이 무엇인지 살펴보았다. 지금 설명하는 이 내용은 앞의 칸토어의 대각선 방법과 외관상으로는 달라 보이지만 본질적으로는 동일하다. 먼저 다음의 질문에 대답해보자. 다음과 같이 2개 이하의 원소를 지닌 집합이 2개 있다. 이 집합들과 다른 2개 이하의 원소를 지닌 집합을 하나만 제시해보시오.

$$\{1\}, \{5, 7\}$$

물론 대답은 너무 쉽다. 오히려 질문을 이해하는 것이 더 어렵다. 그 대답은 예컨대 {3}, {2, 8} 등과 같은 것이다.

그러면 다음의 질문에 대답해보자. 다음과 같이 5개 이하의 원소를 지닌 집합이 5개 있다. 이 집합들과 다른 5개 이하의 원소를 지닌 집합을 하나만 제시해 보시오.

{1, 2}, {2, 4, 6}, {1, 3, 5, 7}, {4, 5, 6, 7, 8}, {6, 7, 8, 9, 10}

물론 이 대답도 너무 쉽다. {3, 4}, {1, 3, 4, 5, 6} 등과 같은 것임을 알 수 있다. 지금까지는 식은 죽 먹기였다. 진짜 문제는 이렇다. 아래와 같이 1억 개 이하의 원소를 지닌 집합이 1억 개 있다. 이 집합들과 다른 1억 개 이하의 원소를 지닌 집합을 하나만 제시해 보시오.

{5}	원소 1개
{3, 4}	원소 2개
{1, 2, 3}	원소 3개
{2, 4, 6, 8, 10}	원소 5개
{1, 3, 15, 37, 49, ⋯, 245}	원소 100개
{1, 75, 88, 567, 988, ⋯, 1235}	원소 998개
{7, 1111, 4567, 12459, ⋯, 11555999}	원소 10000개
{1, 2, 3, 4, 5, 6, 7, 8 ⋯, 20000000}	원소 20,000,000개
{2, 4, 6, 8, 10, ⋯, 100000000}	원소 50,000,000개
⋯	
⋯	
⋯	
{1, 2, 3, 4, 5, ⋯, 100000000}	원소 1억 개

이 문제는 처음의 질문과는 달리 쉽지 않다. 1억 개의 집합을

모두 확인하는 것은 쉽지 않다. 자, 어떻게 할 것인가? 다시 처음의 질문으로 돌아가자.

{1}, {5, 7}

먼저 두 집합에 각각 이름을 부여한다. 이때 이름은 집합의 원소와 **같은 종류**여야 한다. 즉 위 집합의 원소는 자연수이므로 각각의 집합에 자연수로 이름을 부여한다. 또한 위의 두 집합은 서로 다르므로, 부여되는 이름 또한 서로 달라야 한다. 예컨대 {1}에는 3, {5, 7}에는 5라는 이름을 부여한다고 하자.

집합　　　　{1}　{5, 7}
집합의 이름　 3　　5

이름이 각각의 집합의 원소인지를 조사한다. 3은 {1}의 원소가 아니고, 5는 {5, 7}의 원소이다. 이제 이름이 집합의 원소가 아닌 경우 그 이름을 모은 집합을 생각한다. 그러면 {3}이다. 이것이 우리가 구하는 답이다. 마찬가지로 두 번째 질문에 대해서도 동일한 방식으로 구할 수 있다. 다음 5개의 집합의 이름을 각각 1, 3, 4, 7, 8이라고 하자.

집합　　　 {1, 2} {2, 4, 6} {1, 3, 5, 7} {4, 5, 6, 7, 8} {6, 7, 8, 9, 10}
집합의 이름　1　　　3　　　　4　　　　　7　　　　　　8

그러면 1 ∈ {1, 2}, 3 ∉ {2, 4, 6}, 4 ∉ {1, 3, 5, 7}, 7 ∈ {4, 5, 6, 7, 8}, 8 ∈ {6, 7, 8, 9, 10}이다. 이제 이름이 집합의 원소가 아닌 경우, 그 이름을 모은 집합을 생각한다. 우리가 구하는 대답은 {3, 4}이다. 이 집합은 첫 번째 집합 {1, 2}와 다르다. 왜냐하면 {1, 2}에는 1이 포함되지만 이 집합에는 1이 포함되지 않기 때문이다. 이 집합은 두 번째 집합 {2, 4, 6}과 다르다. 왜냐하면 {2, 4, 6}에는 3이 포함되지 않지만 이 집합에는 3이 포함되기 때문이다. 이 집합은 세 번째 집합 {1, 3, 5, 7}과 다르다. 왜냐하면 {1, 3, 5, 7}에는 4가 포함되지 않지만 이 집합에는 4가 포함되기 때문이다.

마찬가지로 최대 1억 개의 원소를 지닌 1억 개의 집합들에 대해서도 자연수들로 이름을 부여할 수 있다. 물론 이때 주어진 1억 개의 집합들은 서로 다른 집합이므로, 서로 다른 자연수로 이름을 부여해야 한다. 가장 쉬운 방법으로 1, 2, 3, 4, 5, …, 1억을 각각의 집합에 부여한다고 하자. 그러면 우리가 찾는 대답은 {1, 2, 5, 6, 9, …}이다.

지금까지의 과정을 정리해보자. 우리는 주어진 어떤 원소들의 집합들에 대해서 그 집합들과 다른 집합을 찾으려고 했다. 이를 위해 집합들에 이름을 부여했는데, 이때 이름은 집합들의 원소와 같은 종류였다. 또한 주어진 집합들은 서로 다르므로, 각각의 집합에 부여하는 이름들 또한 서로 달라야 한다. 이름이 집합에 속하지 않으면 이러한 이름들만을 모은 집합을 구성한다. 이것이 우리가 원하는 답이다. 이와 같이 대각선 방법(두 번째 버전)이란, 어떤 원소들의 집합들에 대해 그 집합들의 이름이 원소들

과 동일한 종류라면, 제시된 모든 집합들과 다른 집합을 항상 찾을 수 있다는 것을 보여주는 방법을 말한다.

멈춤 문제

튜링은 소위 '멈춤 문제'가 해결 불가능하다는 것을 보임으로써 힐베르트의 결정 문제가 해결 불가능하다는 것을 증명했다. 그렇다면 멈춤 문제란 무엇일까?

어떤 튜링 기계는 입력값이 주어지면 작동을 한 후에 멈추고, 또 다른 입력값이 주어지면 멈추지 않고 계속 작동한다. 예를 들어보자.

예1 q □ P □ R q

예1 튜링 기계는 테이프의 사각형이 모두 빈칸이고 어느 한 빈칸에서 시작하면, 오른쪽으로 한없이 한 칸씩 움직인다. 만일 테이프의 어떤 사각형에 기호가, 예를 들어 111이 쓰여 있으면, 그리고 튜링 기계가 가장 왼쪽 첫 번째 1이 있는 사각형에서 작동을 시작한다면 그 1을 읽은 다음에 작동을 멈춘다. 왜냐하면 이 경우에는 1을 읽은 다음에 그다음 작동을 지시하는 지시사항이 없기 때문이다. 이번에는 **예2** 튜링 기계에 대해 생각해보자.

예2 q 1 P1 R q ; q 0 P0 L q

예2 튜링 기계는 앞에서 살펴보았듯이 테이프에 9999가 쓰여 있다면, 그리고 가장 왼쪽 9가 있는 사각형에서 작동을 시작한다면 가장 왼쪽 9에서 멈춘다. 반면에 1100이 쓰여 있다면, 그리고 가장 왼쪽 1이 있는 사각형에서 작동을 시작한다면, 이 튜링 기계는 가운데 10이 있는 사각형을 계속 왕복하면서 작동을 멈추지 않는다.

이와 같이 튜링 기계는 입력값에 따라 멈출 수도 있고 멈추지 않을 수도 있다. 이제 임의의 튜링 기계 T에 입력값 d가 투입된다고 하자. 여기에서 문제는 어떤 강력한 튜링 기계 M에 대해서, M이 T에 d가 투입될 때 T가 멈출지 여부를 결정할 수 있느냐 하는 것이다. 그런데 튜링 기계 M은 5순서열에 의해 결정되고, 5순서열의 모임은 하나의 프로그램이며 결국 하나의 알고리즘이라는 것을 상기하자. 문제를 다시 정리하면 이렇다. T에 d가 투입될 때 T가 멈출지 여부를 가리는 알고리즘이 존재하는가? 다시 말해 어떤 임의의 튜링 기계에 입력값이 주어졌을 때 궁극적으로 멈출지 여부를 효과적으로 결정할 수 있는 절차, 또는 프로그램이 존재하는가? 또는 임의의 튜링 기계 T에 d가 투입될 때 T가 멈출지 여부를 가리는 튜링 기계 M이 존재하는가? 바로 이 문제를 **멈춤 문제**라고 한다. 튜링은 바로 그러한 알고리즘, 프로그램, 튜링 기계가 존재하지 않음을 증명했다.

이제 멈춤 문제가 해결 불가능하다는 것에 대한 증명을 살펴보기 전에 왜 그 문제가 해결 불가능할 수밖에 없는지 생각해보자. 과연 임의의 튜링 기계 T에 입력 값 d가 투입되었을 때 T가 멈출지 여부를 가리는 튜링 기계 M이 존재할까? 이런 튜링 기계

M이 존재한다면, M은 임의의 튜링 기계 T를 모두 흉내 낼 뿐만 아니라 T가 멈출지 여부도 판단할 수 있는 대단히 강력한 튜링 기계임에 틀림없다. 왜냐하면 M은 임의의 모든 튜링 기계를 다루는 것이기 때문에 하나의 보편 튜링 기계가 되어야 하기 때문이다. 즉 M은 임의의 튜링 기계 T를 모두 흉내 낼 뿐만 아니라 그 T가 멈출지 여부를 결정해야 한다.

이제 T에 d가 투입되었을 때, T가 작동하는 것을 M이 어떻게 흉내 내면서 T가 멈출지 여부를 결정하게 될지 생각해보자. T는 d가 투입되면 멈추거나, 멈추지 않고 한없이 작동할 것이다. M은 T가 멈추면 1을 쓰면서 멈추고(테이프는 1이 있는 사각형을 제외하면 모두 빈칸이다), T가 멈추지 않고 계속 작동하면 0을 쓰면서 멈춘다고 하자(테이프는 0이 있는 사각형을 제외하면 모두 빈칸이다).

먼저 T가 멈추는 경우를 생각해보자. 이 경우에 M은 아무 문제없이 일을 처리할 것이다. 즉 M은 T의 작동을 흉내 낸 후에 T가 멈추는 것을 확인하고 1을 쓴다. 그렇다면 T가 멈추지 않고 계속 작동하는 경우에는 어떻게 될까? M은 T를 계속 흉내 내어야 할 것이다. 그런데 이 경우에 M은 T가 멈추지 않는다는 것을 알 수 있을까? 어떤 경우에는 가능할 것이다. 예컨대 예2 튜링 기계에 1100이 투입되는 경우, M은 예2 튜링 기계가 가운데 10에서 왕복하는 것을 확인하고 이로부터 어떤 규칙을 발견한 다음에, 예2 튜링 기계가 멈추지 않는다는 것을 알아내고 0을 쓴다. 그러나 M은 **임의의** 튜링 기계 T가 멈추지 않고 계속 작동하는 경우, 항상 그러한 규칙을 발견할 수 있을까?

만일 항상 그러한 규칙이 존재하고 M이 그 규칙을 발견하는 것이 가능하다면, M은 T가 멈추지 않고 계속 작동하는 경우에 T가 멈추지 않는다는 것을 알아내고 0을 쓰면서 멈출 것이다. 그러나 설령 그러한 규칙이 존재한다고 할지라도 M이 항상 그 규칙을 발견할 수 있는지는 장담할 수 없다. 더구나 아예 그러한 규칙이 존재하지 않을 수도 있다. 가령 원주율 π를 계산하면서 π의 소수점 전개에서 777이 나오면 멈추는 튜링 기계를 T_π라고 부르자. 이제 M이 T_π를 흉내 낸다고 하자. 과연 M은 T_π가 멈출 것인지를 결정할 수 있을까? 현재 최고 성능의 컴퓨터로 π = 3.1415926538…을 몇억 자리까지 소수 전개를 했지만, 777은 나오지 않았다. 만일 T_π가 멈추지 않고 한없이 작동한다면, 이러한 상황에서는 M은 T_π가 멈추는지 여부를 판단하게 해줄 규칙을 발견할 수 없을 것이다. 또는 아예 처음부터 그러한 규칙이 존재하지 않을 수도 있다.

멈춤 문제 해결 불가능성

그러면 이제 멈춤 문제가 해결 불가능하다는 것을 증명해보자. 다시 말해 임의의 튜링 기계 T에 임의의 입력값 d가 투입되었을 때 T가 멈출지 여부를 결정하는 효과적인 절차, 유한한 단계적 절차(알고리즘), 또는 튜링 기계 M이 존재하지 않는다는 것을 증명해보자.

이를 증명하기 위해서는 먼저 '**멈춤 집합**halting set'이라는 개념을 이해하는 것이 필요하다. 앞에서 확인했듯이, 튜링 기계는 어떤 입력값에 대해서 멈출 수도 있고 멈추지 않을 수도 있다. 하나의

튜링 기계에 입력값을 투입해서 튜링 기계가 멈출 경우, 그 입력값들을 모두 모은 집합을 그 튜링 기계의 **멈춤 집합**이라고 부른다. 즉 임의의 튜링 기계 T에, T의 멈춤 집합에 속하는 원소를 투입하면 T는 궁극적으로는 멈춘다. T의 멈춤 집합에 속하지 않는 원소를 투입하면 T는 멈추지 않고 계속 작동한다.

그렇다면 `예1` 튜링 기계의 멈춤 집합은 무엇일까? 테이프에는 0, 1, 2와 같은 숫자만 적힌다고 가정하면, 그리고 가장 왼쪽에 있는 숫자에서 시작한다고 하면 `예1` 튜링 기계의 멈춤 집합은 그러한 숫자로 이루어진 모든 수들의 집합이 된다. 왜냐하면 어떤 숫자가 적혀 있건 `예1` 튜링 기계는 거기에서 멈출 것이기 때문이다. `예2` 튜링 기계의 멈춤 집합에는 9999는 한 원소로 포함되지만 1100은 포함되지 않는다.

그러면 이제 임의의 튜링 기계 T에 임의의 입력값 d가 투입되었을 때 T가 멈출지 여부를 결정하는 보편 튜링 기계 M이 존재하지 않는다는 것을 증명해보자. 이를 위해서 보편 튜링 기계 M이 존재한다고 가정하자. 이러한 가정으로부터 모순을 끌어냄으로써 M이 존재하지 않는다는 것을 증명할 것이다.

먼저 튜링 기계는 5순서열들의 모임과 동일하고, 이 5순서열들은 유한하다는 점을 기억하자. 따라서 이러한 일련의 5순서열들은 모두 열거될 수 있다. 즉 모든 튜링 기계를 차례대로 남김없이 열거할 수 있다. 이제 모든 튜링 기계를 열거해, 그것들을 $T_1, T_2, T_3, T_4, T_5, \cdots$라고 부르기로 하자.

앞에서 하나의 튜링 기계에 대해 그것의 멈춤 집합이 존재한다는 것을 살펴보았다. 즉 튜링 기계 T에 어떤 입력값 d를 투입했을 때 T가 멈춘다면, T의 멈춤 집합은 그러한 d를 모두 원소로 갖는 집합이다. 편의상 T에 투입되는 모든 입력값을 0, 1, 2, 3, …과 같은 자연수로 제한하기로 하자.

이제 T_1, T_2, T_3, T_4, T_5, …의 멈춤 집합을 각각 D_1, D_2, D_3, D_4, D_5, …라고 부르기로 하자. 다시 말해 T_i의 멈춤 집합은 D_i(i=1, 2, 3, …)이다. 그러면 이 D_i(i=1, 2, 3, …)는 각각 어떤 자연수들의 집합이다(왜냐하면 T에 투입되는 모든 입력 값을 자연수로 한정했기 때문이다). 이제 이 각각의 집합에 대해서 원소들(즉, 어떤 자연수들)과 종류가 같은 이름을 부여할 수 있다. 이를 위해서 T_1, T_2, T_3, T_4, T_5, …의 각각의 부호수를 D_1, D_2, D_3, D_4, D_5, …의 이름으로 부여하자. 그리고 T_1, T_2, T_3, T_4, T_5, …의 각각의 부호수를 $n(T_1)$, $n(T_2)$, $n(T_3)$, $n(T_4)$, $n(T_5)$, …라고 부르자. 따라서 $n(T_1)$, $n(T_2)$, $n(T_3)$, $n(T_4)$, $n(T_5)$, …는 각각 D_1, D_2, D_3, D_4, D_5, …의 이름이다.

이로써 앞에서 다루었던 대각선 방법의 두 번째 버전을 사용할 수 있게 되었다. 즉 어떤 원소들의 집합들에 대해서 집합들의 이름이 원소들과 동일한 종류라면 그 모든 집합들과 다른 집합을 항상 찾을 수 있다. 따라서 대각선 방법에 따라 각각의 부호수 $n(T_i)$가 D_i에 포함되지 않는 경우 이러한 부호수들만을, 즉 이러한 $n(T_i)$들만을 원소로 갖는 집합을 생각할 수 있다. 이 집합을 D라고 부르자. 그러면 D는 대각선 방법에 따라서 구성된 것으로, 어떤 D_i(즉 D_1, D_2, D_3, D_4, D_5, …)와도 다른 집합이다. 다시 말해 D는 **어떤 튜링 기계의 멈춤 집합도 아니다**.

이제 앞에서 언급한 보편 튜링 기계 M이 존재한다면 주어진 D

에 대해서, 어떤 자연수 n이 D에 속하는지 여부를 결정하는 튜링 기계 Z가 존재한다는 것을 알 수 있다. 이를 좀 더 자세히 살펴보자. 만일 처음에 우리가 가정한 것처럼 임의의 튜링 기계 T에 대해서 임의의 입력값 d가 투입될 때 멈출지 여부를 결정할 수 있는 튜링 기계 M이 존재한다면, M은 당연히 임의의 튜링 기계 T_i에 대해서 입력 값 $n(T_i)$가 투입될 때 T_i가 멈출지 여부를 결정할 수 있고 이에 따라 $n(T_i)$가 D_i의 한 원소인지 여부를 결정할 수 있다. 다시 말해 $n(T_i)$가 투입될 때 T_i가 멈추면 $n(T_i)$는 D_i의 한 원소이고 따라서 D의 원소가 아니다. 반면 $n(T_i)$가 투입될 때 T_i가 멈추지 않으면 $n(T_i)$는 D_i의 원소가 아니고 따라서 D의 한 원소이다. 이렇게 해서 D의 모든 원소들은 차례대로 남김 없이 열거될 수 있다. 그러므로 어떤 자연수 n이 D에 속하는지 여부를 결정하는 튜링 기계 Z가 존재한다.

그리하여 Z는 만일 n이 D에 속하면 마지막으로 1을 쓰면서 멈추고(테이프는 1이 있는 사각형을 제외하면 모두 빈칸이다), n이 D에 속하지 않으면 마지막으로 0을 쓰면서 멈춘다(테이프는 0이 있는 사각형을 제외하면 모두 빈칸이다). 즉 Z가 이와 같이 멈추도록 설계할 수 있다. Z는 튜링 기계이므로 일련의 5순서열들로 이루어져 있다. 이제 이러한 5순서열들 뒤에 다음의 5순서열을 추가해 새로운 튜링 기계 Z*를 만들기로 하자.

q 0 P 0 R q
q □ P □ R q

자, 그렇다면 Z*에 D에 속하는 수들이 투입되면 어떻게 될까? D에 속하는 수들이 투입되면, Z*는 Z와 마찬가지로 멈춘다. 왜냐하면 이 경우 Z는 1을 쓰면서 멈추는데, 이 1에 대해서 무엇을 해야 할지 위에 첨가된 지시사항에서는 아무것도 말해주는 것이 없기 때문이다.

그렇다면 Z*에 D에 속하지 않는 수들이 투입되면 어떻게 될까? D에 속하지 않는 수들이 투입되면, Z*는 멈추지 않고 계속 작동한다. 왜냐하면 D에 속하지 않는 수들이 투입되면 Z에서와 같이 0을 쓰면서 일단 멈추었다가, 위에 새롭게 첨가된 두 개의 5순서열에 따라 0이 적힌 사각형을 그대로 두고 오른쪽으로 한 칸 옮긴 후 다시 계속해서 오른쪽으로 한 칸씩 계속 움직일 것이기 때문이다.

따라서 Z*의 멈춤 집합은 정확히 D이다! 왜냐하면 Z*는 D의 원소들이 입력되면 멈추고, 또 D의 원소가 아닌 것들이 입력되면 멈추지 않고 계속 작동하기 때문이다. 그런데 이는 불가능하다. 왜냐하면 D는 대각선 방법에 따라서 구성된 것으로, 어떤 멈춤 집합과도 다르기 때문이다. 그러므로 튜링 기계 M은 존재하지 않는다. 왜냐하면 M이 존재한다면 Z와 Z*가 존재하게 되고 결국 D가 멈춤 집합이 되기 때문이다. 즉 임의의 튜링 기계 T에 임의의 입력값 d가 투입되었을 때 T가 멈출지 여부를 결정하는 알고리즘(튜링 기계, 프로그램)은 존재하지 않는다.

1차 논리의 결정 불가능성

앞에서 언급했듯이 힐베르트의 결정 문제란 어떤 1차 논리의 논리식이 주어졌을 경우 이 논리식이 타당한지 여부를 결정하는 알고리즘이 존재하느냐 하는 문제이다. 만일 이러한 알고리즘이 존재한다면, 이 알고리즘에 따라 어떤 주어진 (1차 논리의) 논리식이 타당한지 여부를 알 수 있다. 앞에서 명제 논리의 경우 이러한 알고리즘의 역할을 하는 것이 진리표 방법임을 살펴보았다. 아무리 복잡한 명제 논리의 논리식에 대해서도 진리표를 그릴 수 있고, 그 논리식이 타당한지 여부를 알 수 있다. 이제 문제는 1차 논리에서도 그와 같은 알고리즘이 존재하느냐 하는 것이다.

튜링은 그와 같은 알고리즘이 존재하지 않는다는 것을 증명했다. 자, 그렇다면 튜링은 어떻게 이를 증명했을까? 앞에서 멈춤 문제가 해결 불가능하다는 것을 살펴보았다. 바로 이러한 사실로부터 힐베르트의 결정 문제가 해결 불가능하다는 것, 즉 1차 논리가 결정 불가능하다는 것이 따라 나온다. 이제 왜 그러한지 살펴보기로 하자. 그러나 이것을 상세하게 살펴보는 것은 이 책의 범위를 넘어선다. 대강의 얼개만 논의하겠다.

다음과 같은 논증을 살펴보자.

>튜링 기계 T에 입력값 d가 투입된다.
>그러므로 T는 궁극적으로 멈춘다.

어떤 튜링 기계 T에 입력값 d가 투입되면, T는 궁극적으로는 멈추거나 아니면 멈추지 않고 계속 작동할 것이다. 만일 T에 d가 투입되었을 때 T가 궁극적으로 멈춘다면, 위의 논증은 타당한 논증이 된다. 반대로 T에 d가 투입되었을 때 T가 멈추지 않고 계속 작동한다면, 위의 논증은 부당한 논증이 된다.

앞에서 하나의 논증에 대해 그 논증과 대응하는 논리식(문장)이 존재한다는 것을 확인했다. 위의 논증의 경우 논증과 대응하는 문장(논리식)은 다음과 같다.

튜링 기계 T에 입력 값 d가 투입된다면 T는 궁극적으로 멈춘다.

만일 위의 논증이 타당하다면 대응하는 문장은 타당하고, 위의 논증이 타당하지 않다면 대응하는 문장도 타당하지 않다. 따라서 대응 문장이 타당한지 여부를 밝히는 것은 위의 논증이 타당한지 여부를 밝히는 것과 같고, 이는 '튜링 기계 T에 입력 값 d가 투입된다'라는 전제로부터 'T는 궁극적으로 멈춘다'라는 결론이 나오느냐 하는 것을 밝히는 것과 같다. 그런데 우리는 앞에서 이러한 전제로부터 결론이 도출되는지를 결정하는 알고리즘이 존재하지 않는다는 것을 앞에서 확인했다. 즉 멈춤 문제는 해결 불가능하다. 다시 말해 튜링 기계 T에 입력값 d가 투입될 때 T가 궁극적으로 멈출지 여부를 항상 알 수 있는 알고리즘은 존재하지 않는다. 그러므로 '튜링 기계 T에 입력값 d가 투입된다면 T는 궁극적으로 멈춘다'라는 문장이 타당한 문장인지를 결정하는 알고리즘은 존재하지 않는다.

그런데 '튜링 기계 T에 입력값 d가 투입된다면 T는 궁극적으

로 멈춘다'라는 대응 문장은 1차 논리의 논리식으로 표현될 수 있다. 달리 말하면, 위의 논증의 전제인 '튜링 기계 T에 입력값 d가 투입된다'는 1차 논리의 논리식으로 바꿀 수 있고, 마찬가지로 위의 논증의 결론인 'T는 궁극적으로 멈춘다'도 1차 논리의 논리식으로 바꿀 수 있다. 이렇게 논증에 나오는 문장들이 1차 논리의 논리식으로 표현될 수 있다면, 그 논증이 타당한지 여부를 가리는 알고리즘이 존재하지 않는다는 결론이 나온다. 왜냐하면 그러한 알고리즘이 존재한다면, 멈춤 문제는 해결 가능해야 하는데, 이미 앞에서 멈춤 문제가 해결 불가능하다는 것을 확인했기 때문이다.

그렇다면 앞의 논증에 나오는 문장들을 어떻게 1차 논리의 논리식으로 표현할 수 있을까? 이는 가장 중요한 문제임에도 불구하고 상세하게 논의할 수 없다. 다만 〈부록〉에서 여기에 대한 기본적인 아이디어를 간략하게 서술하고자 한다. 이 문제에 대해 궁금한 독자는 〈부록〉을 참고하기 바란다.

만남 11

기계는 생각할 수 있는가?

― 초대 ― 만남 ― 대화 ― 이슈 ―

지금까지 우리는 현대 컴퓨터의 발명을 가능하게 했던 핵심 착상인 괴델 수 대응과 보편 튜링 기계를 넘어, 그러한 착상이 왜 수학의 발전 과정에서 필요했는지를 이해하기 위해 힐베르트 프로그램, 괴델의 불완전성 정리, 튜링의 결정 문제 해결 불가능성 정리를 살펴보았다. 이제 이와 관련된 가장 핵심적인 철학적 문제를 다루고자 한다. 앞에서 우리는 세상에서 가장 단추가 많은 기계가 컴퓨터이고 그래서 컴퓨터가 가장 강력한 기계라는 점을 지적하였다. 그렇다면 컴퓨터는 얼마나 강력한가? 얼마나 강력하냐 하면, 우리 인간으로 하여금 "컴퓨터는 생각할 수 있는가?"라고 질문을 하게 할 만큼 강력하다.

사람이 기계라면

영화 〈터미네이터 II^{The Terminator II}〉(1991)의 마지막 장면은 압권이다. 아널드 슈워제네거는 자신도 제거돼야 한다면서 펄펄 끓는 쇳물 속으로 내려간다. 이윽고 그는 엄지손가락을 치켜든다. 기계가 자살을 한다는 설정에 우리는 다소 야릇한 느낌을 받았다. 하지만 "이미 저장된 프로그램에 따라 그럴 수도 있겠지!"라는 생각도 든다. 그러나 엄지손가락을 치켜들 때는 뭔가 다른 생각이 든다. 어떻게 기계가 그럴 수 있지? 엄지손가락을 치켜드는 것은 이미 프로그램 된 것이 아니고 배운 것이기 때문이다.

〈터미네이터 II〉보다 한술 더 뜬 영화는 로빈 윌리엄스^{Robin Williams, 1952~}의 〈바이센티니얼 맨^{Bicentennial Man}〉(1999)일 것이다. 가정용 로봇(로빈 윌리엄스 분)이 입양된다. 그런데 사소한 실수로 가정용 로봇은 학습 능력과 창조 능력을 갖게 된다. 그는 200년을 살고 난 후 자신을 유기체로 바꾸고 영생을 포기함으로써 인간의 길을 걷는다.

두 영화에서 제시된 상상력은 놀라운 것이다. 그러나 이는 상상에만 그치지 않는다. 컴퓨터는 인간의 계산 능력을 능가해서 아무리 복잡한 계산일지라도 정확하게 해낸다. 이러한 사실을 잘 보여주는 사건이 있다. 1997년 컴퓨터와 인간의 체스 대결이 있었다. IBM^{International Business Machines Corporation}사가 개발한 '딥 블루^{Deep Blue}' 대 세계 체스 챔피언인 게리 카스파로프^{Garry Kasparov, 1963~}의 대결이었다. 카스파로프는 22세에 세계 챔피언이 된 후 13년 동안이나 세계 대회에서 우승한 체스계의 황제였고, 딥 블루는 1

초당 2억 번의 수순을 검토할 수 있는 컴퓨터였다. 말하자면 인간 체스 챔피언과 컴퓨터 체스 챔피언 간의 세기적인 대결이었다. 결과는 카스파로프의 패배였다.

〈터미네이터 II〉, 〈바이센티니얼 맨〉, '딥 블루'와 같은 사례를 보면 당연히 드는 생각은 과연 기계가 인간과 같이 생각할 수 있는가 하는 것이다. 과연 기계는 인간과 같이 생각할 수 있을까?

먼저 인간이 기계와 다를 바 없다고 가정해보자. 실제로 라메트리^{Julien La Mettrie, 1709~1751} 와 같은 철학자는 인간이 일종의 기계라

고 생각했다. 그렇다면 라메트리의 주장처럼 인간이 기계라고 가정하게 되면 어떻게 될까? 인간은 생각할 수 있다. 또한 가정에 따라 인간은 기계이므로, 당연히 어떤 기계는 생각할 수 있다고 해야 할 것이다. 다시 말해 인간이 기계라면 어떤 기계는 생각할 수 있다. 그러나 이 경우 물론 인간이라는 기계는 생각할 수 있지만 컴퓨터라는 기계가 생각할 수 있다는 결론은 나오지 않는다. 그런 컴퓨터를 만들 수 있다는 가능성만 결론으로 나올 뿐이다.

반면에 사람이 기계가 아니라면 어떻게 될까? 그러면 곧바로 '기계는 생각할 수 없다'라는 결론이 나올까? 그렇지 않다. 사람이 아니라고 해서 곧바로 생각을 할 수 없다는 결론은 나오지 않는다. 예를 들어, 영화 〈ET〉에 나오는 외계인은 사람이 아니다. 그러나 우리는 ET가 높은 지능을 갖고 있다고 생각한다. 이와 마찬가지로 지구상의 다른 동물에 대해서도 어느 정도의 지능을 인정할 수 있다. 따라서 어떤 존재가 인간이 아니라고 해서 곧바로 그 존재가 생각을 할 수 없다는 결론은 나오지 않는다. 마찬가지로 기계가 인간이 아니라고 해서 기계가 생각을 할 수 없다는 결론은 곧바로 나오지 않는다.

그렇다면 인간과 기계는 어떻게 구분되는 것일까? 상식적으로 인간은 기계가 아니라고 생각한다. 인간은 생물이고 유기체이며, 나아가 사회 역사적인 맥락 속에서 삶을 영위하는 존재다. 반면에 기계는 무생물이고 유기체가 아니며, 더구나 사회 역사적 존재가 아니다. 그러나 과연 이러한 생각은 명백한가? 너무도 확실해서 어떤 의심도 허용하지 않는가?

먼저 유기체라는 관점에서 살펴보자. 상식적으로 인간은 유기체이지만 기계는 유기체가 아니다. 유기체는 보통 세 가지 본질적인 속성을 갖고 있다고 간주된다. 물질대사를 하며, 자기 치료 능력이 있고, 자신과 유사한 것을 복제하는 능력이 있다. 반면에 기계는 이러한 능력을 갖고 있지 않다. 따라서 인간이 유기체이고 기계가 유기체가 아니라면, 인간은 결코 기계일 수 없다.

어쩌면 이러한 생각은 소박한 생각일지도 모른다. 왜냐하면 SF영화를 보면 그 방식은 조금 다르지만 컴퓨터와 같은 기계도 유기체와 같이 물질대사를 하고, 자기 치료 능력을 갖고 있고 복제를 하기 때문이다. 예컨대 〈바이센티니얼 맨〉에서 로빈 윌리엄스는 자신의 몸에 있는 플러그를 콘센트에 삽입해 에너지를 얻으면서 물질대사를 한다. 또한 〈터미네이터 II〉는 자신의 몸에 난 상처를 스스로 치료한다. 또한 〈매트릭스$^{The\ Matrix}$〉(1999)와 같은 영화를 보면 컴퓨터는 자신의 생존을 위해 인간을 이용하고 자신을 복제한다.

따라서 기계와 유기체가 본질적으로 어떤 점에서 다른지를 지적하는 것은 어려울 수 있다. 먼 미래에 인간은 유기체와 같은 방식의 기계를 만들어 낼지도 모른다. 마찬가지로 먼 미래의 컴퓨터는 그들만의 사회 역사적 상황을 창출하고 그들만의 삶을 영위할지도 모른다.

이러한 생각은 단순히 상상에 그치지 않는다. 최근 매즐리시$^{Bruce\ Mazlish,\ 1923~}$라는 학자는 인간과 기계가 본질적으로 다른 존재라는 생각이 하나의 독단이라고 주장한다. 일찍이 프로이트$^{Sigmund\ Freud,\ 1856~1939}$는 모든 위대한 과학 혁명의 공통점은 인간의

지위를 격하시키는 것이었다고 주장했다. 프로이트에 따르면 첫 번째 과학 혁명인 코페르니쿠스$^{\text{Nicolaus Copernicus, 1473~1543}}$의 혁명으로 기존의 천동설은 지동설로 대체되었다. 이로써 지구는 더 이상 우주의 중심이 아니며 인간의 지위도 추락했다. 두 번째 과학 혁명인 다윈$^{\text{Charles Darwin, 1809~1882}}$의 혁명으로 인간은 신의 피조물이 아니라 진화하는 동물계의 한 후손일 뿐이다. 세 번째 과학 혁명은 프로이트 자신의 혁명으로 무의식이 발견됨으로써 인간의 자아가 자기 자신의 주인이라는 생각에 치명적인 타격을 입혔다. 이러한 과학 혁명은 불연속적인 것이었다. 이제 매즐리시는 《네 번째 불연속$^{\text{The Fourth Discontinuity}}$》에서 인간이 무생물(기계, 인공물)과 본질적으로 다르다는 생각도 버려야 한다고 주장한다. 유기체라는 인간의 지위도 무생물이나 기계와 다를 바가 없다는 것이다.

심신일원론과 심신이원론

그렇다면 인간과 기계를 구분할 수 있는 다른 방법은 없을까? 한 가지 방법은 데카르트$^{\text{René Descartes, 1596~1650}}$의 **심신이원론**을 받아들이는 것이다. 데카르트의 심신이원론에 따르면 이 세상을 이루고 있는 두 가지 실체는 마음과 물질이다. 실체란 자신이 존재하기 위해서 다른 것들을 필요로 하지 않는 존재자를 말한다. 데카르트에 따르면, 정신과 신체는 서로 다른 독립된 실체로, 마음(정신)의 본질은 사유이고 물질의 본질은 연장성(즉, 일정한 시간과 공간을 점유한다는 성질)이다. 즉,

생각을 하는 것은 정신이지 신체(물질)가 아니다. 따라서 정신이 없는, 물질에 불과한 기계는 생각할 수 없다.

인간이 정신과 신체로 이루어져 있고 생각을 하는 것은 정신이며 신체는 물질과 기계에 불과하다면, 컴퓨터와 같은 기계는 당연히 생각할 수 없다. 따라서 데카르트의 심신이원론을 받아들이면, 기계는 생각할 수 없다는 결론에 도달할 수 있는 것처럼 보인다. 생각할 수 있는 존재는 정신과 영혼을 갖춘 인간과 같은 존재에 국한되기 때문이다.

그러나 인간의 신체가 영혼을 갖고 있듯이 기계는 기계의 영혼을 가질 수는 없을까? 가령 신이 인간의 정신을 창조했다면, 바로 그 신은 기계의 정신을 창조할 수는 없을까? 전지전능한 신이라면, 인간의 신체와 더불어 영혼을 창조했듯이 기계라는 물체와 더불어 기계의 영혼을 창조하지 못할 이유가 없다. 이 생각은 실제로 튜링이 제시한 것이다. 튜링은 신이 인간의 정신을 창조했다면 기계의 정신도 창조할 수 있을 것이며, 우리는 기계의 정신을 위한 아파트를 만들 수 있을 뿐이라고 주장한다.

결론적으로 심신이원론을 받아들인다 하더라도, 기계가 생각할 수 없다는 주장을 할 수도 있고 생각할 수 있다는 주장을 할 수도 있다. 그렇다면 심신이원론과 반대되는 **심신일원론**(심신동일론)을 받아들이면 어떻게 될까? 심신일원론에서는 정신과 물질이 두 개의 독립된 실체라는 생각을 거부한다. 오히려 그것은 하나이다. 정신은 두뇌의 작용과 같다는 것이다. 다시 말해 우리의 정신 상태는 두뇌 속의 물리적인 상태나 과정과 같다. 예컨대 누군가가 아픔을 느낀다는 것은 그의 두뇌 속에 있는 C-섬유가 발화된다

는 것을 뜻한다.

인간의 정신과 인간 두뇌의 작용이 같은 것이라면, 다른 존재들은 인간과 같이 생각하고 고통을 느낄 수 있을까? 만일 고통이 인간 두뇌의 C-섬유 발화와 동일한 것이라면, C-섬유가 발화되지 않는 것은 고통이 아니다. 다시 말해 C-섬유가 없고, 그래서 인간과 같은 신경 생리학적 구조를 지니고 있지 않다면 생각할 수도 없고 고통을 느낄 수도 없다.

그러나 우리는 비록 신경 생리학적인 구조가 인간과 다르지만 동물들도 고통을 느낀다고 생각한다. 또한 우리와 신경 생리학적 구조가 다르지만 지성을 갖춘 외계인을 상상할 수도 있다. 그렇다면 인간과 동일한 신경 생리학적인 구조를 갖고 있는 존재만이 고통을 느낄 수 있다는 주장은 인간의 종족 우월주의로 비추어질 것이며, 뭔가 이상한 주장이라고 여겨질 것이다.

비록 인간 두뇌와 물질적 구성이 다를지라도 다른 존재들도 고통을 느끼는 것은 가능할 수 있다. 다시 말해서 고통이라는 동일한 종류의 정신 상태는 다른 유형의 물질이나 신경 생물학적 구조에 의해서도 실현 가능하다. **기능주의**는 이러한 실현 가능성을 주장하는 심리철학의 대표적인 입장이다. 기능주의에 따르면, 고통은 신경 생리학적인 구조와 과정이 어떻든지 간에 그것이 담당하고 있는 기능과 역할에 따라 결정된다.

그리하여 (기능주의에 따르면) 우리는 인간의 고통과 동물의 고통 그리고 외계인의 고통이 동일한 것이라고 받아들일 수 있다. 즉 이것들이 담당하고 있는 기능과 역할은 동일할 수 있는 것이다. 마찬가지로 외계인이 우리와 신경 생리학적인 구조와 과정이 다르더라도 지능을 지니고 있고 생각할 수 있다는 것을 인정할 수 있다. 이렇게 기능주의의 노선을 따른다면, 기계도 생각을 할 수 있을지도 모른다고 생각하게 될 것이다. 기계가 인간과 신경 생리학적 구조가 다르다는 점은 기계가 생각할 수 없다는 주장에 하등 방해가 되지 않는다.

그러나 심신일원론을 받아들인다 하더라도, 기계가 생각할 수 있다는 결론이 확고하게 따라 나오는 것은 아니다. 기능주의를 받아들인다 하더라도 마찬가지다. 문제는 이렇다. 우리는 고통, 생각, 감정 등 정신의 상태나 의식의 흐름을 실제로 겪는다. 그리고 다른 동물과 외계인도 그럴 것이라고 믿을 준비가 되어 있다. 그러나 기계는 어떠한가? 기계가 어떤 정신의 상태에 있다거나 의식의 흐름을 겪는다고 말하는 것은 정당한가? 이러한 정신의 상태는 인간이나 동물과는 완전히 다른 것 아닌가?

강한 인공 지능주의와 약한 인공 지능주의

지금까지의 논의를 통해 인간이 기계인지의 여부, 그리고 정신과 두뇌 작용이 동일한지의 여부만으로는 기계가 생각할 수 있다는 결론을 이끌어 낼 수 없다는 점을 살펴보았다. 우리는 그저 이러한 논의를 통해 기계가 무엇인지, 유기체가 무엇인지, 정신이 무엇인지, 정신과 물질의 관계가 무엇인지, 생각이 무엇인지, 어떤 정신의 상태를 겪는다는 것이 무엇인지 등등 근원적인 철학적 문제들이 있음을 확인했을 뿐이다. 그럼에도 불구하고 지금 이 단계에

서 "기계는 생각할 수 있는가?"라는 물음을 통해 주목하는 문제는, 과연 기계가 인간과 같이 어떤 정신의 상태에 있을 수 있는가 하는 것이다.

먼저 우리는 컴퓨터가 인간의 지성적 행위를 모방하는 여러 행동들을 한다는 것을 받아들일 수 있다. 컴퓨터는 세계 체스 챔피언 카스파로프와 체스 게임을 벌여 이길 수도 있고, 우리가 엄두도 낼 수 없는 복잡한 계산을 순식간에 끝내버리기도 한다. 그러나 컴퓨터는 인간이 만든 것이다. 따라서 컴퓨터가 인간의 지성적 행위를 모방할 수 있다면, '인간은 컴퓨터에게 지능을 부여했다'라고 표현할 수 있다. 이때의 지능은 인간의 지능(지성)과 같이 자연 발생적인 것이 아니므로 보통 인공 지능이라고 부른다. 이로써 '컴퓨터는 생각할 수 있다'라는 명제는 '인공 지능은 가능하다'라는 명제로 바뀌게 된다.

이제 문제는 우리가 컴퓨터에 부여한 인공 지능[AI, Artificial Intelligence]의 성격이다. 인공 지능의 성격을 어떻게 볼 것이냐에 따라서 두 가지의 입장이 있다. **약한 인공 지능**의 입장과 **강한 인공 지능**의 입장이 그것이다. **약한 인공 지능주의자들**은 우리가 컴퓨터에 지능을 부여했다는 것은 그저 비유적인 표현에 불과하다고 생각한다. 물론 컴퓨터는 인간의 지성을 흉내 낼 수 있다. 그러나 컴퓨터는 어디까지나 기계에 불과하며 인간이 갖고 있는 의식이나 정신을 갖고 있지 않다. 반면에 **강한 인공 지능주의자들**은 생각하고 느끼는 컴퓨터가 가능하다고 주장한다. 그들에게 컴퓨터가 생각한다는 것은 결코 비유적인 표현이 아니다. 그 말이 뜻하는 바 그대로 컴퓨터가 실제로 생각할 수 있다는 것이다. 강한 인공 지능주의자들에 따르면, 우리는 현재 매우 저급한 수준의 지능을 컴퓨터에 부여했을 뿐이다. 먼 미래에는 컴퓨터가 인간과 같이 생각하고 느끼고 배우는, 그리하여 의식과 정신을 갖고 있는 컴퓨터가 실현될 것이다.

이제 '컴퓨터는 생각할 수 있는가?'라는 물음은 '약한 인공 지능주의자들과 강한 인공 지능주의자들의 주장 중에서 어느 쪽이 옳은가?'와 같은 물음으로 바뀐다. 약한 인공 지능 진영에서는 기계에 인공 지능을 구현하는 것은 가능하지만 그렇다고 해서 기계가 문자 그대로 인간과 같이 생각할 수 있다는 주장은 받아들이지 않는다. 반면에 강한 인공 지능 진영에서는 기계에 인공 지능을 구현하는 것은 가능할 뿐만 아니라 기계가 문자 그대로 생각할 수 있다고 주장한다. 튜링 역시 기계가 생각할 수 있으며 생각할 수 있는 컴퓨터를 만드는 일이 가능하다고 생각했다. 따라서 튜링의 생각을 가장 적극적으로 옹호하는 진영은 강한 인공 지능 진영이라고 말할 수 있다.

그러나 여전히 문제가 남아 있다. 인공 지능이 가능하다고 가정해보자. 더 나아가 강한 인공 지능주의자들의 주장이 옳고, 그래서 컴퓨터가 실제로 생각을 할 수 있다고 해보자. 그러나 이를 도대체 어떻게 알 수 있는가? 물론 우리는 시계나 계산기가 생각을 한다고는 생각하지 않는다. 인간과 같이 생각을 할 수 있는 컴퓨터라면 이는 대단히 복잡하고 고도로 발전한 기계일 것이다. 그러한 컴퓨터가 실제로 존재한다면 도대체 우리는 그 기계가 생각을 한다는 것을 어떻게 알 수 있는가?

튜링 테스트

고도로 발전한 컴퓨터가 생각을 한다고 가정하자. 그렇다면 우리는 컴퓨터가 생각을 하고 있다는 것을 어떻게 판단 내릴 것인가? 바로 이 문제에 대해서 튜링은 1950년에 발표한 그의 고전적인 논문 〈계산 기계와 지능^{Computation Machinery and Intelligence}〉에서 현재 '튜링 테스트'라고 알려져 있는 테스트를 그 대답으로 제시했다. 간단히 말하면, 어떤 컴퓨터가 튜링 테스트를 통과한다면 우리는 그 컴퓨터가 지능을 갖고 있고 생각을 한다고 결론 내려야 한다는 것이다. 그렇다면 튜링 테스트란 무엇일까?

튜링 테스트란 간단히 말하면, 사람 행세를 하는 컴퓨터와 인간이 각각 다른 방에서 교신을 주고받을 때 컴퓨터가 인간을 속일 수 있는지, 다시 말해 인간이 컴퓨터에게 속는 경우가 가능한지를 시험하는 게임이다. 컴퓨터와 인간은 텔레타이프^{printing telegraphy}로 문자를 주고받으며 교신 내용을 모니터로 확인할 수 있는 것을 제외하면 완벽하게 차단되어 있다. 컴퓨터는 마치 자기가 인간인 것처럼 인간에게 문자를 보내고, 인간은 그 문자만을 보고 상대가 사람인지 여부를 판단해야 한다. 만일 인간이 컴퓨터가 사람일 것이라고 판단을 내린다면, 또 이런 일이 빈번하게 일어난다면 이 컴퓨터는 지능을 갖고 있고 생각을 한다고 보아야 한다는 것이다. 반대로 이렇게 속이는 것이 가능하지 않다면, 컴퓨터는 생각을 할 수 없다고 판단 내려야 한다.

튜링은 자신의 논문에서 이 게임을 '모방 게임'이라고 불렀다. 튜링은 먼저 세 사람이 하는 게임을 상상했다. 두 사람 A와 B는 한 방에 있는데, A는 남자이고 B는 여자이다. 세 번째 사람 C는 다른 방에 있으면서 A와 B에게 텔레타이프로 질문을 한다. 질문자 C가 이 게임에서 해야 하는 것은 A와 B 중 누가 남자이고 누가 여자인지를 결정하는 일이다. 이때 A는 C가 잘못 판단하게끔 거짓말을 한다. 즉 A는 자신이 남자인데 마치 여자인 것처럼 말을 꾸며낸다. 이 상황에서 C가 A에게 속아 넘어갔다면, 우리는 당연히 A가 쉽지 않은 일을 했고 지능이 높다고 할 것이다.

그다음 단계로 튜링은 A 대신에 기계(컴퓨터)가 그 역할을 맡도록 한다. 즉 이번에는 기계 M, 여자 B가 한 방에 있고, 질문자 C는 주고받은 교신 내용을 통해 어느 쪽이 사람이고 어느 쪽이 기계인지를 알아내야 한다. 물론 이때 기계 M은 C가 잘못 판단하도록 거짓말을 한다. 이런 게임에서 과연 질문자 C는 항상 옳게 결정할까? 혹시 잘못 판단하는 일은 일어나지 않을까? 만일 C가 항상 옳게 판단한다면 기계는 생각할 수 없다고 봐야 한다. 반면 튜링에 따르면 만일 이 게임에서 C가 잘못 판단하는 일이 빈번하게 일어난다면, 이 경우 기계는 생각할 수 있다고 보아야 한다.

튜링의 전략은 대단히 교묘하다. 남자가 여자인 것처럼 상대를 속이는 경우 우리는 당연히 남자가 똑똑한 사람일 것이라고 생각할 것이다. 그렇다면 기계가 사람인 것처럼 상대를 속이는 경우 남자에게 부여했던 판단을 당연히 기계에게도 부여해야 하지 않을까? 실제로 완벽하게 차단된 방에서 잘못 판단하는 일이 빈번하게 일어난다면, 당신이라면 그 상황에서 어떤 생각을 하게 될 것인가!

튜링은 〈계산 기계와 지능〉이라는 논문에서 '보편 튜링 기계'를

언급하는 것을 잊지 않는다. 논리적으로 가능한, 가장 강력한 기계를 공학적으로 구현한다면 그 기계는 튜링 테스트를 통과할 수 있을 것이라고 튜링은 믿었다. 구체적으로 그는 그러한 컴퓨터가 20세기가 가기 전에 등장하게 될 것이라고 예언했다. 비록 튜링의 예언은 실현되지 않았지만 현재 그러한 기계가 논리적으로 가능할 것이냐 하는 문제는 여전히 열린 물음으로 남아 있다.

<u>튜링의 반박</u>　튜링은 자신이 제기한 '모방 게임', 즉 튜링 테스트를 통과하는 기계를 만드는 것이 원리적으로 가능할 것이라고 믿었다. 요컨대 튜링은 기계는 생각할 수 있으며 생각할 수 있는 컴퓨터를 만드는 것이 가능하다고 보았던 것이다. 그러면서 그는 자신의 '보편 튜링 기계'를 제시했다. 하지만 이것만으로는 생각할 수 있는 컴퓨터가 가능하다는 것을 입증하기에는 충분하지 않다. 튜링은 〈계산 기계와 지능〉에서 자신의 주장을 적극적으로 입증하는 대신, 자신의 주장에 대한 여러 반론들을 생각하고 그것들을 조목조목 반박했다. 이러한 반론들은 컴퓨터가 생각할 수 없다는 주장의 다양한 근거들을 망라하고 있다는 점에서 중요하다. 먼저 튜링이 반박하고자 하는 9개의 반론을 보자.

1. 신학적 반론
2. 진실 회피하기 반론 The 'Heads in the Sand' Objection
3. 수학적 반론

> 4. 의식으로부터의 논변
> 5. 다양한 무능으로부터의 논변
> 6. 러블레이스Lovelace 여사의 반론
> 7. 신경계의 연속성으로부터의 논변
> 8. 행위의 비형식성으로부터의 논변
> 9. 초감각적 지각으로부터의 논변

튜링이 반박한 위의 반론들은 간단히 말하면, 대부분 다음과 같은 구조를 지니고 있다.

> 기계가 생각할 수 있다면, 기계는 X를 할 수 있어야 한다.
> 기계는 X를 할 수 없다.
> 그러므로 기계는 생각할 수 없다.

이러한 반론들은 기계가 생각을 할 수 있으려면 X를 할 수 있어야 하는데, X를 할 수 없기 때문에 기계는 생각할 수 없다는 것을 증명하려고 한다. 하지만 튜링은 이러한 반론에 대해 기계가 X를 할 수 있다는 것이 논리적으로 가능하다고 반박한다.

우선 '신학적 반론'에 따르면, 기계가 생각할 수 있다면 기계는 영혼을 지니고 있어야 한다. 그러나 기계는 영혼이 없으며 신은 오직 인간만을 위해서 영혼을 창조했다. 그러므로 기계는 생각할 수 없다. 이러한 신학적 반론에 대해 튜링은 전지전능한 신이 인간을 위해 영혼을 창조하는 일이 가능하다면 기계를 위해 영혼을 창조하는 것도 가능하다고 응수한다. 그리고 우리 인간

이 할 일은 그저 기계의 영혼을 위한 아파트를 짓는 일이다.

'의식으로부터의 논변'에 따르면, 인간에게는 의식이 있지만 기계에게는 의식이 없다. 그러므로 기계는 생각할 수 없다. 여기에 대해 튜링은 이 반론이 일종의 유아론^{唯我論}을 전제하고 있음을 지적한다. 유아론이란 다른 사람이 나와 같이 생각하는지를 알 수 없고 내가 다른 사람이 될 수 없는 한에서 생각하며 의식이 있는 존재는 오직 나 혼자뿐이라는 주장이다. 유아론에 따르면 다른 사람이 의식이 있는지 알 수 있는 유일한 방법은 내가 다른 사람이 되는 것뿐인데, 이는 불가능하다. 마찬가지로 튜링은 이 반론에서 기계가 생각을 할 수 있다는 것을 확신할 수 있는 유일한 방법은 우리 스스로 기계가 되는 것임을 전제하고 있다고 주장한다. 그러나 우리가 기계가 되어 느끼는 것은 불가능하다. 튜링은 유아론이라는 극단적인 주장을 받아들이는 것보다는 우리가 의사소통을 하고, 모든 사람이 생각을 한다는 것을 받아들이는 것이 합리적이라고 주장한다. 그리하여 튜링은 의식으로부터의 논변을 지지하는 사람들은 유아론을 거부하고, 결국 튜링 테스트를 받아들이게 될 것이라고 주장한다.

'다양한 무능으로부터의 논변'에 따르면, 기계는 '친절하게 행동하는 일, 유머 감각을 가지는 일, 선악을 분간하는 일, 실수를 하는 일, 사랑에 빠지는 일, 딸기와 크림을 즐기는 일, 경험으로부터 배우는 일' 등을 할 수 없다. 따라서 기계는 생각할 수 없다. 이에 대해 튜링은 기계가 인간과 같이 다양한 행동을 할 수 없다고 생각하는 것은 우리가 지금까지 저급하고 조야한 기계만을 보아왔기 때문이라고 지적한다. 앞으로 용량이 큰 강력한 기계가 출현한다면, 기계는 얼마든지 인간과 같은 다양한 행동을 할 수 있다는 것이다.

'러블레이스 여사의 반론'에 따르면, 기계는 결코 새로운 일을 할 수 없다. 기계는 우리를 놀라게 할 수도 없다. 따라서 기계는 생각할 수 없다. 이 반론에 대해 튜링은 예기치 않은 결과를 내놓음으로써 기계가 우리를 놀라게 할 수도 있다고 응수한다. 그리고 기계가 창조적 행위를 할 수 있는지 여부를 문제 삼는 것은 '의식으로부터의 논변'과 같이 유아론을 전제하고 있다고 응수한다.

'신경계의 연속성으로부터의 논변'에 따르면, 인간의 신경계는 연속적이며 아날로그이다. 반면에 컴퓨터는 디지털 기계, 즉 이산 상태 기계이다. 따라서 기계는 생각할 수 없다. 이러한 반론에 대해 튜링은 '미분 해석기$^{\text{differential analyzer}}$'라는 연속 상태 기계를 제시한다. 신경계가 연속적이어서 인간이 튜링 테스트를 통과할 수 있다면, 미분 해석기 또한 연속적이므로 튜링 테스트를 통과할 수 있을 것이다. 이러한 미분 해석기를 흉내 낼 수 있는 디지털 기계(보편 튜링 기계)를 만드는 것은 가능하다. 그렇다면 디지털 계산기도 튜링 테스트를 통과할 수 있다.

'행위의 비형식성으로부터의 논변'에 따르면, 만일 사람들에게 자신의 삶을 규제하는 행위 규칙들이 존재한다면 사람은 기계와 같다. 그러나 행위 규칙들은 존재하지 않는다. 따라서 사람은 기계가 아니며 기계는 생각할 수 없다. 이러한 반론에 대해서 튜링은 이 논증이 부당하다는 것을 지적한다. 이 논증은 '비가 오면 땅이 젖지 않는다. 비가 오지 않는다. 그러므로 땅이 젖지 않는다'와 같은 형태의 오류(전건 부정의 오류)를 범하고 있다. 또

한 튜링은 사람과 기계가 모두 자연 법칙을 따른다는 점에서, 사람은 기계일 수 있다고 주장한다.

'수학적 반론'에 따르면, 가령 괴델의 불완전성 정리는 기계의 능력에는 한계가 있지만 인간의 지성에는 그 한계가 적용될 수 없다는 것을 보여준다. 다시 말해 인간은 괴델 문장이 참이라는 것을 알 수 있지만 기계는 알 수 없다. 튜링은 이러한 주장이 어떤 특정한 기계의 능력에 한계가 있다는 것을 입증한다는 점을 부정하지 않는다. 그러나 문제는 그러한 한계가 과연 인간의 지성에 적용될 수 없다는 것이 입증되었느냐 하는 점이다. 튜링은 이것은 전혀 증명되지 않은 근거 없는 주장에 불과하다고 말한다. 어떤 기계에 대해 한계를 논함으로써 인간이 그 기계보다 우월하다는 것은 보일 수 있다. 그러나 튜링이 보기에 모든 기계에 대해서 인간이 우월하다는 것은 입증할 수 없다. 주어진 모든 기계에 대해서 그보다 더 영리한 사람이 존재할 수 있지만, 이러한 경우에는 그 사람보다 더 영리한 기계가 존재할 수도 있는 것이다. 이 점에 대해서는 〈이슈〉에서 다시 살펴보기로 한다.

'진실 회피하기 반론'Heads in the Sand'은 위의 반론들과 성격이 다르다. 그 내용은 "기계가 생각한다는 사실이 야기하는 결과는 너무 두렵다. 따라서 그런 일은 없을 것이라고 바라고 믿자"는 것이다. 'Heads in the Sand'는 타조가 어떤 위험에 처하면 도망가다가 머리를 모래 속에 처박는다는 이야기—사실이야 어떠하든—로부터 나온 표현이다. 튜링은 '진실 회피하기 반론'도 '모래 속에 머리 처박기'처럼 주어진 사실과 진실을 냉정하게 바라보는 것이 아니라 사실을 외면하고 회피하는 태도라고 응수하며 이러한 주장은 반박을 시도할 만한 내용이 없다고 말한다. 이러한 반론을 펴는 사람들에게는 '반박'이 아니라 '위로'가 필요할 뿐이라는 것이다.

'초감각적 지각으로부터의 논변' 또한 위의 반론들과 성격이 다르다. 내용은 다음과 같다. 인간에게는 텔레파시telepathy, 투시, 예지 그리고 염력과 같은 초감각적 지각이 가능하다. 그러나 기계에게는 이러한 초능력은 불가능하다. 튜링 테스트에서 초능력을 지니고 있는 인간은 초능력을 사용해 상대가 기계인지 아닌지를 알아낼 수 있을 것이다. 이 논변은 기계가 생각할 수 없다는 것을 주장한다기보다 오히려 튜링 테스트가 적절하지 않다는 것을 보이는 논변에 해당된다. 그리하여 튜링은 만일 텔레파시와 같은 초감각적 지각을 인정한다면, 튜링의 테스트를 더 정교하게 고치는 것이 필요하다고 응수한다. 튜링 테스트를 할 때 방음 장치가 되어 있지 않아서 참여자들의 목소리를 알아들을 수 있다면 이 상황은 부적절할 것이다. 그래서 철저하게 방음 장치를 하고 대답과 질문은 교신을 통해서 주고받았던 것이다. 튜링 테스트에서 텔레파시로 상대를 알 수 있다면, 이는 상대의 목소리를 들을 수 있는 경우와 유사하다. 그래서 튜링은 '텔레파시 방지telepathy-proof' 장치를 설치한 방을 만들어서 튜링 테스트를 하면 될 것이라고 응수한다.

기계는 생각할 수 있는가?

지금까지 논의한 바와 같이, '생각할 수 있는 컴퓨터'를 둘러싼 철학적 물음은 다음의 3가지로 정리될 수 있다.

(1) 과연 기계는 생각할 수 있는가?
(2) 과연 인간은 생각할 수 있는 기계를 만들 수 있는가?
(3) 만일 기계가 생각을 할 수 있다면 기계가 생각을 할 수 있다는 것을 어떻게 알 수 있는가?

튜링은 질문 (1)과 (2)에 대해서 '그렇다'라고 대답한다. 요컨대 튜링은 그러한 기계를 만들 수 있을 뿐만 아니라, 인공 지능을 부여하면 기계는 인간과 같이 생각하고 느끼고 의식을 지닐 수 있을 것이라고 믿었다. 튜링은 강한 인공 지능주의의 아버지이다. 뿐만 아니라 튜링은 질문 (3)에 대한 대답으로서 '튜링 테스트'를 제시했다. 즉 튜링 테스트에서 기계가 질문자에게 마치 자신이 인간인 것처럼 대답을 해서 질문자를 속이는 일이 빈번하게 일어난다면 이 경우에 기계는 인간처럼 생각할 수 있다고 보아야 한다는 것이다.

이 세 가지 질문은 지금도 논쟁이 되고 있고 앞으로도 계속 논쟁이 될 철학적 문제이다. 첫 번째 질문은 기계가 생각을 한다는 것이 논리적으로 가능한지를 묻는 것이다. 이 물음에 대해 한편에서는 '컴퓨터는 생각한다'는 것이 논리적으로 불가능하거나 무의미하다고 주장할 수 있다. 이러한 입장에서는 '컴퓨터는 생각한다'는 '책상은 생각한다'와 같이 말도 안 되는 소리이다. 우리는 컴퓨터가 생각하고 계산하고 판단한다고 말하지만 이것은 그저 비유적인 소리에 불과하다. 컴퓨터에서 일어나는 일이란 복잡한 디지털 신호들의 변환인 것이다. 예컨대 비트겐슈타인 Ludwig Wittgenstein, 1889~1951 은 '기계는 생각한다'는 '장미에는 이빨이 있다'와 같이 무의미한 말이라고 생각한다. 이 점에 대해서는 뒤에 나오는 〈대화〉를 참조하기 바란다.

반면에 다른 한편에서는 '컴퓨터는 생각한다'는 것은 논리적으로 가능하고 의미가 있지만 거짓이라고 주장할 수 있다. 앞에서 튜링이 다룬 여러 반론들은 이러한 주장을 하고 있다. 또한 그것이 논리적으로 가능할 뿐만 아니라 어떤 기계에 대해서는 참이라고 주장할 수 있다. 튜링은 바로 이러한 주장을 개진했다.

두 번째 물음은 과연 생각할 수 있는 기계를 만들 수 있느냐 하는 물음으로서 기술 공학적인 문제이다. 예를 들어 기계가 생각을 하는 것이 논리적으로 가능할지라도 현실적으로는 기술의 한계에 의해서 생각하는 기계를 만드는 것이 불가능할 수도 있다. 강한 인공 지능주의자들은 그러한 기계를 만들 수 있을 것이라는 믿음을 표방하고 있고, 선두에 튜링이 있음을 확인했다. 반면에 약한 인공 지능주의자들은 기계가 생각을 한다는 것은 은유적인 표현에 지나지 않는다고 여긴다. 예컨대 드라이퍼스 Hubert Dreyfus, 1929~ 는 강한 인공 지능에 강력하게 반대하면서 컴퓨터는 인간의 고차원적인 기술과 지식을 흉내 내는 데 결정적인 한계가 있다고 생각한다. 드라이퍼스에 따르면, 일상생활에서 인간이 살아가는 데 필요한 지식은 이론적 지식이 아니라 실천적 지

식이다. 그에 따르면 컴퓨터는 낮은 단계의 규칙 습득과 관련된 지식은 흉내 낼 수 있지만, 인간의 실천적 지식을 흉내 내는 데는 한계가 있다. 가령 자동차를 운전하는 사람 중에는 초보 운전자, 약간 숙달된 운전자, 유능한 운전자, 능숙한 운전자, 전문적 운전자가 있는데 컴퓨터가 흉내 낼 수 있는 것은 고작해야 초보 운전자 수준일 뿐이라는 것이다.

세 번째 물음은 인식론과 관련 있는 물음으로, 기계뿐만 아니라 어떤 것이든 생각을 한다면 어떻게 그것을 알 수 있는가 하는 물음이다. 이에 대한 대답으로 튜링은 '튜링 테스트'를 제시했다. 그렇다면 문제는 어떤 것이 튜링 테스트를 통과하면 그것이 과연 생각한다고 말할 수 있느냐 하는 것이다.

기계가 튜링 테스트를 통과하면 생각을 한다고 봐야 한다는 튜링의 생각은, 기계가 어떤 자극을 부여할 때 그 자극에 대해 적절한 반응을 보이면 생각을 한다고 보아야 한다는 점에서 그 기본적인 생각은 **행동주의**이다. 행동주의를 주장하는 사람들은 어떤 것이 생각하는지 여부를 판단하기 위해서는 그것들의 행동을 관찰하는 것으로, 즉 그것들에게 주어진 자극과 반응을 관찰하는 것으로 충분하다고 주장한다. 반면 행동주의를 거부하는 입장에서는, 생각한다는 것은 주관적인 의식에서 행해지는 것이므로 단순히 자극과 반응을 관찰하는 것만으로는 어떤 것이 생각하는지를 알 수 없다고 주장한다.

이미 살펴보았듯이 의식으로부터의 논변에 따르면, 인간은 여러 감정을 느끼고 주관적인 의식을 지니고 있는 반면 기계는 그렇지 않다. 여기에 대해 튜링은 튜링 테스트를 거부하면 유아론에 빠질 수밖에 없다고 주장한다. 그렇다면 과연 튜링 테스트는 어떤 것이 생각할 수 있는지를 판단할 수 있는 기준이 될 수 있을까? 이에 대한 가장 강력한 반론은 존 설$^{John\ Searle,\ 1932\sim}$이 제시한 **중국어 방**$^{Chinese\ room}$ **논변**이다. 우리는 나중에 이 문제를 〈이슈〉에서 살펴보게 될 것이다.

Alan Turing

Chapter 3

🎙 대화

TALKING

Kurt Gödel

🗨 대화

힐베르트의 프로그램
vs.
괴델의 불완전성 정리

| 폰 노이만 | 선생님! 소식 들으셨어요? 글쎄, 새파랗게 젊은 놈이 대단한 걸 증명했다지요? 그게 장난이 아닌 듯해서요.

| 힐베르트 | 뭐가 말인가? 뭐길래 그렇게 호들갑을 떨어?

| 폰 노이만 | 글쎄 괴델이라는 청년이 산수 체계에는 참이지만 증명도 반증도 불가능한 명제가 있다는 것을 증명했다고 합니다. 더 놀라운 것은 형식 체계 내부에서는 그 형식 체계가 무모순이라는 것을 증명할 수 없다는 것을 증명했다는군요.

| 힐베르트 | 아니! 뭐라고? 그럴 리가 있나!

| 폰 노이만 | 정말 그렇다니까요. 학계가 발칵 뒤집혔습니다.

| 힐베르트 | 흠, 그렇다면 그 청년을 먼저 만나보는 것이 좋겠군.

| 스모린스키 | 그래요. 괴델의 불완전성 정리는 힐베르트 프로그램을 한마디로 죽여 버렸어요. 그런데 그렇게 죽이는 데 제1불완전성 정리와 제2불완전성 정리가 둘 다 필요하지도 않아요. 하나면 된다니까요. 제1불완전성 정리면 충분합니다.

| 폰 노이만 | 그러면 제2불완전성 정리가 하는 일은 뭐지요?

| 스모린스키 | 그야, 속된 말로 '확인 사살'이지요. 다시 말해 제2불완전성 정리는 힐베르트 프로그램이라는 시체를 모독한 것입니다.

| 겐첸 | 도대체 말이나 되는 소리인지 나 원 참…….

| 폰 노이만 | 무슨 말씀이세요?

| 겐첸 | 스모린스키와 같이 적절한 근거도 제시 못하면서 대중에게 마치 야합하려는 듯 말초적이고 자극적인 주장만 하는 학자들이 있지요. 그런 학자들을 보면 말문이 막힙니다.

| 스모린스키 | 도대체 무슨 소리요? 이건 인신공격이오. 학문적인 토론을 하는 이 신성한 자리에서 인신공격이라니…….

| 겐첸 | 당신이 먼저 그런 말을 하지 않았소. 힐베르트 선생님의 위

대한 프로그램에 대해 죽였다느니, 시체라느니, 시체에다 침을 뱉듯 모독을 했다느니 등등.

|힐베르트| 오, 겐첸! 자네와 같은 제자가 있어서 얼마나 다행인지 모르겠네. 오늘도 다시 들려주면 안 되겠나! 쉴러의 시를 큰 소리로 낭독해 주게.

|겐첸| 선생님, 그 전에 먼저 분명하게 해야 할 일이 있습니다. 과연 괴델의 불완전성 정리가 선생님의 프로그램을 죽였느냐 하는 문제를 객관적인 관점에서 논의하는 것이 필요합니다. 우선 정리를 할 필요가 있겠군요. 괴델의 제1불완전성 정리가 말하는 것은 산수의 형식 체계에는 참이지만 증명도 반증도 불가능한 명제가 있다는 것입니다. 그리고 괴델의 제2불완전성 정리가 말하는 것은 산수의 형식 체계 내부에서는 그 형식 체계가 무모순이라는 것을 증명할 수 없다는 것입니다. 그러면 먼저 괴델 선생님께 묻겠습니다.

|괴델| 아니 무얼 말이오?

|겐첸| 선생님께서는 처음에 불완전성 정리를 증명하는 논문에서 힐베르트 프로그램과 불완전성 정리가 서로 모순되지 않는다고 썼지요?

|괴델| 어떻게 그걸 알고 있나? 사실 나는 당시에 그렇게 썼네.

|겐첸| 그러면 지금은 생각이 바뀌었나요, 아니면 그 당시 생각을 그대로 유지하고 있나요?

|괴델| (망설이면서) 사실상 바뀌었다네.

|겐첸| 좀 더 구체적으로 말씀해주시겠습니까? 어떤 점이 바뀌었는지요?

|괴델| 사실상 힐베르트 선생님의 생각 중에서 가장 애매모호한 것은 '유한적'이라는 말일세. 이는 '유한하다'는 말과 다르네. 힐베르트 선생님은 '유한적'이라는 말을 새로 만들어서 사용했는데, 그 용어에 대해서 정확한 정의를 하지 않았던 거야. 어쨌든 그래서 나는 나의 정리와 힐베르트 프로그램이 상호 모순 관계는 아닐 것이라고 생각했지만 나중에 다시 생각해 보니까 '유한적'이라는 말은 결국 나의 정리와 모순되는 방식으로 규정될 수밖에 없다는 결론에 도달한 거야.

|겐첸| 참 이상합니다. 어떻게 수리논리학의 정리가 하나의 프로그램과 모순될 수 있지요? 프로그램은 이러이러한 것을 하자는 제안일 테고, 특히 힐베르트 선생님의 프로그램에는 철학적 요소도 포함되어 있는데, 어떻게 수학적 정리가 그러한 제안과 모순될 수 있나요?

|괴델| 여기에는 문제가 있네. 사실상 철학적인 문제가 있지. 그래

서 나 또한 말년에 철학을 했던 것이고 말일세.

| 튜링 | 어쨌든 힐베르트 선생님이 예견한 것과는 전혀 다른 결과가 나왔다는 것은 분명하지 않습니까? 힐베르트 선생님은 수학의 형식 체계가 완전할 것이고, 또 무모순 증명이 가능할 것이라고 믿었습니다. 또 1차 논리가 결정 가능할 것이라고 믿지 않았습니까? 괴델 선생님과 저는 그렇지 않다는 것을 증명했던 것입니다.

| 폰 노이만 | 아, 튜링! 자네의 결정 문제 해결 불가능성 증명을 말하고 있군. 자네는 그것을 멈춤 문제라는 것을 설정한 다음에 멈춤 문제를 해결할 수 없다는 것을 보이고, 그다음에 이를 이용해서 1차 논리가 결정 가능하지 않다는 것을 깔끔하게 증명했지!

| 튜링 | (얼굴에 홍조를 띠며) 그렇습니다.

| 폰 노이만 | 사실상 나는 괴델의 불완전성 정리를 알기 전에는 힐베르트 선생님의 열렬한 추종자였네. 그러나 괴델의 불완전성 정리가 나오자 그 노선을 포기할 수밖에 없었네. 게다가 수리논리학이 싫어지더군. (의기양양한 표정을 지으며) 난 괴델의 불완전성 정리 이후에는 수리논리학 책은 단 한 글자도 읽지 않았지!

| 괴델 | 정말입니까? 그렇다면 정말 유감스럽군요. 본의 아니게 제가 선생님께 상처를 준 꼴이군요.

| **폰 노이만** | (약간 겸연쩍은 표정을 지으며) 하지만 튜링의 논문을 보면서 수리논리학으로 돌아올 수밖에 없었어요. 그래도 정말입니다. 그 후로 수리논리학 책은 단 한 권도 보지 않았어요.

| **괴델** | 무슨 소리인가요? 수리논리학 책은 한 권도 보지 않았는데 수리논리학으로 돌아올 수밖에 없었다니…….

| **폰 노이만** | 튜링의 논문에 나온 '튜링 기계'를 알고 나서 어떻게 실제로 계산 기계를 만들 수 있는지를 생각해 봤거든요. 컴퓨터를 만드는 일에 착수한 것이지요. 그러자니 수리논리학이 뭐니 뭐니 해도 가장 중요했습니다.

| **괴델** | 그래서 만들었나요?

| **폰 노이만** | 그렇습니다. 지금은 폰 노이만 아키텍처라는 이름으로 꽤 유명하답니다. (갑자기 당황한 듯) 근데 그게 아, (잠시 침묵) 사실상 모두 (말을 더듬으며) 튜, 튜, 튜링, 저 친구의 아이디어지요.

| **튜링** | 감사합니다, 선생님. 사실 저는 계산을 하는 기계뿐만 아니라 생각을 하는 기계를 만들려고 했습니다.

| **괴델** | 맙소사! 아니 무슨 말을 그리 쉽게 하는가? 계산을 하는 것은 그렇다 치고 기계가 생각을 하다니?

| 겐첸 | 아! 지금 우리의 대화의 논점이 바뀌고 있군요. 컴퓨터와 같은 기계가 과연 생각할 수 있느냐 하는 문제는 또 다른 폭넓은 논의를 필요로 합니다. 그러니 그 문제는 미루는 것이 어떨까요? 대신 앞에서 이야기했던 것을 다시 논의하기로 합시다. 이런 식으로 어물쩍 넘어가면 마치 저와 힐베르트 선생님이 할 얘기가 없어서 논쟁에서 마치 항복이라도 한 것처럼 보이지 않겠어요? 문제는 이겁니다. 과연 괴델의 불완전성 정리가 힐베르트 프로그램을 죽였나요? 즉, 논박했나요?

| 스모린스키 | 참 답답한 양반이네. 앞에서 이미 끝난 얘기 아닌가요? 그렇지요, 괴델 선생님?

| 괴델 | 스모린스키 선생님, 물론 나도 한편으로는 그렇게 말하고 싶습니다. 그러나 사실 이것은 좀 더 고려해야 할 부분이 있어요. 그래서 나는 말년에 철학을 할 수밖에 없었던 것이지요.

| 겐첸 | 선생님께서는 힐베르트 프로그램에서 '유한적'이라는 말이 애매하고 모호하다는 점을 인정하셨습니다. 그렇지요?

| 괴델 | 그렇다네.

| 겐첸 | 그러다가 나중에 '유한적'이라는 말이 어떤 의미를 지닌다고 규정한 것이지요?

|괴델| 그렇다네.

|겐첸| 그렇다면 바로 이 지점이 가장 중요하다고 봅니다. 바로 선생님의 규정에 대해서 힐베르트 선생님도 동의할까요?

|괴델| 글쎄…….

|겐첸| 힐베르트 선생님께 묻겠습니다. 괴델 선생님의 규정에 동의하십니까?

|힐베르트| 사실 나는 동의하지 않는다네. 물론 솔직히 고백하면 나 자신도 '유한적'이라는 단어를 여러 의미로 다소 모호하게 사용했네. 그리고 여러 갈래의 길이 놓여 있어서 모든 것이, 많은 것이 불투명했다네. 그러니 괴델 선생의 규정은 사실상 여러 가지 가능성 중에 한 가지일 뿐이지 전부는 아니었던 것일세.

|겐첸| 괴델 선생님, 지금 힐베르트 선생님이 하신 말씀에 수긍하시나요?

|스모린스키| 나 원 참, 별일이군. 하긴 누구나 자신에게 유리한 쪽을 택하기 마련이지. 겐첸 선생님, 당신은 지금 시체를 다시 모독하는 것도 모자라서 더 잔인한 일을 하고 있군요.

|겐첸| 스모린스키 선생님, 좀 더 객관적으로 사태를 볼 수는 없을

대화 · 233

까요? 괴델 선생님께서도 '유한적'이라는 말이 애매하다는 것을 인정하셨습니다. 그리고 그 말을 어떻게 이해하느냐 하는 점이 철학적 문제였습니다. 말하자면 힐베르트 프로그램은 수학적인 계획이기도 하지만 철학적 요소가 포함된 프로그램입니다. 그렇다면 어떻게 수학적 정리가 철학적 요소를 포함한 프로그램을 논박할 수 있겠습니까? 가능성은 오직 한 가지입니다. 철학적 요소를 수학적으로 규정하는 것이지요. 또는 수학적 정리를 어떤 방식으로든 철학적으로 해석하는 것입니다. 그래야만 '논박한다'는 것이 가능할 것입니다. 그런데 저는 힐베르트 선생님의 '유한적'이라는 말을 다른 방식으로 이해해서 규정했고, 유한적 방법으로 산술이 무모순이라는 것을 증명했습니다. 다시 말해 저의 작업을 통해서 힐베르트 프로그램은 실현된 것입니다. 제가 한 작업은 힐베르트 선생님이 의도한 여러 방향 중 한 가지고, 선생님의 계획은 비로소 실현된 것입니다.

|힐베르트| 오! 겐첸! 자네는 정말 나의 수제자야! 이제 쉴러의 시를 큰 소리로 낭독해 주게나!

|비트겐슈타인| 정말 흥미로운 얘기를 하고 있군요. 그러나 저는 수학철학에 관심이 있지 수학자는 아닙니다. 저는 그저 괴델의 불완전성 정리를 비켜 돌아가면 그만이랍니다. 하지만 겐첸 선생님의 주장은 참 흥미롭군요. 아! 튜링, 오랜만일세.

|튜링| 아, 선생님, 정말 오랜만입니다.

| 비트겐슈타인 | 언젠가 자네가 내 강의를 들은 적이 있었지. 그때 자네가 강의에 참석하지 않으면 강의할 맛이 나지 않았어. 자네가 있어야 내 정신은 긴장하고 집중할 수 있었으니까 말이야. 그래, 그때 우리는 모순이 있는 계산 체계로 다리를 지으면 그 다리가 무너질 것이냐 하는 문제로 집요하게 논쟁을 했지. 기억하나? 그리고 생각이 바뀌었겠지?

| 튜링 | 바뀌다니요? 저는 지금도 선생님의 생각이 잘못됐다고 생각하고 있는데요. 그나저나 선생님, 잘 오셨습니다. 아까 우리는 '기계는 생각할 수 있는가?'라는 문제에 대해 토론하려던 참이었습니다. 선생님께서는 이 문제를 어떻게 보시는지요?

| 비트겐슈타인 | 기계가 생각을 할 수 있느냐고? (잠시 침묵, 허공을 뚫어져라 쳐다본 후) 이 문제는 정말 어려운 철학적 문제일세. 그러니 나로서는 어떻게 대답하는 것이 최선일지 감당하기 어렵군.

| 튜링 | 제가 한 가지 제안을 해볼까요? 가령 기계와 인간이 각각 다른 방에 있으면서 교신을 주고받는다고 해보죠. 그런데 이런 대화를 주고받은 다음에 그 사람은 다른 방에 있는 상대가 기계인지 아니면 사람인지를 알아내야 합니다. 이러한 상황에서 만일 기계가 그 사람을 속일 수 있다면, 다시 말해 그 사람이 상대를 사람이라고 잘못 판단한다면 그 기계는 지능을 갖고 있다고 보아야 하지 않겠습니까? 이렇게 사람을 속일 수 있는 기계는 원리적으로 만들 수 있어요. 그게 뭐냐 하면 보편 튜링 기계이지요.

| 비트겐슈타인 | 장미에는 이빨이 있나?

| 괴델 | (어리둥절한 표정을 지으며) 아니, 뜬금없이 왜 그런 질문을 하십니까? 장미가 이빨을 갖고 있냐고요? 신생아는 이빨을 갖고 있지 않아요. 거위도 이빨을 갖고 있지 않지요. 그리고 당연히 장미도 이빨을 갖고 있지 않아요. 장미가 이빨을 갖고 있지 않다는 것은 명백하게 참입니다! 또 이것은 거위가 이빨을 갖고 있지 않다는 것보다도 더 확실해요!

| 비트겐슈타인 | 괴델 선생님, 그렇게 분명한 것만은 아닙니다. 도대체 장미가 어디에 이빨을 가질 수 있단 말입니까? 거위는 턱에 이빨을 갖고 있지 않습니다. 그리고 거위는 날개에도 이빨을 갖고 있지 않습니다. 물론 거위가 이빨을 갖고 있지 않다는 말은 거위의 날개에 이빨이 없다는 것을 뜻하지는 않습니다. 그렇다면 이제 이렇게 생각해봅시다. 소는 사료를 씹어 먹은 후 배설을 하고 이를 거름으로 만들어 장미에게 줍니다. "그러므로 장미는 어떤 한 동물의 입에 이빨을 갖고 있다"라고 말한다면 과연 어떻게 될까요? 이렇게 말하는 것은 우리가 장미의 어디에 이빨이 있는지를 처음부터 전혀 모르기 때문에 불합리하지는 않을 것입니다.

| 괴델 | 좋습니다. 그런데 아까 왜 그런 질문을 하셨는지요?

| 비트겐슈타인 | 예, 제가 정작 하고 싶은 질문은 이렇습니다. 사람은

보통 뇌에서 생각을 한다고 하지요. (앉은 의자를 가리키며) 그렇다면 이 의자에는 뇌가 있을까요? 마찬가지로 기계에는 뇌가 있을까요?

| 튜링 | 물론 이 의자에는 뇌가 없습니다. 하지만 컴퓨터라는 기계에는 뇌가 있습니다. 중앙 처리 장치와 같은 것이 뇌가 아니고 뭐겠습니까? 중국인들은 컴퓨터를 전뇌, 그러니까 전자 두뇌라고 불러요.

| 비트겐슈타인 | 자네는 지금 컴퓨터가 뇌라는 것인가, 아니면 컴퓨터의 중앙 처리 장치가 뇌라는 것인가?

| 튜링 | 아! 제가 좀 애매하게 대답했군요. 정확히 말하면 중앙 처리 장치와 기억 장치입니다.

| 비트겐슈타인 | 어떻게 중앙 처리 장치와 기억 장치가 뇌일 수 있는가? 차라리 자네는 "컴퓨터는 인간이 만들었다. 인간은 뇌에서 생각을 한다. 따라서 컴퓨터는 인간의 머리에서 뇌를 갖고 있다. 컴퓨터는 인간의 뇌에서 생각을 한다"라고 말하는 것이 낫지 않겠는가?

| 튜링 | 아닙니다. 설령 그런 어법이 성립한다 하더라도 저는 컴퓨터가 자신의 뇌에서 생각할 수 있다고 생각합니다. 아까 제가 제안한 시험을 컴퓨터가 통과하면 당연히 컴퓨터는 생각을 한다고

보아야 합니다.

|비트겐슈타인| 글쎄, 자네는 지금 대단히 큰 착각을 하고 있는 듯하네. 계산을 한다거나 생각을 한다는 것은 어디까지나 문화 인류학적인 현상일세. 삶의 형식을 공유하고 언어 놀이의 실천을 체화한 존재에게만 계산을 한다거나 생각을 한다고 말할 수 있는 거야. 어떻게 기계가 우리와 똑같은 삶의 형식을 공유할 수 있단 말인가?

|튜링| 왜 안 된다는 것입니까? 그런 기계를 만들면 되죠. '인공 지능'이 아니라 '인공 생명'을 만들고, 기계가 스스로 학습을 할 수 있도록 하면 되지요.

|비트겐슈타인| 자네는 만들기만 하면 된다는 투군. 그러나 설령 그런 기계가 만들어진다 하더라도 그것이 생각을 한다고는 결코 말하지 않을 걸세. 물론 편의상 기계가 생각한다고 말하는 것은 가능하네. 센서가 무엇을 감지했다고 말하는 것처럼 말일세. 그러나 센서가 무엇을 감지한다는 것은 인간이 무엇을 감지하는 것과는 완전히 다른 것이네. 마찬가지로 우리는 결코 기계가 인간과 같이 생각한다고는 말하지 않게 될 걸세.

|괴델| 두 분의 논쟁은 다시 평행선을 달리고 있군요. 하긴 기계가 생각할 수 있는가 하는 물음은 정말 어려운 문제입니다. 사실상 저는 튜링과 같이 두뇌가 컴퓨터라고 믿을 각오는 되어 있습니

다. 그러나 인간의 두뇌를 뛰어넘는 기계가 존재한다는 생각만큼은 철저하게 거부합니다. 어쨌든 이 문제는 너무 어렵군요. 수리논리학의 발전을 거쳐 컴퓨터가 발명되고 또 인공 지능과 이와 관련된 심리학, 심리철학이 발전되면서 그 정점에서 제기되는 문제가 바로 이 문제일 것입니다. 아마도 이 문제는 21세기 철학을 주도해 나갈 화두가 아닐까요? 그나저나 인간은 21세기에 이 물음에 대해 만족스러운 대답을 제시할 수 있을까요?

| 아인슈타인 | 괴델 선생, 여기 계셨군요. 얼마나 선생님을 찾았는지 몰라요. 이제 연구소에 가셔야죠. 오늘도 저는 선생님과 함께 집으로 걸어가는 특권을 누릴 수 있게 됐군요. 아, 다들 안녕하세요?

| 비트겐슈타인 | 맙소사! 그런데 어떻게 이런 일이 가능하죠? 어떻게 우리들이 한 자리에 모일 수 있었나요? 도대체 이런 일이 논리적으로 가능하기나 한가요?

| 폰 노이만 | 그야, 괴델 선생님의 타임머신이 있으면 가능하죠. 아인슈타인 선생님의 장 방정식에 대한 해결책으로서 괴델 선생님은 '회전하는 우주'를 제시했고, 이로부터 타임머신이 만들어질 수 있거든요.

| 괴델 | 그럼 저는 이만 가보겠습니다. 다음에 뵐 때까지 다들 잘 지내시기 바랍니다. 아우프 비더젠 ᴬᵘᶠ Wiedersehen 독일어로, '또 만납시다'라는 뜻

Alan Turing

Chapter 4

이슈
ISSUE

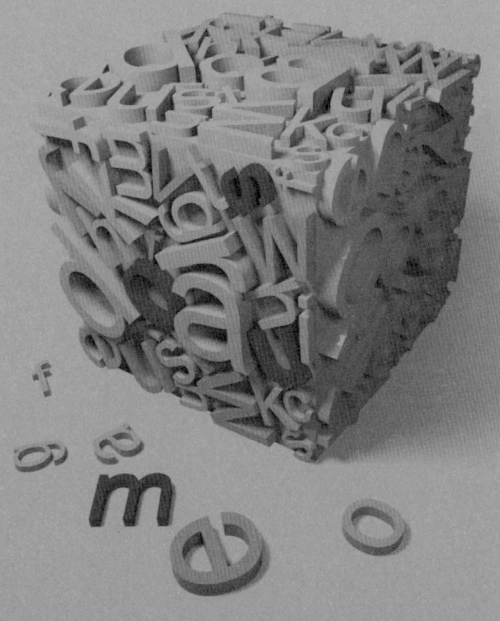

Kurt Gödel

이슈 1

튜링 테스트는 생각하는지 여부를 판단하는 기준일 수 있는가?

튜링에 따르면, 어떤 기계가 튜링 테스트를 통과하면 그 기계는 생각을 한다고 보아야 한다. 텔레타이프와 모니터로 교신 내용을 주고받는 것 외에는 완벽하게 차단된 다른 방에 기계와 사람이 있는 경우, 기계가 사람인 것처럼 행세하고 사람이 실제로 그 기계를 사람인 것으로 빈번하게 속아 넘어간다면, 그 기계는 생각을 한다고 보아야 한다는 것이다. 요컨대 어떤 것이 사람과 성공적으로 의사소통을 할 수 있다면 그것은 생각을 한다고 보아야 하며 튜링 테스트의 통과 여부는 기계가 생각하는지 여부를 결정하는 기준이라는 것이다. 이러한 튜링 테스트의 특징은 한마디로 행동주의이다.

행동주의는 정신이나 마음에 대해 객관적으로 검증할 수 있는 주장은 인간의 행동에 대한 주장이라는 입장이다. 또는 어떤 사람의 심적 상태에 대한 주장은 그 사람의 실제 행동에 대한 주장으로 볼 수 있다는 입장이다. 행동주의에 따르면, 사람의 심적 상태는 그 사람의 행동을 관찰함으로써, 다시 말해 관찰 가능한 자극과 반응을 기술함으로써 객관적으로 기술될 수 있다. 심리 상태에 대한 1인칭 관점의 서술은 주관적인 것으로서 그 사람의 내부를 들여다볼 수 없는 한, 객관적으로 검증할 수 있는 과학적 주장이 아니다.

튜링 테스트는 바로 이러한 행동주의를 전제로 하고 있다. 차단된 방에서 한 사람은 교신 내용을 바탕으로 상대가 기계인지 사람인지를 판단한다. 다시 말해 주어진 자극에 대해 어떻게 반응하는지를, 즉 상대가 어떻게 행동하는지를 관찰함으로써 상대가 생각을 할 수 있다는 것, 즉 상대가 어떤 심적 상태에 있다는 것을 판단 내릴 수 있다는 것이다.

튜링 테스트가 어떤 것이 생각한다는 것을 판별할 수 있는 기준이라는 주장에 대해서 가장 강력하게 반대를 한 철학자는 존 설이다. 그는 반 행동주의의 관점에서 '중국어 방 논변'을 제시했다. 가령 중국어를 전혀 모르는 사람이 방 안에 있고, 이 방으로 한자들이 적힌 종이를 전달한다고 하자. 그 종이에 적혀 있는 한자들은 그 사람이 해결해야 하는 문제이다. 방 안에는 수많은 상자가 있고 상자에는 한자가 하나씩 적힌 수많은 카드가 있다. 또한 방 안에는 규칙집이 있어서, 이 사람은 규칙집을 통해 한자들이 적힌 종이를 전달 받은 경우 무엇을 어떻게 해야 하는지를 알 수 있다. 한자들이 적힌 종이가 들어오면 이 사람은 규칙집을 뒤적여 무엇을 해야 하는지 알아내고, 상자에서 기호가 적힌 카드를 찾은 다음에 규칙집에 있는 프로그램에 따라 기호가 적힌

카드를 조합해 밖으로 내놓는다.

　방 밖에서 보면 방 안에 있는 사람이 항상 적절한 한자들을 내놓기 때문에 그가 중국어를 아주 잘 이해하고 있다고 생각하게 될 것이다. 그러나 방 안에 있는 사람은 중국어를 전혀 알지도 못하고 이해하지도 못한다. 컴퓨터가 하는 일도 이와 유사하다. 컴퓨터는 기호들의 입력값을 다른 기호들의 출력값으로 변환하는 작업을 할 뿐이며, 이때 컴퓨터가 하는 것은 중국어라고는 전혀 모르는 사람이 카드를 전달하는 것과 같다. 컴퓨터는 기호들을 전혀 이해하지 못한다. 구문론적인 조작이 있을 뿐이지 의미론적인 이해는 전혀 없다. 즉 형태와 문법에 따른 기호들은 다룰 수 있지만 그 기호들이 무엇을 의미하는지는 이해하지 못한다. 따라서 컴퓨터는 결코 인간과 같이 생각할 수 없다.

　요약하자면 우리가 어떤 것과 성공적으로 의사소통을 하는 것처럼 보일지라도, 그것이 1인칭의 관점에서 의식을 지니고 있지 않다면 생각을 한다고 볼 수 없다. 다시 말해 튜링 테스트는 어떤 것이 생각을 하고 있다는 기준으로는 부족하다. 어떤 컴퓨터가 튜링 테스트를 통과한다고 하더라도 그것이 생각을 한다고는 말할 수 없다.

　데닛$^{Daniel\ Dennett,\ 1942~}$은 튜링 테스트에 대한 이러한 비판이 잘못된 것이라고 주장하면서 시스템 반론$^{system\ reply}$을 제시한다. 가령 튜링 기계가 어떤 것을 이해한다면 튜링 기계의 스캐닝 헤드$^{scanning\ head}$가 이해하는 것이 아니라 스캐닝 헤드, 테이프, 저장 장치 등 이 모든 것을 합한 전체 튜링 기계가 이해한다는 것이다. 마찬가지로 중국어 방 논변에서 중국어를 이해한다고 말해야 하는 것은 사람이 아니라 사람, 작업실, 규칙집, 창문, 상자, 프로그램 등으로 이루어진 방 전체 체계라는 것이다. 이 경우 비록 그 사람은 중국어를 이해하지 못할지라도 방 전체 체계는 중국어를 이해할 수도 있다.

시스템 반론에 대해서 존 설은 방 전체 체계라 할지라도 그것이 중국어를 이해한다고는 말할 수 없다고 주장한다. 아예 중국어 방이라는 작업실을 없애고 모든 계산을 머릿속에서 하고, 프로그램을 암기하고, 데이터 베이스를 암기한다고 할지라도 그 사람은 결코 중국어를 이해하는 것이 아니라는 것이다. 기호, 단어, 문장과 같은 것은 구문론적이고, 이것을 조작하는 것은 그저 기호의 조작일 뿐이다. 이해하기 위해서는 기호의 의미를 알아야 한다. 기호 조작 자체는 의미를 구성하지 못한다. 그렇기 때문에 방 전체 체계든, 방을 없앤 사람이든 중국어를 이해한다고 말할 수 없다는 것이다.

그러나 이러한 존 설의 재반박은 다음과 같은 역설적인 상황을 불러일으킨다. 존 설의 재반박에 따르면, 작업실을 없애버린 사람은 중국어에 대해서는 기호나 단어, 문장 등 구문론적인 것들을 조작할 수 있을 뿐이며 의미론적인 측면에 대해서는 전혀 아는 바가 없다. 그는 기호들을 조작하고 있을 뿐이지 중국어를 이해하는 것이 아니다. 따라서 이러한 존 설의 재반박이 설득력 있는 한 그 사람이 중국어를 이해한다고는 말하지 않게 될 것이다. 그렇다면 작업실을 없애버린 그 사람이 중국어를 전혀 이해하지 못한다고 말해야 할까?

그 사람은 가령 중국을 여행하면서 어떤 상황에서든 중국인들

과 말을 주고받을 것이며 성공적으로 의사소통을 할 것이다. 이렇게 성공적인 의사소통을 수행한다는 것 자체는 분명히 엄청난 일이다. 만일 당신이, 그 사람이 중국에서 성공적으로 의사소통을 하는 것을 우연히 보게 되었다고 하자. 자, 그렇다면 이런 상황에서 당신은 그가 중국어를 이해한다고 말하겠는가 아니면 이해하지 못한다고 말하겠는가? 이 물음에 대해 어떻게 대답하는 것이 옳은가에 따라 존 설과 데닛의 논쟁의 향방은 결정될 것이다.

이슈 2

불완전성 정리는 기계가 생각을 할 수 없다는 것을 보여줄 수 있는가?

초대 ― 만남 ― 대화 ― 이슈

괴델의 불완전성 정리에 따르면, 산수의 형식 체계에는 이 형식체계가 무모순이라면 참이지만 증명도 반증도 불가능한 문장이 존재한다(제1불완전성 정리). 또한 그 형식 체계에서는 그 체계가 무모순이라는 것을 증명할 수 없다(제2불완전성 정리). 몇몇 학자는 이러한 괴델의 불완전성 정리를 이용해 기계와 인간을 대조함으로써 기계는 인간과 같이 생각할 수 없다고 주장했다. 실제로 1961년 영국 옥스퍼드 대학의 철학자인 존 루카스$^{John\ Lucas,\ 1929~}$는 괴델의 불완전성 정리를 이용해 "기계는 인간과 같이 생각할 수 없다"고 주장했다. 이론 물리학자인 로저 펜로즈$^{Roger\ Penrose,\ 1931~}$ 또한 1989년 출판한 《황제의 새 마음$^{The\ Emperor's\ New\ Mind}$》에서 이와 유사한 주장을 제기했다.

루카스가 제시한 논증은 괴델의 불완전성 정리를 토대로 한 것이기 때문에 지금은 '괴델-루카스 논증'이라고 부른다. 루카

스에 따르면, 컴퓨터와 같은 기계가 하는 것은 형식 체계에서의 증명 과정과 같은 것이다. 컴퓨터는 주어진 프로그램에 따라 입력 값을 계산하고 출력 값을 산출한다. 형식 체계에서 한 논리식(문장)을 증명한다는 것은, 공리로부터 추론 규칙과 대입 규칙을 적용함으로써 기호들을 조작하고 변형하는 일련의 과정을 거쳐서 논리식(문장)에 도달한다는 것을 뜻한다. 따라서 기계는 산수의 형식 체계에서 어떤 문장을 증명하는 것에 해당되는 일만을 할 수 있을 뿐이다. 그런데 우리는 괴델의 불완전성 정리를 통해 산수의 형식 체계에는 참이지만 증명 불가능한 문장이 있다는 것을 알고 있다. 이렇게 산수의 형식 체계에서 참이지만 증명 불가능한 문장을 '괴델 문장'이라고 부르자. 그러면 인간은 괴델 문장이 참이라는 것을 알고 있다. 반면에 기계는 괴델 문장이 참이라는 것을 알 수 없다.

설령 괴델 문장을 형식 체계의 공리로 첨가한다 하더라도 이렇게 만들어진 형식 체계에 대해서도 새로운 괴델 문장이 형성될 수 있으며 인간은 그 새로운 괴델 문장이 참이라는 것을 알 수 있다. 그러나 기계는 그 괴델 문장이 참이라는 것을 알 수 없다. 루카스에 따르면 괴델의 불완전성 정리는 기계주의가 거짓이라는 것, 즉 마음은 기계로 설명될 수 있다는 주장이 잘못임을 보여준다. 다시 말해 인간 정신의 능력은 어떤 기계의 능력도 능가한다. 따라서 정신과 기계는 본질적으로 다르다. 즉 어떤 기계도 정신의 적절한 모델이 될 수 없다.

펜로즈 또한 괴델-루카스 논증과 유사한 논증을 제시한다. 펜로즈는 인간 정신의 기능이 어떤 특정한 알고리즘과 동등할 수 있는지를 문제 삼는다. 어떤 특정한 알고리즘이 있는데, 이 알고리즘을 통해서 자연수들에 대해 참인 문장들이 도출된다고 하자. 그런데 괴델의 불완전성 정리에 따르면 이 알고리즘으로부터 도출되지 않는, 하지만 자연수들에 관해 참인 문장, 즉 괴델 문장이 존재한다. 이때 인간은 '통찰' 행위를 통해서 괴델 문장이 참이라는 것을 알 수 있지만, 그 주어진 알고리즘으로부터 괴델 문장은 생성되지 않는다. 따라서 펜로즈는 어떤 특정한 알고리즘도 정신 활동과 같을 수 없으며 기계는 인간과 같이 생각할 수 없다고 주장한다. 뿐만 아니라 펜로즈는 알고리즘을 초월하는 인간의 통찰 능력은 양자 역학의 현상들이 어떤 방식으로든 두뇌의 뉴런 촉발 패턴에 영향을 주는 것 때문에 가능하다고 생각한다.

그렇다면 이러한 루카스와 펜로즈의 주장은 설득력 있는가? 그들은 인간의 정신은 기계의 능력을 능가하는 요소가 있기 때문에 기계는 인간과 같이 생각을 할 수 없다고 주장한다. 우선 기계가 어떤 저급한 수준이든 생각을 할 수 없다고 그들이 주장하고 있지 않다는 점을 유념하자. 즉 루카스와 펜로즈는 기계가 일정 수준의 생각을 할 수 있다는 것을 허용하고 있다. 루카스에 따르면 기계는 형식 체계의 증명과 같은 방식의 생각을 할 수 있으며, 펜로즈에 따르면 기계는 알고리즘에 따른 생각을 할 수 있다. 단 그들에 따르면 인간의 정신은 형식 체계의 증명이나 알고리즘을 뛰어넘는 것이며 어떤 기계도 인간 정신의 모델이 될 수 없다. 가령 집에서 기르는 애완견이 증명 절차나 알고리즘에 따라 모든 계산을 한다고 하자. 그러면 우리는 아주 놀라게 될 것

이다. 우리는 그 개가 생각을 한다고 인정할지도 모른다. 즉 증명 절차나 알고리즘에 따라 계산을 할 수 있다는 것 자체도 결코 단순한 것이 아닌 것이다. 그렇다면 루카스와 펜로즈가 주장한 것은 기계가 어떤 방식으로도 생각을 할 수 없다는 것이 아니라, 인간과 같은 대등한 방식으로 생각을 할 수 없다는 것이다.

그렇다면 루카스와 펜로즈는 기계가 인간과 같은 대등한 능력으로 생각을 할 수 없다는 것을 보이기 위해서 괴델의 불완전성 정리를 적절하게 적용했는가? 괴델의 불완전성 정리에 따르면 산수의 형식 체계에는 참이지만 증명 불가능한 문장, 즉 괴델 문장이 존재한다. 그러나 여기에는 매우 중요한 조건이 있다. 즉 형식 체계가 무모순이라는 조건이다. 다시 말해 산수의 형식 체계가 무모순이라면 괴델 문장이 존재한다는 것이 제1불완전성 정리인 것이다. 따라서 괴델의 불완전성 정리를 적절하게 적용하려면 적용되는 대상이나 체계가 무모순이라는 조건을 충족시킨다는 것을 제시해야 한다. 그런데 루카스와 펜로즈는 괴델의 불완전성 정리를 인간의 정신과 기계에 적용했다. 그렇다면 과연 인간의 정신과 기계는 둘 다 무모순이라는 조건을 충족시키는가?

과연 인간의 정신은 상호 모순이 없는 문장들만을 산출하고 생성하는가? 그렇지 않다. 인간은 종종 오류와 실수를 범한다. 또한 최선을 다해 생각을 했음에도 불구하고 모순을 범하는 경우도 있다. 따라서 괴델의 불완전성 정리에서 형식 체계에 부여한 무모순이라는 조건은 인간의 정신 활동에 그대로 적용되지 않는다. 튜링은 '수학적 반론'을 다룰 때 바로 이러한 인간의 오류 가능성을 염두에 둠으로써, 한편으로는 인간을 능가하는 기계를 인정하고 있고 또 다른 한편으로는 불완전성 정리가 곧바로 인간의 정신에 적용되는 것은 아님을 지적하고 있다.

인간의 정신이 오류와 실수를 범하는 한에서 모순적인 생각을 할 수 있다면 괴델의 불완전성 정리는 인간의 정신에 그대로 적용되지 않는다. 나아가 오류와 실수를 범하는 것이 인간뿐 아니라 기계에도 가능하다면, 그리하여 그러한 기계를 만드는 일이 가능하다면 괴델의 불완전성 정리는 기계에도 적용되지 않을 것이다. 그렇게 되면 튜링의 믿음과 같이 기계도 인간처럼 생각을 할 수 있을지도 모른다. 그러나 이 지점에서 매우 중요한 물음이 제기된다. 기계는 실수를 할 수 있을까? 기계가 오류를 범한다는 것은 무슨 의미일까? 이 물음에 대해 어떻게 대답하느냐에 따라 "기계는 생각할 수 있는가?"라는 물음은 달리 대답될 것이다.

부록

다음의 논증에 나오는 문장을 어떻게 1차 논리에 속하는 논리식으로 변형할 수 있느냐 하는 문제를 논의하기로 하자.

튜링 기계 T에 입력 값 d가 투입된다.
그러므로 T는 궁극적으로 멈춘다.

임의의 튜링 기계 T와 임의의 입력 값 d에 대해서 T에 d가 투입된다는 것은 T의 프로그램이 주어져 있고 T의 테이프에 d를 나타내는 숫자를 기록한다는 것이다. T의 프로그램은 T를 나타내는 일련의 5순서열이다. 그리고 테이프에 d를 나타내는 숫자가 적혀 있다는 것은 테이프의 일련의 사각형에, 한 칸에 하나씩 기호가 적혀 있다는 것이다. 그러면 먼저 1진법 수 d를 테이프의 사각형들에 적는 경우를 보이기 위해서, 테이프의 사각형에 다음과 같이 번호를 붙이기로 하자.

```
… -6 -5 -4 -3 -2 -1 0 1 2 3 4 5 6 …
```

우리는 이와 같이 함으로써 각각의 사각형에 번호를 붙였고, 각각을 0번 사각형, 1번 사각형, 2번 사각형, …, -1번 사각형, -2번 사각형… 등과 같이 이름을 붙인 것이다. 이제 우리는 0번 사각형에서 튜링 기계가 작동하기 시작한다고 정할 수 있다. 이제 시간 t를 도입해서 튜링 기계가 하나의 5순서열에 따라 무엇인가를 할 때마다 시간이 1씩 증가한다고 정하기로 하자. 처음 시작할 때 시간은 0이며, 하나의 5순서열에 따라 다음 단계로 가면 시간은 1이 되고, 또 하나의 5순서열에 따라 그 다음 단계로 가면 시간은 2가 되는 식으로 진행된다.

이제 예를 들어 튜링 기계 테이프에 다음과 같은 수가 입력되어 있다고 하자.

여기에 입력된 수는 1진법 11111이고 십진법 5이다. 11111에서 가장 왼쪽에 나오는 1이 있는 칸이 0번 사각형이고 가장 오른쪽에 나오는 1이 있는 칸은 4번 사각형이다. 이제 시간 0에서 0번 사각형에는 1이 있고, 시간 0에서 1번 사각형에는 1이 있고, 마찬가지로 시간 0에서 2, 3, 4 번 사각형에 각각 1이 있다. 또한 이렇게 11111이 입력될 때 튜링 기계는 가장 왼쪽에 있는 1을 읽으면서 시작하는데, 이때 상태는 q이다.

이제 "시간 t에서 튜링 기계의 헤드는 n번 사각형의 기호를 읽고 있고 이때의 상태는 q이다"를 $A(t, n, q)$로 나타내기로 하자. 예를 들면 "시간 0에서 튜링 기계의 헤드는 0번 사각형의 기호를 읽고 있고 이때의 상태는 q이다"는 $A(0, 0, q)$로 나타낼 수 있다. 또한 "시간 t에서 n번 사각형에 기호 m이 있다"를 $B(t, n, m)$으로 나타내기로 하자. 예를 들면 "시간 0에서 0번 사각형에 기호 1이 있다"를 간단히 B(0, 0, 1)로 나타낼 수 있다. 그러면 테이프에 '11111'이 입력되어 있다는 것은 시간 0에서 각각 번호 붙인 사각형에 1이 나오고 그 외에는 빈칸이며, 일련의 1들 중에서 가장 왼쪽에 헤드가 위치해 있고 그 때의 상태는 q 라는 것을 뜻한다. 따라서 테이프에 '11111'이 입력되어 있다는 것은 다음과 같이 나타낼 수 있다.

A(0,0,q) & B(0,0,1) & B(0,1,1) & B(0,2,1) & B(0,3,1) & B(0,4,1)
& (y){(y≠0 & y≠1 & y≠2 & y≠3 & y≠4) ⊃ B(0,y, □)}

또한 튜링 기계 T의 임의의 5순서열은 모두 1차 논리의 표현으로 바꿀 수 있다. 하나의 예를 들어보면 어떻게 가능할지를 대강 짐작할 수 있을 것이다.

q a P b L r 기계가 상태 q에서 테이프 위의 기호 a를 읽어 들일 경우, 기계는 a를 b로 바꾸고, 왼쪽으로 한 칸 옮긴 다음, 상태 r로 바꾼다.

이것은 다음을 뜻한다. 즉 임의의 시간 t와 임의의 n번 사각형에 대해서, 상태가 q인 상태에서 n번 사각형에는 a라는 기호가 있고 기계는 이를 b로 바꾼 후에 왼쪽으로 한 칸 가서(즉 n-1번 사각형으로 가서) 시간 t+1에서 상태는 r이 된다. 또한 이러한 작동에서 지시사항에 적용되지 않는 것은 변동이 없어야 한다. 이를 1차 논리의 기호로 바꾸면 다음과 같다.

(t)(n)(y)[{A(t,n,q) & B(t,n,a)} ⊃ {A(t+1, n-1, r) & B(t+1, n, b) & (y ≠ n ⊃ ((B(t, y, 1) ⊃ B(t+1, y, 1)) & (B(t, y, □) ⊃ B(t+1, y, □))}]

마찬가지로 다음의 5순서열들에 대해서도 우리는 각각 1차 논리의 표현을 찾을 수 있다.

 q a Pb R r 기계가 상태 q에서 테이프 위의 기호 a를 읽어 들일 경우, 기계는 a를 b로 바꾸고, 오른쪽으로 한 칸 옮긴 다음, 상태 r로 바꾼다.

(t)(n)(y)[{A(t,n,q) & B(t,n,a)} ⊃ {A(t+1, n+1, r) & B(t+1, n, b) & (y ≠ n ⊃ ((B(t, y, 1) ⊃ B(t+1, y, 1)) & (B(t, y, □) ⊃ B(t+1, y, □))}]

 q a Pb N r 기계가 상태 q에서 테이프 위의 기호 a를 읽어 들일 경우, 기계는 a를 b로 바꾸고, 테이프 좌우로 움직이지 않고, 상태 r로 바꾼다.

(t)(n)(y)[{A(t,n,q) & B(t,n,a)} ⊃ {A(t+1, n, r) & B(t+1, n, b) & (y ≠ n ⊃ ((B(t, y, 1) ⊃ B(t+1, y, 1)) & (B(t, y, □) ⊃ B(t+1, y, □))}]

마지막으로 튜링 기계 T가 어떤 사각형에서 어떤 기호를 읽고 멈춘다는 것은 더 자세히 말하면, 튜링 기계의 헤드가 상태 q에서 n번 사각형에서 어떤 기호 a를 읽었는데 T를 나타내는 일련의 5순서열 중에는 'q a'로 시작하는 5순서열이 없다는 것을 뜻한다. 이러한 'q a'

는 아주 많을 수 있다. 그러나 T를 나타내는 일련의 5순서열은 **유한하게** 많으므로, 5순서열에 나오는 상태들과 기호는 한정되어 있다. 따라서 우리는 멈추는 경우에 해당되는 상태와 기호의 조합 'q a'들을 찾을 수 있다. 이제 간단히 설명하기 위해서, 예컨대 T의 상태에는 s와 q 두 종류만 있고 기호는 1과 □뿐이라고 가정하자. 그리고 's 1'과 'q □'의 경우에는 지시사항을 포함하고 있는 5순서열이 없다고 가정하자. 그러면 이 경우 튜링 기계 T가 어떤 시간에 어떤 사각형에서 멈춘다는 것은 다음과 같이 1차 논리의 기호로 나타낼 수 있다.

$$(\exists t)(\exists n)\{A(t,n,s) \& B(t,n,1)\} \vee (\exists t)(\exists n)\{A(t,n,q) \& B(t,n,\square)\}$$

마찬가지 방식으로, 우리는 T가 어떤 기호를 읽고 멈춘다는 것을 1차 논리의 표현으로 나타낼 수 있다. 이로써 우리는 처음에 제시된 논증이 1차 논리의 논리식으로 표현될 수 있다는 것을 알 수 있다.

에필로그
Epilogue

1 지식인 지도
2 지식인 연보
3 참고 문헌
4 찾아보기

EPILOGUE1

지식인 지도

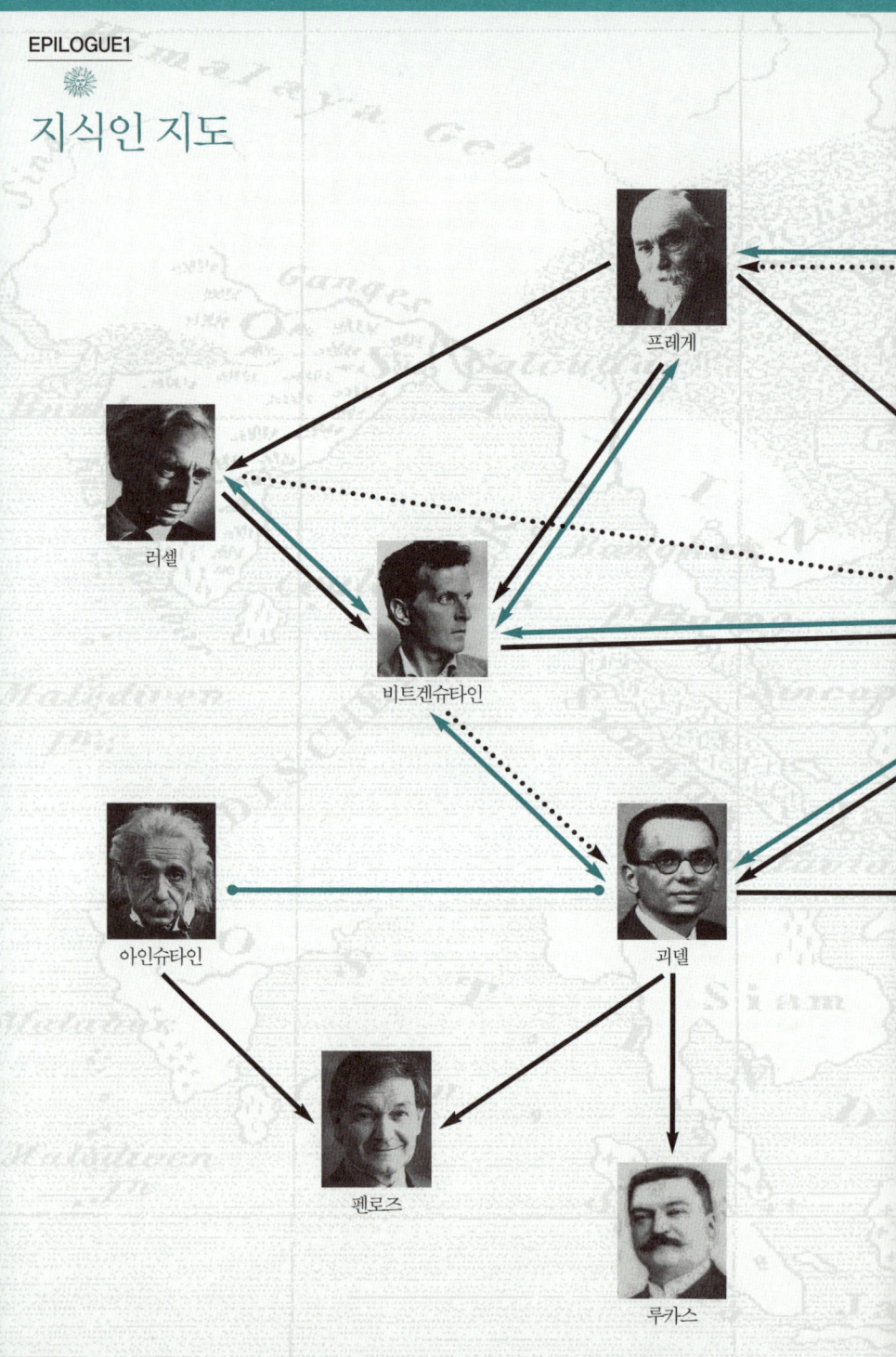

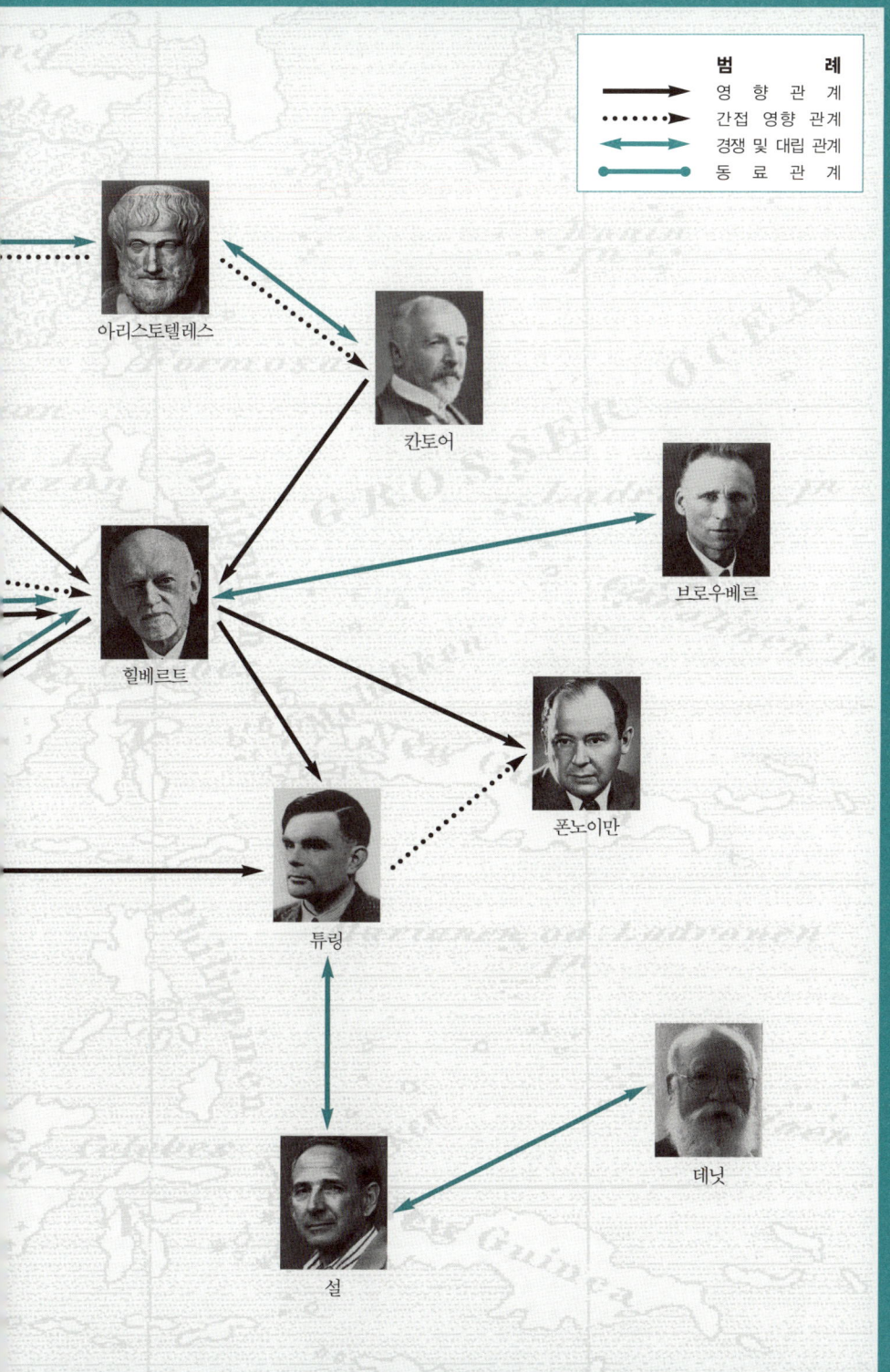

EPILOGUE2

지식인 연보

• 튜링

1912	1912년 6월 23일 런던에서 줄리어스 매시슨 튜링(Julius Mathison Turing)과 에설 사라(Ethel Sara)의 둘째 아들로 출생함.
1926	셔본에 있는 퍼블릭 스쿨에 입학함.
1930	1년 선배인 크리스토퍼 모콤(Christopher Morcom)이 사망함.
1931	케임브리지에 있는 킹스 칼리지에 입학함.
1935	확률론 계산에서 한계 중심 정리에 관한 논문을 쓰고 킹스 칼리지의 특별 연구원이 됨.
1936	힐베르트의 결정문제가 해결 불가능하다는 것을 증명함. 처치(A. Church)의 지도 아래 박사학위 논문을 쓰기 위하여 프린스턴 대학으로 감.
1937	〈계산 가능한 수, 그리고 결정문제에 대한 그 적용에 관하여〉를 출판. 프린스턴 대학에서 프록터(Procter) 장학금을 받음. 폰 노이만은 다음 해에도 프린스턴 대학에서 박사 후 연수 과정을 할 것을 제의함.
1938	영국으로 돌아와서 정부암호학교(Goverment Code and Cypher School;GCCS)에서 해독학 수업을 들음.
1939	블레츨리 파크(Bletchley Park)에 있는 GCCS부서에 들어감. 에니그마 해독 작업 수행.
1941	존 클라크(John Clarke)와 약혼하지만 파기함.
1942	GCCS를 위한 수석 연구 자문위원이 됨. 미국의 암호부서와 접촉

	하기 위해 비밀리에 미국에 입국함.
1943	벨(Bell) 연구소에서 음성 해독 문제에 대해 작업함. 섀넌(Shannon)을 만남.
1944	음성 암호화 전자기 델리아(Deliah) I 에 대한 작업을 함.
1945	자동 계산 기관(Automatic Computing Engine; ACE)을 만들기 위해 국립물리학연구소(NPL)에 들어감.
1947	국립물리학연구소를 떠남. 케임브리지 대학으로 다시 돌아옴. 생리학과 신경과학 강의를 수강함.
1948	맨체스터 대학의 정보과학 팀에 합류함.
1950	철학지 〈마인드 Mind〉에 논문 〈계산 기계와 지능〉을 발표함.
1951	왕립학회(Royal Society)의 특별회원으로 선출됨. 동성애 사건으로 법정에 출두하고 형을 집행받음.
1952	〈왕립학회 회보〉에 그의 논문 〈형태 발생의 화학적 토대〉를 발표.
1953	여성호르몬 에스트로겐을 처방 받음.
1954	6월 7일 청산가리에 담가놓은 사과를 먹고 자살함.

- 괴델

1906	4월 28일 오스트리아-헝가리 제국의 브르노에서 태어남.
1914	고열을 동반한 심한 관절 류머티즘을 앓음.
1916-1924	모라비아(현 체코 공화국의 브르노)에 있는 국립실업중등학교에 다님.
1924	빈 대학에 진학함. 빈 학파의 모임에 참석함.
1927	비트겐슈타인의 《논리-철학 논고》를 읽음.
1928	힐베르트와 아커만이 공동으로 집필한 《수리논리학의 원리》를 읽음.
1929	박사학위 논문을 통하여 1차 논리의 완전성을 증명함.
1931	불완전성 정리를 발표함.
1938	6년 연상의 이혼녀인 아델레와 결혼함. 칸토어의 연속체 가설이

	집합론의 공리와 상대적으로 모순되지 않는다는 것을 증명함.
1939	나치즘의 광기를 피해 유럽을 떠남.
1940	아델레와 함께 러시아와 일본을 거쳐 프린스턴에 도착함.
1946	프린스턴의 고등연구소의 종신 연구원이 됨.
1948	아인슈타인의 장 방정식에 대한 새로운 해결책을 얻음.
1951	예일 대학 문학박사 학위를 수여받음.
1952	하버드 대학 과학박사 학위를 수여받음.
1953	고등연구소의 정식 교수 직위를 얻음.
1955	아인슈타인이 사망하자 두 달 이상 대단히 슬퍼함.
1978	키 168cm, 몸무게 29.5kg으로 태아의 자세로 웅크린 채 인격장애로 인한 영양실조와 기아로 사망함.

EPILOGUE3

참고문헌

- 김광수, 《마음의 철학》, 철학과현실사, 2006.
- 김선희, 《사이버시대의 인격과 몸》, 아카넷, 2004.
- 김용국, 김용운, 《집합론과 수학》, 우성문화사, 1989.
- 신상규, 《푸른 요정을 찾아서: 인공지능과 미래 인간의 조건》, 프로네시스, 2008.

- 그레그 앤더슨, 데이비드 페로, 로버트 힐턴, 《컴퓨터 배움터》, 엄기현, 이상돈, 나연묵 외 옮김, 생능출판사, 2005.
- 더글러스 호프스태터, 다니엘 데닛, 《이런, 이게 바로 나야! I, II》, 김동광 옮김, 사이언스북스, 2001.
- 데이비드 리비트, 《너무 많이 알았던 사람: 앨런 튜링과 컴퓨터의 발명》, 고중숙 옮김, 승산, 2009.
- 데이비드 파피뉴, 《의식》(하룻밤의 지식여행 37), 신상규 옮김, 김영사, 2007.
- 딜런 에번스, 《감정》(감정의 과학으로 가는 가장 사랑스런 지름길), 임건태 옮김, 이소출판사, 2002
- 레베카 골드스타인, 《불완전성: 쿠르트 괴델의 증명과 역설》, 고중숙 옮김, 2007.
- 로드니 A. 브룩스, 《로봇만들기》, 박우석 옮김, 바다출판사, 2005.
- 리처드 파인만, 《파인만의 엉뚱 발랄한 컴퓨터 강의: 계산이론》, 서환수 옮김, 한빛미디어, 2006.
- 마틴 데이비스, 《수학자, 컴퓨터를 만들다》, 박정일, 장영태 옮김, 지식의 풍경, 2005.
- 모리스 클라인, 《수학의 확실성》, 박세희 옮김, 민음사, 1984.
- M. K. 뮤니츠, 《현대 분석 철학》, 박영태 옮김, 서광사, 1996.
- 부르스 매즐리시, 《네번째 불연속》, 김희봉 옮김, 사이언스북스, 2001.

- 어니스트 네이글, 제임스 뉴먼, 《괴델의 증명》, 강주헌 옮김, 2003.
- 요시나가 요시마사, 《괴델, 불완전성 정리》, 임승원 옮김, 1993.
- 조지 불로스, 리차드 제프리, 《계산가능성과 논리-수리논리학 입문》, 김영정, 최훈, 강진호 옮김, 문예출판사, 1996.
- 존 설, 《마인드》, 정승현 옮김, 까치, 2007.
- 존 에이거, 《수학 천재 튜링과 컴퓨터 혁명》, 이정 옮김, 2003.
- 존 카스티, 《인공지능 이야기》, 이민아 옮김, 사이언스북스, 1999.
- 존 캐스티, 베르너 드파울리, 《괴델》, 박정일 옮김, 몸과마음, 2002.
- 콘스탄스 리드, 《힐버트: 수학과 삶》, 이일해 옮김, 민음사, 1989.
- 피터 멘젤, 페이스 달루이시오, 《새로운 종의 진화 로보 사피엔스》, 신상규 옮김, 김영사, 2002.

- A. G. Hamilton, *Logic for Mathematician*, Cambridge University Press, 1978.
- Geoffrey Hunter, *Metalogic*, University of California Press, 1971.
- Marvin L. Minsky, *Computation: Finite and Infinite Machines*, Prentice-Hall, 1967.
- Martin Davis(ed.), *The Undecidable*, New York: Raven Press, 1965.
- Rudy Rucker, *Infinity and Mind*, Boston: Birkhäuser, 1982.
- Willam Kneale, Martha Kneale, *The Development of Logic*, Clarendon Press, 1962.

EPILOGUE 4

찾아보기

ㄱ

가산 집합 p. 162~164
가우스, 카를 Gauss, Karl p. 71, 74, 143, 147
《개념 표기법》 p. 58, 181
거짓말쟁이의 역설 p. 135, 138
겐첸, 게르하르트 Gentzen, Gerhard p. 179~181
결정 문제 p. 43, 54, 132, 156~158, 181~183, 186, 190, 198, 201
결정 불가능한 문장 p. 167, 168
〈계산 가능한 수, 그리고 결정 문제에 대한 그 적용에 관하여〉 p. 99
계산 기계와 지능 p. 211~213
골드바흐의 추측 p. 44, 45
괴델 문장 p. 173, 176, 248~250
괴델 수 대응 p.47, 48, 54, 110, 113, 116, 124, 127, 128, 163, 201
괴델, 루돌프 Gödel, Rudolf p. 49
괴델, 쿠르트 Gödel, Kurt p. 28, 43~54, 69, 76, 110, 113, 127, 129, 130, 135, 156, 157~159, 162, 164~168, 172, 174, 176~178, 180, 181, 201, 218, 226, 228, 232, 234, 247~251
괴델-루카스 논증 p. 247, 248
귀납적 함수 p. 176
그렐링의 역설 p. 139
《기하학의 기초》 p. 145

ㄴ

《네 번째 불연속》 p. 206
노이만, 요한 폰 Neumann, Johann von p. 40, 126, 177, 231

논리 실증주의 p. 50
〈논리계산의 완전성에 관하여〉 p. 50
《논리철학논고》 p. 50
뉴먼, 맥스 Newman, Max p. 37, 42
뉴턴, 아이작 Newton, Isaac p. 24~26, 28, 33, 127, 129

ㄷ

다윈, 찰스 Darwin, Charles p. 206
대각선 방법 p. 69, 75, 76, 81~84, 169, 186, 195, 197
데닛, 다니엘 Dennett, Daniel p. 135, 182
동력 방직기 p. 23
드라이퍼스, 허버트 Dreyfus, Hubert p. 221
딥 블루 p. 202, 203

ㄹ

라메트리, 쥘리앵 Lamettrie, Julien p. 204
러셀, 버트런드 Russell, Bertrand p. 129, 131
로바쳅스키, 니콜라이 Lobachevskii, Nikolai p. 133~135, 138
루카스, 존 Lucas, John p. 247~250
리만, 게오르크 Riemann, Georg p. 144

ㅁ

〈매트릭스〉 p. 205
맨체스터 마크 I p. 41, 42, 126
멈춤 문제 p. 186, 190, 191
멈춤 문제 해결 불가능성 정리 p. 69, 76, 193, 198, 200, 230

멈춤 집합 p. 193~195, 197
메타수학 p. 153, 154, 156, 172, 173
명제 논리(문장 논리) p. 58, 59, 61, 159
모르겐슈테른, 오스카어 Morgenstern, Oskar p. 52
모방 게임 p. 212, 214
모순율 p. 137
모콤, 크리스토퍼 Morcom, Christopher p. 34
모클리, 존 Mauchly, John p. 106
문장 논리(명제 논리) p. 58, 59, 61, 159
물고기 p. 37, 38, 107
뮬 방적기 p. 23
미분 해석기 p. 217

ㅂ

〈바이센티니얼 맨〉 p. 202, 203
바이어슈트라스, 카를 Weierstrass, Karl p. 144
바일, 헤르만 Weyl, Hermann p. 147
배비지, 찰스 Babbage, Charles p. 105
배중률 p. 137, 138, 165, 166
베르나이스, 폴 Bernays, Paul p. 176, 178
벤, 존 Venn, John p. 144
보편 양화사 p. 65
보편 튜링 기계 p. 32, 39, 40, 41, 48, 54, 108~110, 117, 119, 120~125, 127, 128, 194, 195, 192, 195, 201, 213, 214, 217
봄베 p. 37, 106
부랄리-포르티의 역설 p. 139, 142
불, 조지 Boole, George p. 144
불완전성 정리 p. 43, 44, 47, 49, 51, 53, 54, 69, 76, 110, 132, 135, 156, 158, 159, 161, 162, 165, 167, 168, 172, 177~181, 201, 218, 227~230, 232, 247~251
브로우베르, 루이첸 Brouwer, Luitzen p. 147
비가산 집합 p. 162~164
비트겐슈타인, 루트비히 Wittgenstein, Ludwig p. 50, 221
빈 학파 p. 50

ㅅ

《산술의 근본 법칙》 p. 133
산업혁명 p. 22, 23, 25, 26
상대성 이론 p. 19, 129
선언지 제거법 p. 60
설, 존 Searle, John p. 223, 245, 246
수력 방적기 p. 23
《수리논리학의 원리》 p. 181
《수학의 기초》 p. 156
《순수 이성 비판》 p. 129
술어 논리 p. 58, 61~63, 66, 150, 160
쉴러, 요한 Schiller, Johann p. 228, 234
슐리크, 프리드리히 Schlick, friedrich p. 50
스모린스키, 크레이그 Smorynski, Craig p. 179
시스템 반론 p. 244, 245
실제 무한 p. 72~75, 147, 155
심신이원론 p. 206, 207
심신일원론 p. 207, 209

ㅇ

아리스토텔레스 Aristoteles p. 56~58, 61, 64, 72, 74, 130
아인슈타인, 앨버트 Einstein, Albert p. 19, 52, 53, 129
아커만, 빌헬름 Ackerman, Wilhelm p. 50, 181, 182
아크라이트, 리처드 Arkwright, Richard p. 23
아타나소프, 존 Atanasoff, John p. 105
알고리즘 p. 28, 39, 123, 182, 183, 191, 193, 197~200, 248, 249
양화 논리 p. 65
양화사 p. 65, 66
에니그마 p. 36, 37, 106
에니악 p. 105~107, 126
에드박 p. 41, 125, 126
《에드박에 관한 보고서 1차 초안》 p. 40, 41
에드삭 p. 41, 125, 126

ABC p. 105
〈에이스 보고서〉 p. 39~42
에커트, 존 Eckert, John p. 106
에피메니데스의 역설 p. 136
역설 p. 129, 130, 132~145, 164, 165
연속체 가설 p. 145~147
와트, 제임스 Watt, James p. 23, 24, 28
우편엽서의 역설 p. 138
운영 체계 p. 31, 32, 124
원소나열법 p. 135, 18
원자 폭탄 p. 18~20, 53
윌리엄스, 프레드릭 Williams, Frederic p. 41, 42
윌리엄스, 프레디 Williams, Freddie p. 126
윌크스, 모리스 Wilkes, Mauric p. 41
유아론 p. 216, 217
유클리드 Euclid p. 129, 149, 222
유한주의 p. 148, 154~156, 180
이논리적 p. 139
인공 지능 p. 43
인터프리터 p. 125

ㅈ

자기 지시 문장 p. 137, 164, 165, 167, 170
〈자연철학의 수학적 원리〉 p. 24
잠재 무한 p. 72~74, 147
전건 긍정법 p. 60
정언 삼단논법 p. 56
전통 논리학 p. 56, 58, 130
제2차 세계 대전 p. 18~20, 35, 36, 39, 53, 106, 107, 126, 180
제니 방적기 p. 23
Z1 p. 105
조건제시법 p. 134
존재 양화사 p. 65
중국어 방 논변 p. 233, 243, 244
중앙 처리 장치 p. 124, 237
증명이론 p. 153, 156

〈지시에 관하여〉 p. 129
집합론 p. 69, 71, 72, 129, 135, 139, 141, 143, 145, 147, 155, 161

ㅊ

처칠, 윈스턴 Churchill, Winston p. 36
체르멜로, 에른스트 Zermelo, Ernst p. 51
초한 p. 140
추제, 콘라트 Zuse, Konrad p. 105

ㅋ

카스파로프, 게리 Kasparov, Garry p. 202, 203, 210
카트라이트, 에드먼드 Cartwright, Edmund p. 23
칸토어, 게오르크 Cantor, Georg p. 69, 71~76, 80, 81, 84, 85, 129, 130, 133, 139~147, 155, 161, 162, 169, 186
칸트, 이마누엘 Kant, Immanuel p. 49, 58, 129
컴파일러 p. 125
컴퓨터 p. 16~22, 25, 28, 30~33, 35, 39~47, 53, 54, 86, 92, 104~106, 108, 122~128, 193, 201~205, 207, 210~214, 217, 220, 221, 231, 232, 237~239, 244, 245, 248
코시, 바론 Cauchy, Baron p. 144
코페르니쿠스, 니콜라우스 Copernicus, Nicolaus p. 206
콜로서스 p. 107, 123, 126
쾨니히스베르크 회의 p. 177
크럼프턴, 새뮤얼 Crompton, Samuel p. 23
크레타인의 역설 p. 135
크로네커, 레오폴트 Kronecker, Leopold p. 147
킬번, 톰 Kilburn, Tom p. 126

ㅌ

〈터미네이터 II〉 p. 202, 203, 205
텔레타이프 p. 212, 213, 242
텔레파시 방지 장치 p. 219

튜링 기계 p. 31, 32, 39, 47, 48, 54, 86, 91~105, 108~110, 114~128, 132, 190~201, 213, 231, 244, 252~256
튜링 테스트 p. 212, 214, 216, 217, 219, 222, 223, 242~244
튜링, 앨런 Turing, Alan p. 28, 31~42, 47, 48, 54, 69, 76, 86, 89, 91, 92, 99, 103, 106~108, 126~128, 130, 132, 157, 181, 183, 186, 191, 198, 207, 211, 216, 217~219, 221, 222, 239, 242, 251
튜링의 입론 p. 104
튜링이스무스 p. 38, 39, 107, 126

ㅍ

파스칼, 블레즈 Pascal, Blaise p. 105
파인만, 리처드 Feymnan, Richard p. 46
파일럿 에이스 p. 42
페아노 공리 p. 149, 150
페아노 산수 p. 149, 169, 177, 181
페아노, 주세페 Peano, Giuseppe p. 149
펜로즈, 로저 Penrose, Roger p. 247~250
폰 노이만 아키텍처 p. 35, 231
푸앵카레, 쥘 앙리 Poincaré, Jules Henri p. 129, 154
프레게, 고틀로프 Frege, Gottlob p. 58, 61, 63~65, 129, 130, 133, 143, 144, 181
프로그램 내장형 컴퓨터 p. 123, 124, 126
플라워스, 토미 Flowers, Tommy p. 107

ㅎ

하그리브스, 제임스 Hargreaves, James p. 23
하이젠베르크, 베르너 Heisenberg, Werner p. 129
해밀턴, 윌리엄 Hamilton, William p. 144
해석 기관 p. 104
현대 컴퓨터 p. 26~28, 31~33, 40, 86, 92, 106, 108, 122~126, 201
《황제의 새 마음》 p. 247
힐베르트 프로그램 p. 43, 50, 128, 131, 143, 148, 152~156, 177~181, 227~229, 232, 234
힐베르트, 다비드 Hilbert, David p. 43, 50, 128, 129, 131, 132, 143~148, 151~159, 176, 178~183, 186, 190

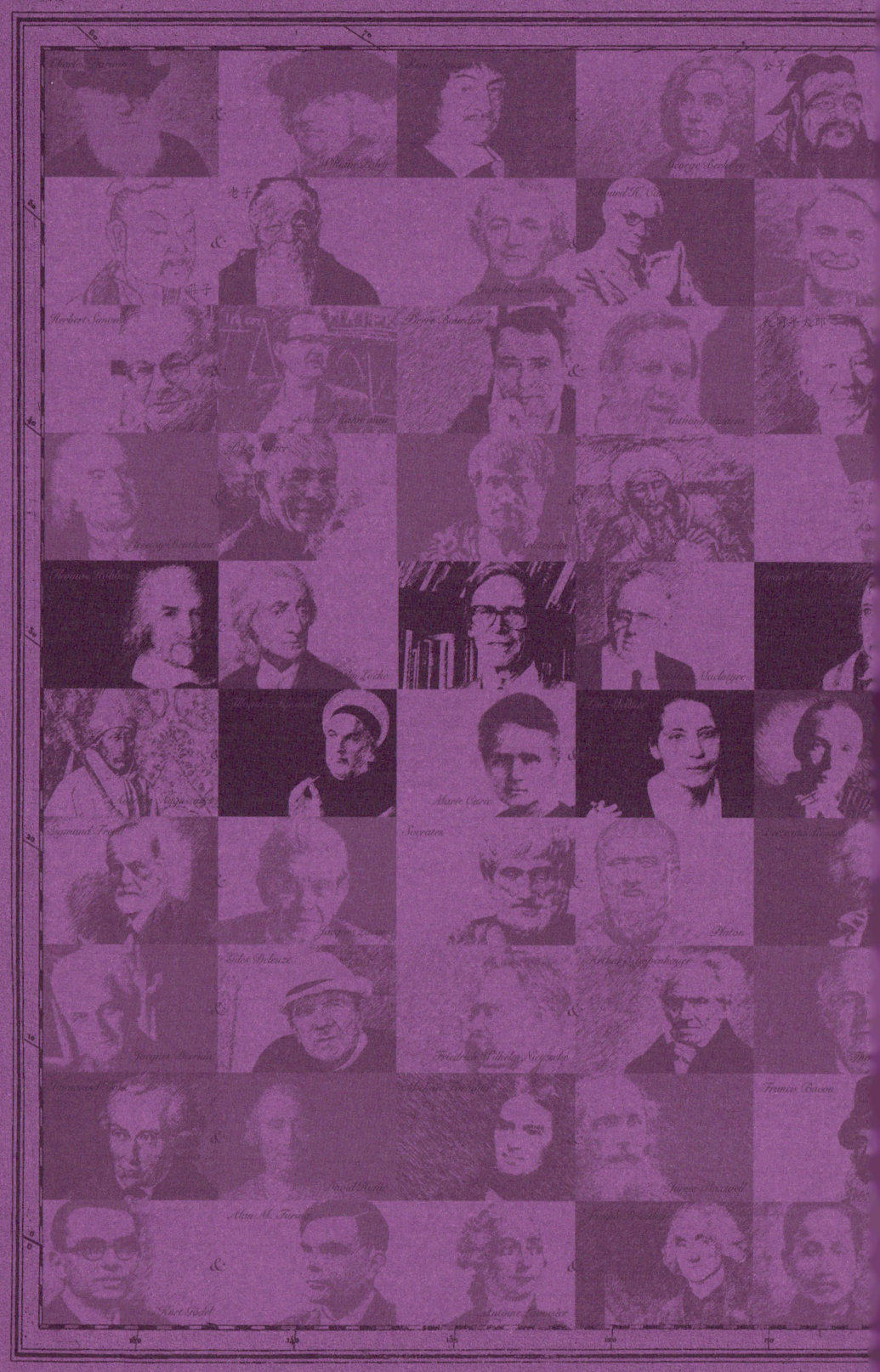

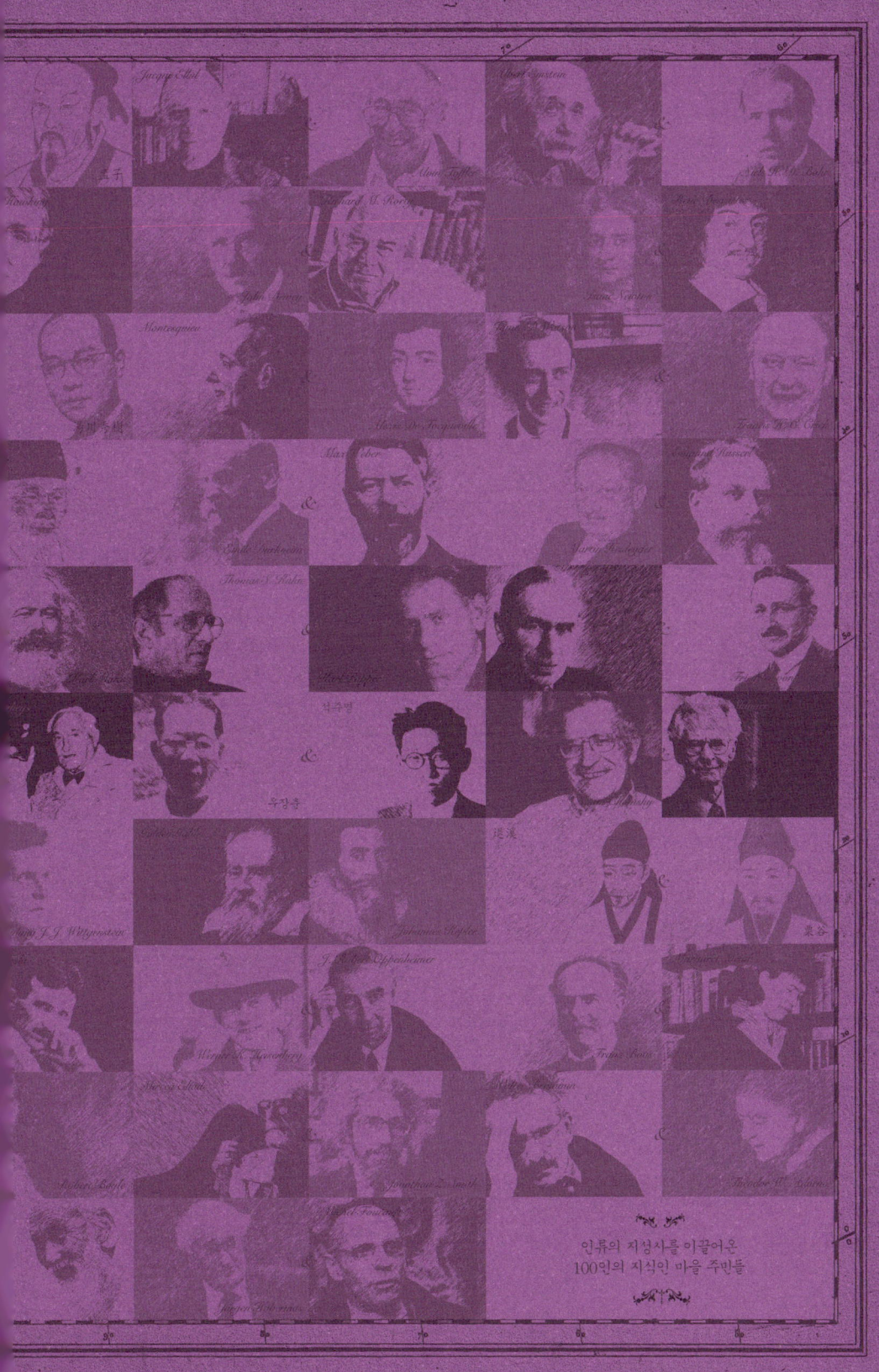

인류의 지성사를 이끌어온
100인의 지식인 마을 주민들